Diálogos
sobre ética profissional
para OAB

CB131723

abdr
Associação Brasileira de Direitos Reprográficos
Respeite o direito autoral

KARINA PENNA NEVES

Coordenador:
MOZART BORBA

Diálogos
sobre ética profissional
para OAB

2021

EDITORA *Jus*PODIVM
www.editorajuspodivm.com.br

EDITORA JusPODIVM
www.editorajuspodivm.com.br
Rua Canuto Saraiva, 131 – Mooca – CEP: 03113-010 – São Paulo – São Paulo
Tel: (11) 3582.5757
• Contato: https://www.editorajuspodivm.com.br/sac

Copyright: Edições *Jus*PODIVM

Capa e Diagramação: Maitê Coelho e Cendi Coelho *(maitescoelho@yahoo.com.br)*

D536 Diálogos sobre a Ética Profissional para OAB / Karina Penna Neves – São Paulo: Editora JusPodivm, 2021.
352 p. (Diálogos / coordenador Mozart Borba)

Inclui bibliografia
ISBN 978-65-5680-257-2

1. Advogados. 2. Ética profissional. I. Neves, Karina Penna. II. Borba, Mozart. III. Título.

CDD 341.415

Todos os direitos desta edição reservados a Edições *Jus*PODIVM.

É terminantemente proibida a reprodução total ou parcial desta obra, por qualquer meio ou processo, sem a expressa autorização do autor e das Edições *Jus*PODIVM. A violação dos direitos autorais caracteriza crime descrito na legislação em vigor, sem prejuízo das sanções civis cabíveis.

Sumário

CAPÍTULO 1

Ética profissional – introdução

• Público-alvo
• Por que é importante o aluno estudar Ética Profissional?
• Por que é importante o advogado estudar Ética Profissional?
• Entendendo o significado das siglas
• O que é o EAOAB
• O que é o CED
• O que é CFOAB
• Súmulas
• Regulamento Geral, Regimentos Internos, Provimentos e Resoluções

1. ÉTICA PROFISSIONAL NA ADVOCACIA – INTRODUÇÃO

Seja muito bem-vindo à obra *Diálogos sobre a Ética Profissional para OAB*! Aqui você vai encontrar um material bastante detalhado e completo sobre a legislação que envolve as questões éticas da advocacia e que são de extrema importância para dois tipos de público: o estudante, que se encontra cursando Direito, submetendo-se a provas de rotina da universidade e que, necessariamente, deverá prestar Exame de Ordem, e também o advogado já inscrito na OAB, mas que deseja se reciclar e se posicionar de uma forma mais adequada no mercado, tanto em relação aos seus clientes, como em relação aos colegas de profissão, advogados da parte contrária, magistrados e outros.

Vou explicar para você (estudante ou advogado) por que é importante estudar e dominar Ética Profissional. E se você se dispuser a isso, certamente vai comprovar essa importância na prática e vai se surpreender com ela.

1.1. Por que é importante o aluno estudar ética profissional?

Imagino que o principal interesse do estudante de direito em estudar Ética Profissional seja ter um bom desempenho no Exame de Ordem, além é claro de atingir as notas necessárias para passar de ano na universidade. Quanto a este último ponto, ou seja, estudar para passar de ano na faculdade, não tem muito o que dizer. Goste ou não, tenha afinidade ou não, o estudante deverá conhecer cada uma das matérias propostas e dominar o necessário para obter notas e avançar em sua graduação.

Porém vem o assunto que atormenta todo estudante de final de graduação: o esperado Exame de Ordem. E é agora que você deve saber que Ética Profissional tem que ser o seu **PONTO FORTE** no Exame!

– Mas por que meu PONTO FORTE, Karina?

Muito simples. Maior volume de questões e menor quantidade de matéria. Veja o seguinte: o Código de Ética tem 80 artigos. O Estatuto da Advocacia tem mais 87 artigos. Portanto, estamos falando em estudar 167 artigos.

No Exame de Ordem, das 100 questões existentes, 8 delas se dedicam à Ética Profissional. Ou seja, você vai estudar 160 artigos para tentar acertar 8 questões.

Agora veja o Código Civil: 2.028 artigos. Código de Processo Civil: 1.200 artigos. CLT: 922 artigos. E no Exame de Ordem, são 7 questões de cada uma dessas três matérias que mencionei. Entendeu agora?

> – Hmmmm, vou estudar muito menos matéria e ter maior chance de acertar as questões...

Exatamente. Menor volume de estudos, maior incidência de questões na prova. Então se você tiver que escolher uma matéria para arrepiar nos estudos, qual é a opção mais inteligente a ser feita?

> – Sem dúvida nenhuma, Ética Profissional, professora! Em termos comparativos de quantidade de matéria e a relação de questões, é a matéria mais viável de ser gabaritada!

Então pronto! Já estamos combinados porque você, aluno, deverá devorar este livro. Mas qual será a importância dele para um advogado? Vamos entender?

1.2. Por que é importante o advogado estudar ética profissional?

Para o estudante já ficou claro as razões pelas quais é absolutamente importante estudar Ética Profissional. Mas e para o advogado que já passou no Exame de Ordem e já está inscrito na OAB?

Para o advogado, dominar Ética é tão ou mais importante do que para o estudante. Isso porque no dia a dia da advocacia, muitos advogados desconhecem as normas impostas pelo seu órgão de classe e se expõem de forma bastante vulnerável, cometendo infrações que sequer imaginam e que podem culminar com sua exclusão dos quadros, impedindo-os de exercer por completo a profissão. Isso é muito mais comum do que se imagina.

– Nossa, que drástico! Desconhecer as infrações deve ser complicado.

E põe complicado nisso. Você sabia que assinar peças ou petições que não redigiu é infração? Sabia que dar seu número de telefone em blogs, entrevistas ou artigos jurídicos é infração?

Sabia que cobrar honorários advocatícios abaixo da Tabela da Ordem é infração? Sabia que inserir certas informações em seu cartão de visitas é infração? Ou que não pode se utilizar de um agenciador ou parceiro comercial para angariar novas causas?

Sabia que devolver processo fora do prazo da carga, em alguns casos, ou deixar de prestar contas a um cliente pode lhe render suspensão? E que 3 suspensões lhe trarão a exclusão da OAB? Sabia ainda que o Judiciário não conhece de demandas questionando as decisões da OAB?

Pois bem, tudo que eu mencionei constitui infração! Algumas delas são consideradas mais brandas, outras mais graves. Algumas são apenadas com censura e outras com suspensão. E 3 suspensões acarretam exclusão dos quadros da OAB, inabilitando totalmente o advogado, que perde sua credencial. Veja o quanto é grave, drástico e perigoso ao advogado não conhecer seu regramento.

– Nossa, Karina, incrível tudo isso! Não tinha parado para pensar em nada disso.

Pois é! E fora isso, o advogado deve conhecer seus direitos e suas prerrogativas e exigi-los no curso de sua atuação. Isso trará um melhor direito de defesa ao seu cliente. Se um magistrado lhe negar algo que constitua sua prerrogativa, poderá contestar. Se o advogado da parte adversa lhe faltar com o respeito ou atravessar uma procuração em autos judiciais que esteja constituído, saberá o que fazer. Se um cliente exigir certa estratégia que não concorde, saberá os limites de sua liberdade profissional!

Ou seja, é extremamente importante ao advogado que domine seu regramento profissional, e como o Código de Ética é um texto relativamente novo, que entrou em vigor em 2016, é muito importante também em termos de reciclagem, pois a maioria dos advogados infelizmente ainda estão desatualizados no assunto.

– Entendi e concordo. Então vamos em frente, pois quero aprender e dominar tudo sobre Ética Profissional. Certamente será de grande valia, em diversos aspectos pessoais e profissionais!

2. ENTENDENDO O SIGNIFICADO DAS SIGLAS

Antes de iniciarmos o estudo propriamente dito, é necessário entender o significado de cada uma das siglas utilizadas no campo da Ética Profissional para melhor fluência do texto, considerando que essas expressões são aplicadas usualmente e resultam em curta pronúncia, tornando a comunicação mais rápida. Vamos lá?

OAB = Ordem dos Advogados do Brasil
EAOAB = Estatuto da Advocacia da Ordem dos Advogados do Brasil
CED = Código de Ética e Disciplina da Ordem dos Advogados do Brasil

O Estatuto da Advocacia da Ordem dos Advogados do Brasil, que será chamado durante todo o livro de EAOAB, é uma Lei Federal – Lei nº 8.906/1994 –, de abrangência nacional, com 87 artigos, que regulam a atividade do advogado, do estagiário e das sociedades no exercício profissional, também os fins e a forma de organização da OAB, tudo conjuntamente com as regras do Código de Ética e Disciplina.

– Poderia dar um exemplo, professora?

São muitos exemplos e iremos vê-los durante toda obra. Mas para responder à sua pergunta, estão no EAOAB a descrição das principais condutas infracionais que deve um advogado se abster de praticar, as respectivas sanções, questões relativas à inscrição, ao licenciamento, à incompatibilidade e ao impedimento do profissional, questões ligadas ao sigilo profissional, a honorários advocatícios, entre muitas outras. É praticamente um guia para o advogado pautar sua conduta de forma correta, em relação aos clientes, aos colegas de profissão, às autoridades etc.

– Bacana, Karina! E o Código de Ética, devo então chamá-lo de CED?

Sim! O Código de Ética Disciplina, que será chamado durante todo o livro de CED, é um ato normativo com abrangência nacional, instituído pelo Conselho Federal da Ordem dos Advogados do Brasil, com 80 artigos, que tratam sobre as condutas éticas/antiéticas dos advogados no exercício profissional. Esse Código foi alterado após 20 anos, com sua nova redação vigente desde 2016, e compõe junto com o EAOAB os dois principais regramentos dos advogados no âmbito profissional.

– Entendi, professora. Mas o CED trata dos mesmos temas que o EAOAB?

Alguns sim, outros não. Existem assuntos que são dispostos nos dois regramentos, seja porque se complementam, seja porque se repetem, mas existem assuntos que são tratados em apenas um deles, de forma que o advogado deverá conhecer ambos.

– Eita, professora! E existe algum tipo de legislação complementar no campo da Ética Profissional além do EAOAB e do CED?

Sim, muito embora os principais regramentos estejam mesmo no EAOAB e no CED, ainda existem o regulamento geral da OAB, os regimentos internos de cada Seccional, os regimentos internos dos Tribunais de Ética, provimentos, resoluções e súmulas do Conselho Federal. Aliás, vamos anotar mais uma sigla:

CFOAB – Conselho Federal da Ordem dos Advogados do Brasil

– Karina, o que faz o CFOAB?

Veremos a competência, a constituição e todas as demais atribuições do CFOAB no decorrer do texto, mas posso já te adiantar que é o Órgão de Cúpula da OAB, aquele que emana as decisões finais, que fixa súmulas, provimentos etc., mas deixemos para o capítulo oportuno.

– Certo. Essas súmulas funcionam de que forma, Ká?

As súmulas, no contexto jurídico, é uma interpretação jurisprudencial, visando auxiliar os Tribunais de Ética de cada Seccional na interpretação de casos semelhantes aos que ela aborda.

– Não consigo visualizar como isso funciona na prática, professora.

Por exemplo, se uma súmula dispuser que não cabem embargos de declaração de decisão interlocutória no processo disciplinar perante à OAB, toda vez que houver a oposição de embargos justamente em face desse tipo de decisão, então o Julgador poderá suscitar a súmula em questão e negar o pedido de forma bastante clara, objetiva e imediata.

– Hum... acho que entendi, professora. É um entendimento reiterado e consolidado?

Exatamente!

– Então, quer dizer que os julgadores ficam vinculados às súmulas quando proferem determinada decisão?

Essa pergunta foi muito boa! Apesar de as súmulas servirem como orientação para um entendimento reiterado e consolidado, elas não são vinculantes, coercitivas ou de aplicação obrigatória, embora seja muito pertinente e salutar que os julgadores mantenham os mesmos posicionamentos sobre assuntos similares, por uma questão de isonomia e segurança jurídica.

– Professora, então embora não seja obrigatória sua aplicação, os julgadores têm por costume segui-las e aplicá-las?

Com certeza. Um assunto sumulado é um assunto consolidado, de modo que a chance de aquela solução ser aplicada é enorme.

– Belezinha! Professora, tem mais regramento? Nossa, quanta coisa!

Como mencionei antes, ainda existe um regulamento geral da OAB, a ser observado por todas as Seccionais, com o detalhamento de alguns procedimentos práticos, e em âmbito estadual ainda existem os regimentos internos, os provimentos e as resoluções, que não serão tratados em detalhes neste livro justamente porque possuem abrangência estadual, sendo mais apropriado cada interessado conhecer tais regramentos de sua própria Seccional, ou seja, de seu próprio Estado, mas que, no final, estarão compreendidos dentro das normas maiores que são o EAOAB, o CED e o regulamento geral.

– Então, para concluir, se eu dominar o EAOAB e o CED, é o suficiente, professora?

Com certeza! Vamos em frente justamente para chegar neste objetivo!

CAPÍTULO 2

Da advocacia

• Atos privativos da advocacia
• Da indispensabilidade do advogado
• Quem está submetido ao regramento
• Postulação e atos nulos
• Renúncia

Agora que já entendemos a importância do estudo da Ética Profissional e também conhecemos melhor o significado das siglas OAB, EAOAB, CED e suas respectivas funções, iniciaremos o estudo da Advocacia.

Esse assunto corresponde ao Capítulo I do EAOAB, compreendendo os **arts. 1º ao 5º**, e trata dos atos privativos da advocacia, da indispensabilidade do advogado, quem se submete ao regramento do EAOAB, atos nulos e algumas questões relacionadas ao exercício em si da atividade, ou seja, a postulação.

Você verá que é possível aprender de forma totalmente simples e descomplicada. Vamos nessa?!

ATOS PRIVATIVOS DA ADVOCACIA

O estudo das atividades privativas da advocacia trata justamente da atuação *exclusiva* desempenhada pelo advogado, devidamente inscrito nos quadros da OAB. Veja que os atos privativos da advocacia estão regulados logo no art. 1º do EAOAB:

> **Art. 1º** São atividades privativas de advocacia:
>
> I – a postulação a ~~qualquer~~ órgão do Poder Judiciário e aos juizados especiais;
>
> II – as atividades de consultoria, assessoria e direção jurídicas.

– Karina, por que a palavra "qualquer", redigida no inciso I, está riscada no texto legal?

Porque ela foi suprimida por uma Ação Direta de Inconstitucionalidade (ADIN nº 1.127-8), sob o argumento principal de que existem hipóteses em que a parte poderá postular por conta própria, ou seja, sem a necessidade de um advogado. Portanto, não é em *qualquer* órgão do Poder Judiciário que a atividade é privativa de advogado. Na maior parte, será exclusiva, sim, mas existem algumas exceções, que veremos adiante.

– Hmmmm, entendi. Lembro que minha mãe realmente já postulou no Juizado Especial sozinha. Acho que era uma dessas hipóteses de exceção, não é, professora?

Provavelmente! Repare que o artigo em questão traz os tipos de atuação que são próprias dos advogados: consultoria, assessoria e direção jurídica. Ou seja, não é só o contencioso (processos) que é ato privativo de advogado, mas também elaborar consultas, pareceres, direção e gerência de departamento jurídico. Tudo isso só pode ser praticado por advogado, nenhum outro profissional pode!

– Então quer dizer que o bacharel em Direito, não aprovado no exame da OAB, não pode exercer as atividades extrajudiciais, como consultas?

Correto, não pode! Isso porque o exercício regular das atividades judiciais e extrajudiciais dependem não somente da formação em Direito, mas também da regular inscrição do advogado nos quadros da OAB. São atos exclusivos, privativos.

Já os §§ 1º e 2º do referido artigo trazem algumas outras disposições quanto a este tema dos atos privativos. Vamos ler juntos:

> § 1º Não se inclui na atividade privativa de advocacia a impetração de *habeas corpus* em qualquer instância ou tribunal.
>
> § 2º Os atos e contratos constitutivos de pessoas jurídicas, sob pena de nulidade, só podem ser admitidos a registro, nos órgãos competentes, quando visados por advogados.
>
> § 3º É vedada a divulgação de advocacia em conjunto com outra atividade.

– Hum... então quer dizer que a impetração de *habeas corpus* não é privativa de advogado e pode qualquer um fazer?

Exatamente! Isso porque o *habeas corpus* é impetrado por alguém na qualidade de cidadão comum e não de advogado, em qualquer tipo de Tribunal ou instância, ou seja, até nas Cortes Superiores!

Um *habeas corpus* é uma forma de prevenir ou anular uma prisão arbitrária, ou seja, ele pode ser apresentado sempre que o sujeito sofrer ou se sentir ameaçado de sofrer violência, ou coação em sua liberdade de locomoção, por ilegalidade ou até abuso de poder (inciso LXVIII do art. 5º da Constituição).

– Caramba, que massa! Professora, prosseguindo na leitura acima, vejo que, de acordo com o § 2º, podemos concluir que todos os atos e contratos de pessoas jurídicas precisam de visto do advogado?

Não, não! Apenas os atos e contratos de *constituição* das empresas, e não todo e qualquer ato ou contrato, ou seja, somente aquele que cria a empresa.

Também existe uma exceção no que se refere às microempresas e empresas de pequeno porte, pois, para estas, não se exige a presença do advogado para sua constituição, de acordo com suas leis próprias, mais especificamente o § 2º do art. 9º da Lei Complementar 123/06 (Estatuto Nacional da Microempresa e da Empresa de Pequeno Porte): "Não se aplica às microempresas e às empresas de pequeno porte o disposto no § 2º do art. 1º da Lei nº 8.906, de 4 de julho de 1994".

– Legal, professora. Acho que esta pergunta seria uma boa questão para o exame.

Exatamente. Por isso é necessário estar muito bem preparado.

Prosseguindo, vejamos o § 3º. Ele está um pouco deslocado do contexto do tema, mas trata da divulgação da advocacia e dispõe sobre a vedação de divulgação dela com outra atividade de outra natureza, inclusive, que se estende até mesmo ao espaço físico do escritório.

– Quer dizer então que, além de não ser permitida a divulgação da advocacia em conjunto com outra atividade, não é autorizado o compartilhamento do local físico com qualquer outra atividade profissional?

Exatamente. Não pode existir advocacia e imobiliária, por exemplo, ou advocacia e contabilidade, entre outros.

– Mas..., Karina, e se o profissional, além de advogado, também for contador? Ele está impedido de exercer sua outra profissão?

Não, isto não impede o advogado de exercer outras profissões, mas não poderá divulgar nem utilizar o mesmo espaço de trabalho, razão pela qual a identificação deve ser clara e inequívoca de que se trata tão somente de escritório de advocacia. Sua outra atividade poderá ser exercida em outro local, de forma que não gere nenhum tipo de confusão na divulgação ou atuação.

Se isso acontecer, estaremos mediante uma conduta antiética, passível de punição. Veremos este tema mais a fundo no Capítulo das Infrações. Fique tranquilo!

DA INDISPENSABILIDADE DO ADVOGADO

Vamos avançar nos temas iniciais. Falaremos agora sobre a *indispensabilidade* do advogado. Segundo o EAOAB, o advogado é indispensável à administração da justiça, prestando serviço público, ainda que no seu ministério privado, exercendo função social.

Em razão de representar os interesses do cliente, que é um cidadão integrante da sociedade, seus atos são invioláveis, claro que nos limites da lei. Bora ler o dispositivo:

> "Art. 2º O advogado é indispensável à administração da justiça.
>
> § 1º No seu ministério privado, o advogado presta serviço público e exerce função social.
>
> § 2º No processo judicial, o advogado contribui, na postulação de decisão favorável ao seu constituinte, ao convencimento do julgador, e seus atos constituem múnus público.
>
> § 3º No exercício da profissão, o advogado é inviolável por seus atos e manifestações, nos limites desta lei."

– Caramba, Karina, então o advogado é importante mesmo, hein?!

Risos! O art. 2º do EAOAB disciplina justamente aquilo que já é consagrado pela Constituição Federal de 1988, que tratou em seu art. 133 que "o advogado é indispensável à administração da justiça, sendo inviolável por seus atos e manifestações no exercício da profissão, nos limites da lei". Viu? Está até na Constituição Federal!

Portanto, o advogado deve agir com prudência e contribuir para o desenvolvimento do processo judicial ou administrativo na defesa dos interesses dos clientes, sem nunca deixar de seguir o ordenamento jurídico e a ética indispensável à profissão.

– Quer dizer, então, que o advogado possui imunidade profissional?

Sim, no exercício da profissão, o advogado é inviolável por seus atos e manifestações, nos limites da lei. Ele está imune! É necessário lembrarmos que essa disposição é válida apenas e tão somente quando o advogado se encontra exercendo a profissão, pois, no caso de se encontrar em sua vida privada, ou até mesmo no mundo dos negócios (caso seja um empresário), essa regra não poderá ser aplicada.

– Hmmm, entendi. Então um advogado que se tornou empresário e esteja no mundo dos negócios terá um tratamento comum, enquanto um advogado que esteja exercendo a advocacia terá tal prerrogativa da imunidade.

Exato, somente no exercício profissional da advocacia. Já a função pública, apenas para que você saiba, significa dizer que a atuação do advogado é essencial, a fim de que seja justamente cumprida sua função social, sendo indispensável à sociedade e ao exercício da cidadania e do Estado Democrático de Direito.

Vamos ver agora quem está submetido ao EAOAB.

QUEM É O ADVOGADO E QUEM ESTÁ SUBMETIDO AO REGRAMENTO DO EAOAB

O art. 3º do EAOAB prevê que a inscrição nos quadros da OAB é o que garante ao advogado o direito de exercer atividades exclusivas da profissão, e somente estes é que poderão fazê-lo. Veja.

> Art. 3º O exercício da atividade de advocacia no território brasileiro e a denominação de advogado são privativos dos inscritos na Ordem dos Advogados do Brasil (OAB).
>
> § 1º Exercem atividade de advocacia, sujeitando-se ao regime desta lei, além do regime próprio a que se subordinem, os integrantes da Advocacia-Geral da União, da Procuradoria da Fazenda Nacional, da Defensoria Pública e das Procuradorias e Consultorias Jurídicas dos Estados, do Distrito Federal, dos Municípios e das respectivas entidades de administração indireta e fundacional.
>
> § 2º O estagiário de advocacia, regularmente inscrito, pode praticar os atos previstos no art. 1º, na forma do regimento geral, em conjunto com advogado e sob responsabilidade deste.

Bom, já estamos alinhados que o exercício da atividade de advocacia no território brasileiro e a denominação de advogado são privativos dos inscritos na OAB.

No § 1º vêm as outras carreiras jurídicas, como os integrantes da Advocacia-Geral da União, da Procuradoria da Fazenda Nacional, da Defensoria Pública e das Procuradorias e Consultorias Jurídicas dos Estados, do Distrito Federal, dos Municípios e das respectivas entidades de administração indireta e fundacional, de forma que também se sujeitam ao que prevê o EAOAB, além do regime próprio da carreira exercida por eles.

Existem alguns questionamentos na Justiça sobre a aplicação do EAOAB em determinadas carreiras, pois justamente já teriam regramento próprio (a exemplo dos Defensores Públicos, por exemplo), mas, até então, a lei ainda está posta dessa forma.

– No frigir dos ovos, professora, todos eles são advogados!

Pois é. Todos os integrantes dessas carreiras fizeram faculdade de Direito, tiraram OAB, mas depois passaram em um concurso específico da carreira deles, razão pela qual possuem seu regime próprio.

– Entendi, mestre! Show. Mas e nós, os pobres estagiários?! rs Como ficamos nisso tudo?

Risos! Vocês são maravilhosos! Veja que o § 2º do referido artigo não esqueceu da figura do estagiário, que também poderá praticar os tais atos privativos previstos no § 1º , mas desde que seja regularmente inscrito na OAB e desde que seja em conjunto e sob supervisão e responsabilidade de um advogado.

Pelo art. 29 do Regulamento Geral do EAOAB, algumas atividades lhes são permitidas até mesmo para praticar sozinhos, embora, ainda sob a responsabilidade de um advogado, sendo: retirar e devolver autos em cartório, assinando a respectiva carga; obter junto aos escrivães e chefes de secretarias certidões de peças ou autos de processos em curso ou findos; assinar petições de juntada de documentos a processos judiciais ou administrativos.

Mas olha, fique tranquilo que trataremos deste tópico específico mais para a frente também! Ainda estamos introduzindo os assuntos.

– Beleza, Karina, até porque o assunto muito me interessa! Mas olha, fiquei com uma dúvida: e se uma pessoa não inscrita na OAB praticar atos privativos de advogado? O que acontece?

Excelente pergunta! Mas respondo esta jajá quando falarmos das nulidades. Antes disso, temos algo importante a dizer! Atenção, preste muita atenção!

Em setembro de 2020, ou seja, recentemente, foi incluído o **art. 3º-A ao EAOAB** por meio da lei n 14.039/2020, que fala sobre a *natureza técnica e singular* dos serviços profissionais de advogados, você precisa estar por dentro. Vamos ler juntos antes de qualquer coisa:

> **Art. 3º-A EAOAB**. Os serviços profissionais de advogado são, por sua natureza, técnicos e singulares, quando comprovada sua notória especialização, nos termos da lei.
>
> Parágrafo único. Considera-se notória especialização o profissional ou a sociedade de advogados cujo conceito no campo de sua especialidade, decorrente de desempenho anterior, estudos, experiências, publicações, organização, aparelhamento, equipe técnica ou de outros requisitos relacionados com suas atividades, permita inferir que o seu trabalho é essencial e indiscutivelmente o mais adequado à plena satisfação do objeto do contrato.

– Calma, calma, muita calma nessa hora, profs! Deixe-me ver se entendi bem. O Estatuto agora fez questão de dispor sobre a natureza dos serviços jurídicos, qualificando-o como técnico e singular, caso comprovada a notória especialização do advogado. Tá, mas por que isso? Não entendi direito!

Deixar isso expresso no texto de lei é importante para reafirmar a singularidade da profissão em si mesma.

– Hmmm. Eu já ouvi falar que a lei de licitação admite contratação direta quando houver notória especialização, para serviços técnicos singulares. Ter essa classificação no estatuto da advocacia realmente parece importante.

Sim, você pegou o espírito da coisa. Veja o que diz o finalzinho do parágrafo único: "*seu trabalho é essencial e indiscutivelmente o mais adequado à plena satisfação do **objeto do contrato***". Percebeu que estamos falando de contratação?

Isso quer dizer, que se o Poder Público, ou quem quer que seja, precisar contratar um serviço técnico singular na área jurídica, o escritório de advocacia poderá ser contratado, desde que comprove sua notória especialização, nos termos da lei.

Mas você não deve se focar neste assunto de contratações (esta é apenas uma provável consequência!), mas sim conhecer estes conceitos muito bem, pois eles poderão ser cobrados no Exame. É importante você saber que a notória especialização é aferida a partir do desempenho anterior do profissional em estudos, experiências, publicações, organização, aparelhamento, equipe técnica ou de outros requisitos relacionados com suas atividades e que permita demonstrar que o seu trabalho é o mais adequado à plena satisfação daquele contrato específico, ok?

– Saquei mestre! Essa tá boa para cair na prova, já que é uma mudança de 2020 ainda não cobrada no Exame! Vou fazer um asterisco aqui!

Boaaa, e os fundamentos do EAOAB têm muita incidência na prova! Fica esperto, hein! Tá piscando!

ATOS NULOS

O art. 4º do EAOAB justamente determina que são nulos os atos privativos de advogado praticados por pessoa não inscrita na OAB, sem prejuízo das sanções civis, penais e administrativas.

Também igualmente nulos os atos praticados por advogado impedido – no âmbito do impedimento –, suspenso, licenciado ou que passar a exercer atividade incompatível com a advocacia.

– Quer dizer que todos os atos que o sujeito não habilitado praticou serão desconsiderados?

Exatamente, levando-se em consideração que tais atividades são *privativas* dos advogados, quando realizados por qualquer pessoa que não seja inscrita na OAB, serão nulos e passíveis de sanções civis, penais e administrativas, ou seja, a pessoa pode responder na Justiça por isso!

– E o mesmo ocorre se a pessoa for advogada, mas estiver com restrições, tipo impedida, suspensa, licenciada etc.?

Yes! Nos próximos capítulos, vou explicar quais são os casos de impedimento, suspensão, licença, incompatibilidade, tudo de forma mais específica, mas por ora, você já guarda que, nessas situações, o advogado também não pode praticar atos privativos, e se assim fizer, serão considerados nulos. É como se ele não fosse advogado nessas situações: ele não está devidamente habilitado!

DA POSTULAÇÃO

Avançando ainda neste capítulo. Você lembra que o art. 1º estabelece a postulação como uma das atividades privativas da advocacia? Agora ela vem mais bem regulada no **art. 5º do EAOAB**. Veja:

> Art. 5º O advogado postula, em juízo ou fora dele, fazendo prova do mandato.
>
> § 1º O advogado, afirmando urgência, pode atuar sem procuração, obrigando-se a apresentá-la no prazo de quinze dias, prorrogável por igual período.
>
> § 2º A procuração para o foro em geral habilita o advogado a praticar todos os atos judiciais, em qualquer juízo ou instância, salvo os que exijam poderes especiais.
>
> § 3º O advogado que renunciar ao mandato continuará, durante os dez dias seguintes à notificação da renúncia, a representar o mandante, salvo se for substituído antes do término desse prazo.

Ou seja, esse dispositivo visa regular a forma com que o advogado poderá postular, seja em juízo, seja fora dele, nas vias judiciais ou administrativas, e em um caso ou outro, deverá fazer prova de seu mandato, que é a sua procuração!

– Professora, o mandato é sinônimo de procuração?

Bingo! Mandato = procuração. A procuração para o foro em geral habilita o advogado a praticar todos os atos judiciais, em qualquer juízo ou instância, salvo aqueles específicos que exijam poderes especiais.

– E é possível o advogado postular em juízo sem o referido mandato?

Olha, se o advogado afirmar urgência, poderá atuar sem procuração, mas obrigando-se a apresentá-la no prazo de quinze dias, prorrogável por igual período, mas é uma exceção!

Então se o cliente precisa distribuir uma ação com máxima urgência, um procedimento de saúde, por exemplo, ou porque simplesmente vai prescrever seu direito, o advogado postula sem o mandato e terá quinze dias para juntar, prorrogável por mais quinze. Entendeu a dinâmica?

– Entendi, sim. Mas e se o advogado não conseguir juntar o mandato dentro do prazo legal?

Neste caso, o advogado deverá informar ao juízo, que poderá nomear um advogado dativo ou dilatar outra vez o prazo, considerando que a parte não pode ser prejudicada em seu direito e ficar sem defesa.

DA RENÚNCIA

Outro tema interessante é a renúncia. Veja, ainda, que o referido artigo trata da possibilidade de renúncia ao mandato, ou seja, quando um advogado renunciar ao mandato, ele deve continuar representando o mandante – seu cliente – por mais 10 (dez) dias após a notificação da renúncia, exceto se o cliente o substituir antes do fim desse prazo.

– Professora, então quer dizer que a renúncia depende apenas da vontade do advogado?

Sim, a renúncia é um ato unilateral do advogado, independentemente da vontade do cliente, ou seja, é uma prerrogativa do advogado, mas que deve comunicar inequivocamente o cliente sobre sua decisão.

E mais, quando for juntar a renúncia no processo para informar ao juiz que não representará mais aquele cliente, não é necessário explicar o motivo. Veremos isso no **art. 16 do CED**.

No entanto, caso o advogado renuncie e não pratique os atos necessários por mais dez dias, conforme determina este § 3º em conjunto com o **art. 16 do CED e o art. 112 do CPC**, neste caso, cometerá uma infração ética!

– Boa, Karinaaaaaa! Valeu! Entendi bem direitinho!

Valeu não! Vamos enfrentar uma questãozinha de atos privativos antes de encerrar o capítulo, fechou? Veja, essa questão já #CaiuNoExame:

(Exame VIII OAB – FGV) Paulo, bacharel em Direito, exerceu relevantes cargos no Poder Executivo das três esferas de Governo, adquirindo profundo conhecimento sobre as atividades internas da Administração Pública. Após aposentar-se, sem requerer inscrição nos quadros da OAB, estabelece serviço de consultoria jurídica, tendo angariado vários clientes desde o período da inauguração da sua atividade. De acordo com o narrado e observadas as normas estatutárias, assinale a afirmativa correta.

A) Dentre as atividades privativas do advogado incluem-se a postulação judicial e a assessoria jurídica, mas não a consultoria.

B) O bacharel em Direito aposentado não tem vedado qualquer prática de atividade jurídica, mesmo não inscrito nos quadros da OAB.

C) O advogado atua na atividade judicial pugnando pela defesa dos interesses dos seus clientes e na consultoria jurídica.

D) As atividades privativas do advogado incluem a assessoria jurídica, a direção jurídica e a atuação nos Juizados Especiais.

– Hum.... vamos ver uma por uma. Na letra A, a consultoria também é ato privativo, então não é essa. Na letra B, tudo errado, é sempre necessária a inscrição nos quadros da OAB! rs Na D o que me parece errado é que, em algumas vezes, o advogado é dispensável no Juizado Especial. Então entendo que a alternativa correta é a letra C, que determina que o advogado atua na atividade judicial pugnando pela defesa dos interesses dos seus clientes e também na consultoria jurídica. Certo, Karina?

Parabéns. Você acertou de primeira. Isto mostra que estamos no caminho certo! Simbora para o próximo capítulo. Os temas vão começar a ficar divertidos!

CAPÍTULO 3

Dos direitos do advogado

• Relação entre os operadores do Direito
• Prerrogativas da advocacia
• Direitos das mulheres advogadas

O Capítulo II do EAOAB trata "Do Direito do Advogado", e o regramento está estabelecido nos arts. 6º ao 7º-A do EAOAB. Este capítulo vai regular os direitos que os advogados possuem, assegurando o cumprimento do dever profissional.

Para começar, você deve saber a relação entre os operadores do Direito. Entre advogados, magistrados, membros do Ministério Público e outros. O art. 6º do EAOAB trata da inexistência de hierarquia ou subordinação entre eles, devendo todos tratarem-se com respeito recíproco. Isso porque essas três figuras são essenciais para a administração da justiça, tendo cada um deles uma função diferente a executar: o advogado representa os interesses do cliente, o juiz decide a lide e os membros do Ministério Público são fiscais da lei. Desse modo, tratando-se de funções diferentes, e estando todos prestando um serviço em favor da sociedade e da democracia, não há como existir uma relação de hierarquia entre eles. Ninguém é chefe de ninguém, colega!

– Nossa, professora, eu jurava que existia uma subordinação entre os juízes e promotores com os advogados. Achei que eles fossem "mais"!

Não existe! O que se busca é manter a boa relação entre as partes para o bom desempenho da justiça, e ainda, impedir que haja abuso de autoridade por parte de juízes e promotores. Todos devem se tratar com consideração e respeito.

O parágrafo único do art. 6º do EAOAB ainda assegura e determina que as autoridades, os servidores públicos e os serventuários da justiça devem conceder ao advogado tratamento que seja compatível com a dignidade da advocacia, quando no seu exercício, oferecendo, inclusive, as condições adequadas para que o advogado possa desempenhá-la.

– Faz sentido, já que seria impossível ao advogado exercer sua função sem a colaboração desses agentes, né?

Exatamente! Mas lembre-se: é uma relação de reciprocidade, devendo o advogado também tutelar pela boa relação de trabalho e pelo bom tratamento às autoridades, aos serventuários da justiça e aos servidores públicos, e também aos colegas de trabalho. Vamos ler o dispositivo para fixar. Não tem segredo:

> **Art. 6º. EAOAB.** Não há hierarquia nem subordinação entre advogados, magistrados e membros do Ministério Público, devendo todos tratar-se com consideração e respeito recíprocos.
>
> **Parágrafo único.** As autoridades, os servidores públicos e os serventuários da justiça devem dispensar ao advogado, no exercício da profissão, tratamento compatível com a dignidade da advocacia e condições adequadas a seu desempenho.

– Legal, mestre, tá fácil.

Vamos adiante. Em seguida, o **art. 7º do EAOAB** é um dos mais importantes para toda advocacia, pois ele lista as famosas *prerrogativas profissionais*, ou seja, direitos básicos que todos os advogados possuem. Esse dispositivo é bastante extenso, porém, precisamos prestar bastante atenção, pois é um assunto muito importante que já #CaiuNoExame diveeeersas vezes. Vamos ver?

– Boraaa, professss...

Então vamos começar! O *caput* do **art. 7º do EAOAB** dispõe "São direitos do advogado:" e os seus longos 21 incisos trazem quais são estes direitos.

> **I** – exercer, com liberdade, a profissão em todo o território nacional;

Ou seja, o advogado tem a total liberdade de atuar da melhor maneira que lhe convier, podendo exercer a advocacia em qualquer estado do território brasileiro, caso seja de sua vontade. A liberdade para atuar é dos principais aspectos do exercício da advocacia.

– Karina, então quer dizer que um advogado gaúcho pode atuar em um processo lá na Bahia se ele quiser?

Sim! O advogado pode atuar em todo território nacional, em todas as instâncias, exercendo a profissão de forma livre. Poderá usar os símbolos privativos da profissão de advogado, sempre que quiser, por todos os lugares (inciso XVIII).

O Poder Judiciário e o Poder Executivo devem ainda instalar, em todos os juizados, fóruns, tribunais, nas delegacias de polícia e nos presídios, nas salas especiais permanentes para os advogados, com uso assegurado à OAB, o que facilita e funciona como apoio ao desempenho de suas atividades.

Mas **ATENÇÃO**! Se um advogado possuir mais de cinco causas em estado diverso daquele que tenha sua inscrição principal, deverá obter uma inscrição suplementar no novo estado, perante a nova Seccional.

– Hmmm, então se o advogado gaúcho, que tenha sua inscrição principal na Seccional do Rio Grande do Sul, se ele tiver seis causas na Bahia, deverá tirar uma inscrição suplementar lá no Conselho Seccional da Bahia?

Exato! Se não fizer isso, infração ética!

> II – a inviolabilidade de seu escritório ou local de trabalho, bem como de seus instrumentos de trabalho, de sua correspondência escrita, eletrônica, telefônica e telemática, desde que relativas ao exercício da advocacia;

O inciso II traz a questão da inviolabilidade do escritório ou local de trabalho e os respectivos instrumentos de trabalho. É uma forma de garantir a defesa do próprio cidadão e assim concretizar o espírito democrático.

– Não entendi. Qual é a necessidade da inviolabilidade? Por que seus materiais são invioláveis? É um privilégio?

Gostei da pergunta! Não se trata de privilégio como alguns podem pensar. Essa prerrogativa se faz necessária para assegurar que o advogado consiga usufruir de seus meios de trabalho, preservando informações de clientes, e até mesmo a confiança existente entre a relação advogado e cliente. Imagina se você consultasse um advogado, lhe entregasse documentos sigilosos e depois de alguma forma isso fosse obtido por terceiros, ainda que fosse por ordem judicial? O direito de defesa das pessoas estaria comprometido. Por isso dizemos que isso é uma garantia para a própria sociedade, para a própria democracia.

– Ká, essa questão da inviolabilidade tem bastante ligação com o sigilo profissional entre o advogado e seu cliente, presumo.

Sim, sim. O sigilo profissional é tão importante na advocacia que é presumido, é de ordem pública. Isso quer dizer que todas as informações que o advogado possuir de seu cliente, em decorrência do exercício da função, devem ser mantidas em sigilo, indeterminadamente, diante da relação de confiança existente entre as partes.

Dentro do contexto do sigilo, o advogado poderá, inclusive, recusar-se a depor como testemunha em processo no qual funcionou ou deva funcionar, ou sobre fato relacionado com pessoa de quem seja ou foi advogado, *mesmo quando autorizado* ou *solicitado pelo constituinte*, bem como sobre fato que constitua sigilo profissional (inciso XIX).

– Caramba, mestre. Mesmo se foi autorizado, poderá recusar. E essa inviolabilidade nunca será quebrada?

Como nós sabemos, toda regra possui uma exceção, e não existem direitos absolutos. O **§ 6º do art. 7º do EAOAB** dispõe que a inviolabilidade poderá, sim, ser quebrada mediante mandado de busca e apreensão na presença de representante da OAB, quando *houver indícios de autoria e materialidade de prática de crime por parte do advogado.*

Mas ao expedir o mandado de busca e apreensão, específico, detalhado e devidamente fundamentado, a autoridade judiciária deverá comunicar a OAB para que envie um representante e acompanhe o ato.

– Mas aí, nesse caso, é possível ter acesso aos documentos dos clientes desse advogado?

Em regra, não. Mesmo nesse caso de quebra da inviolabilidade, é vedada em qualquer hipótese a utilização de instrumentos que contenham informações sobre clientes, bem como sobre documentos pertencentes a clientes que não tenham relação com o fato investigado.

A inviolabilidade só vai se estender aos clientes se estes estiverem sendo investigados juntamente com o advogado pelo crime cometido, é o que dispõe o **§ 7º do art. 7º do EAOAB**.

E **ATENÇÃO**: a inviolabilidade de seus instrumentos de trabalho, correspondências, e-mails, telefone etc. se dá desde que relativas ao exercício profissional, e não simplesmente porque um sujeito é advogado. Se ele não estiver no exercício advocatício, não há tal prerrogativa.

– Eita, Karina, quanta coisa. Deixa eu ver se eu entendi. Se só o advogado estiver sendo investigado pelo crime, ocorre a inviolabilidade, resguardando os documentos e as informações dos clientes. Mas, se o cliente estiver sendo investigado juntamente com o advogado, pelo mesmo crime, pode ocorrer a inviolabilidade dos documentos e das informações desse cliente também.

Isso. Mas veja, o mandado de busca e apreensão não pode ser genérico, e deve delimitar o objeto que será apreendido, resguardando assim a inviolabilidade. Vamos ler os dois parágrafos que citamos e que tratam das exceções para fixar?

> **§ 6º.** Presentes indícios de autoria e materialidade da prática de crime por parte de advogado, a autoridade judiciária competente poderá decretar a quebra da inviolabilidade de que trata o inciso II do *caput* deste artigo, em decisão motivada, expedindo mandado de busca e apreensão, específico e pormenorizado, a ser cumprido na presença de representante da OAB, sendo, em qualquer hipótese, vedada a utilização dos documentos, das mídias e dos objetos pertencentes a clientes do advogado averiguado, bem como dos demais instrumentos de trabalho que contenham informações sobre clientes.
>
> **§ 7º.** A ressalva constante do § 6º deste artigo não se estende a clientes do advogado averiguado que estejam sendo formalmente investigados como seus partícipes ou coautores pela prática do mesmo crime que deu causa à quebra da inviolabilidade.

– Huum, beleza, professora. Bora.

Então vamos seguir. Agora, o inciso III dispõe que é direito do advogado conversar com seu cliente, de forma pessoal e reservadamente, quando este se encontrar preso, detido ou recolhido em estabelecimento carcerário, mesmo que seja considerado incomunicável e mesmo que ainda não tenha procuração assinada. Olha só:

> **III** – comunicar-se com seus clientes, pessoal e reservadamente, mesmo sem procuração, quando estes se acharem presos, detidos ou recolhidos em estabelecimentos civis ou militares, ainda que considerados incomunicáveis;

– Quer dizer que o advogado pode SEMPRE conversar a sós com o seu cliente?

Sempre. Esse direito abrange não somente a conversa pessoal, como também telefonemas, cartas, e-mails e quaisquer outros meios de contato, que não podem ser violados. Trata-se de uma conversa sigilosa!

Além de poder conversar com seu cliente de forma reservada, poderá também lhe acompanhar durante a apuração de infrações, podendo, inclusive, no curso da respectiva apuração, apresentar razões e quesitos, sob pena de nulidade absoluta do respectivo interrogatório ou depoimento e, subsequentemente, de todos os elementos investigatórios e probatórios dele decorrentes ou derivados, direta ou indiretamente (inciso XXI).

Ah, e tem também as garantias caso o *próprio* advogado seja preso em flagrante por motivo ligado à profissão! É o que vem disciplinado no inciso IV, veja:

> **IV** – ter a presença de representante da OAB, quando preso em flagrante, por motivo ligado ao exercício da advocacia, para

> lavratura do auto respectivo, sob pena de nulidade e, nos demais casos, a comunicação expressa à seccional da OAB;

Isto quer dizer que, no desempenho de suas funções, pode acontecer de o advogado acabar sendo preso em flagrante. Se isso ocorrer, terá direito à presença de um representante da OAB para lavratura do auto de prisão, sob pena de nulidade se isso não for observado. A providência visa evitar abusos e situações arbitrárias e ilegais.

Caso o advogado não esteja propriamente no desempenho de suas funções, ou seja, não esteja no exercício profissional, então o dispositivo fala em comunicação expressa à seccional da OAB para lhe dar a respectiva ciência.

Para que o advogado seja preso em flagrante, o § 3º do art. 7º do EAOAB estabelece que o crime em questão deverá ser *inafiançável*, ou seja, não para todos os tipos de crime.

– Professora, pelo que deu para perceber, o advogado tem bastante proteção para poder exercer a advocacia, não é?

Sim... e não acabou ainda, estamos só no início! São 21 incisos com prerrogativas. O inciso V, por sua vez, garante que o advogado somente poderá ser recolhido preso antes de trânsito em julgado da ação, ou seja, antes de a decisão se tornar definitiva, se o for em sala de Estado Maior, com boas instalações e comodidades. Na falta dessa sala, deverá cumprir prisão domiciliar. Veja só:

> V – não ser recolhido preso, antes de sentença transitada em julgado, senão em sala de Estado Maior, com instalações e comodidades condignas, assim reconhecidas pela OAB, e, na sua falta, em prisão domiciliar; (ADIN 1.127-8)

– Caraaamba, e o que seria uma sala de Estado Maior, Karina?

Sala de Estado Maior é uma sala sem grades, dentro de uma unidade que pode ser Exército, Marinha ou Aeronáutica, ou ainda, na Polícia Militar ou no Corpo de Bombeiros. Em outras palavras, uma sala que lhe garanta tratamento condigno com sua profissão.

> – Saquei, Karina, bacana essas prerrogativas todas. Tô curtindo.

E pega essa agora. Você sabia que essas últimas prerrogativas que nós vimos, mais especificamente as dispostas nos incisos II, III, IV e V do art. 7º do EAOAB são tão importantes que o art. 7º-B do EAOAB dispõe ser crime sua violação? É um dispositivo novo, que entrou no EAOAB em 2019 com a Lei do Abuso de Autoridade. Portanto, chances boas de acontecer o quê?! Exaaaame de Ordem. Fica ligado!

> **Art. 7º-B.** Constitui crime violar direito ou prerrogativa de advogado previstos nos incisos II, III, IV e V do *caput* do art. 7º desta Lei: (Incluído pela Lei nº 13.869 de 2019)
>
> Pena – detenção, de 3 (três) meses a 1 (um) ano, e multa. (Incluído pela Lei nº 13.869 de 2019)

> – Olhaaaaaaaaaa, prerrogativas protegidíssimas, hein!

Exatamente. Este dispositivo veio com as discussões de abuso de autoridade para garantir aos advogados o pleno exercício de suas prerrogativas profissionais, que não poderão ser violadas, tamanha a sua relevância!

> – Mestre, violar as prerrogativas então poderia se caracterizar como crime de abuso de poder, abuso de autoridade?

Exatamente! As prerrogativas do advogado, como consultar um inquérito, retirar autos judiciais para melhor defesa do seu cliente, ou qualquer outro exercício de prerrogativas é que confere a justa defesa do cidadão, o devido processo legal, o Estado Democrático de Direito, ou seja, é muito mais do que impedi-lo de trabalhar, entende??

– Claro, super entendi!! Bem interessante, fiquei orgulhoso dessa proteção.

Hehe que bom. Vamos adiante para você conhecer seus direitos bem direitinho! Rs Vamos para o inciso VI que vai dispor do direito do advogado de ingressar livremente em determinados lugares. Vamos ver quais são esses lugares.

> **VI** – ingressar livremente:
>
> **a)** nas salas de sessões dos tribunais, mesmo além dos cancelos que separam a parte reservada aos magistrados;
>
> **b)** nas salas e dependências de audiências, secretarias, cartórios, ofícios de justiça, serviços notariais e de registro, e, no caso de delegacias e prisões, mesmo fora da hora de expediente e independentemente da presença de seus titulares;
>
> **c)** em qualquer edifício ou recinto em que funcione repartição judicial ou outro serviço público onde o advogado deva praticar ato ou colher prova ou informação útil ao exercício da atividade profissional, dentro do expediente ou fora dele, e ser atendido, desde que se ache presente qualquer servidor ou empregado;
>
> **d)** em qualquer assembleia ou reunião de que participe ou possa participar o seu cliente, ou perante a qual este deva comparecer, desde que munido de poderes especiais;

– Karina, por que o advogado pode ingressar livremente nesses lugares?

Porque o advogado não pode ser impedido de ingressar nos lugares em que possa exercer a sua profissão. Veja que todos os locais trazidos neste inciso são ambientes de atuação do advogado, ou então lugares que se fazem necessários para o exercício da função: sala de sessões, audiências, cartórios, repartições judiciais, delegacias, entre outros.

E além de poder ingressar, ainda poderá escolher entre ficar de pé ou sentado e retirar-se sem pedir licença. Também pode dirigir-se aos magistrados nas salas e gabinetes, independentemente de marcar horário previamente. Pode fazer uso da palavra, pela ordem, em qualquer situação com a finalidade de esclarecer equívoco ou dúvidas que influenciem no julgamento. Pode reclamar contra inobservância de preceito de lei, falar sentado ou em pé, entre outras prerrogativas ligadas ao exercício profissional.

Esses direitos todos, ligados ao comportamento do advogado nos locais de trabalho, veem previstos nos incisos seguintes, desde o inciso VII até o XII e depois no inciso XX novamente. Vamos ler juntos:

> **VII** – permanecer sentado ou em pé e retirar-se de quaisquer locais indicados no inciso anterior, independentemente de licença;
>
> **VIII** – dirigir-se diretamente aos magistrados nas salas e gabinetes de trabalho, independentemente de horário previamente marcado ou outra condição, observando-se a ordem de chegada;
>
> **IX** - ~~sustentar oralmente as razões de qualquer recurso ou processo, nas sessões de julgamento, após o voto do relator, em instância judicial ou administrativa, pelo prazo de quinze minutos, salvo se prazo maior for concedido;~~ (Vide ADIN 1.127-8) (Vide ADIN 1.105-7)
>
> **X** – usar da palavra, pela ordem, em qualquer juízo ou tribunal, mediante intervenção sumária, para esclarecer equívoco ou dúvida surgida em relação a fatos, documentos ou afirmações que influam no julgamento, bem como para replicar acusação ou censura que lhe forem feitas;

XI – reclamar, verbalmente ou por escrito, perante qualquer juízo, tribunal ou autoridade, contra a inobservância de preceito de lei, regulamento ou regimento;

XII – falar, sentado ou em pé, em juízo, tribunal ou órgão de deliberação coletiva da Administração Pública ou do Poder Legislativo;

XX – retirar-se do recinto onde se encontre aguardando pregão para ato judicial, após trinta minutos do horário designado e ao qual ainda não tenha comparecido a autoridade que deva presidir a ele, mediante comunicação protocolizada em juízo.

– Uaaaau, mestre! Isso tudo tem a ver com a liberdade do advogado que a gente viu láááá em cima, desde o inciso I, não é?

Isso aí! A liberdade do advogado é essencial ao exercício da profissão. Você pegou o espírito da coisa!

Já sabe que, se estiver lá na sala da repartição pública e desejar sair, é só sair. Se quiser ficar sentado, OK, se quiser ficar de pé, OK também! Se quiser fazer uso da palavra, OK também!

– Káá, aposto que isso tem relação com a ausência de subordinação e hierarquia entre os juízes, promotores e advogados, não é?

Exato! É isso mesmo. Já que não existe uma relação de subordinação, o advogado pode dirigir-se a qualquer momento ao magistrado, claro, observando sempre uma abordagem e linguagem respeitosas, atentando-se à ordem de chegada.

– Karina, por que o inciso IX está riscado e o que significa aquele "pela ordem" do inciso X?

O inciso IX está riscado porque acabou "caindo". O dispositivo foi questionado no STF, por meio daquelas ADINs ali mencionadas

(ADIN = ação direta de inconstitucionalidade) e a Justiça concluiu serem eles inconstitucionais, portanto, não valem.

Já com relação ao inciso X, o termo "pela ordem", está relacionado ao direito de o advogado manifestar-se de maneira resumida e breve, para esclarecer equívoco, dúvidas em relação aos fatos ou documentos, ainda que não seja seu momento de falar. O advogado tem pleno conhecimento do processo, e é o único capaz de elucidar com propriedade os fatos. Se percebe que algo está sendo tratado de forma equivocada, não precisa esperar uma oportunidade melhor para se manifestar... *pela ordem*, ele pode fazer isso a qualquer momento.

Poderá, ainda, contestar acusação ou censura feita contra si, haja vista que não é o advogado quem deve ser julgado, mas, sim, a lide, estando o advogado atuando na defesa dos interesses de terceiros, do seu cliente.

> – Karina, a premissa básica para não precisar decorar tudo é entender que o advogado sempre poderá se expressar, manifestar-se, falar, entrar, sair etc. desde que respeitoso, desde que dignamente e desde que no exercício profissional. Poderia resumir assim?

Melhor impossível!

Agora vamos seguir nas prerrogativas e tratar sobre o direito dos advogados de examinar ou retirar em carga autos, processos, inquéritos. As disposições estão nos incisos XIII a XVI. E antes de explicar mais sobre isso, vamos ler.

A leitura dos dispositivos de forma pausada e lenta, procurando entender todos os seus termos é fundamental para compreensão da explicação ou para sua fixação. Decorar não é o melhor caminho. O melhor caminho é compreender a lógica, o conceito.

> **XIII** – examinar, em qualquer órgão dos Poderes Judiciário e Legislativo, ou da Administração Pública em geral, autos de processos findos ou em andamento, mesmo sem procuração,

> quando não estiverem sujeitos a sigilo ou segredo de justiça, assegurada a obtenção de cópias, com possibilidade de tomar apontamentos;
>
> **XIV** – examinar, em qualquer instituição responsável por conduzir investigação, mesmo sem procuração, autos de flagrante e de investigações de qualquer natureza, findos ou em andamento, ainda que conclusos à autoridade, podendo copiar peças e tomar apontamentos, em meio físico ou digital;
>
> **XV** – ter vista dos processos judiciais ou administrativos de qualquer natureza, em cartório ou na repartição competente, ou retirá-los pelos prazos legais;
>
> **XVI** – retirar autos de processos findos, mesmo sem procuração, pelo prazo de dez dias;

O que você reparou que pode ser importante lendo os dispositivos?

> – Hummm deixa eu pensar, Karina... Acho que o pulo do gato está na possibilidade de examinar documentos, processos, autos, retirá-los etc. mesmo *sem procuração.* É isso?

Uhuuul, é isso aí! Na mosca! Claro que, se o processo ou inquérito estiver sob sigilo ou segredo de justiça, a procuração será obrigatória, pois, caso contrário, qualquer um que examinasse um procedimento sigiloso poderia comprometer o próprio procedimento ou trazer à tona informações impertinentes ao público em geral.

Além de constar no próprio inciso XIII essa ressalva da procuração, o § 10 também a repetiu para efeito do inciso XIV. Vamos ver juntos:

> **§ 10.** Nos autos sujeitos a sigilo, deve o advogado apresentar procuração para o exercício dos direitos de que trata o inciso XIV.

– Foi o que eu pensei. rs

Mas olha, ainda em relação a este acesso, o § 11 traz a hipótese de a autoridade limitar o acesso do advogado aos elementos de prova relacionados a diligências em andamento e ainda não documentados nos autos, tudo com objetivo de manter a eficiência e as finalidades a que se destinam aquelas diligências:

> **§ 11.** No caso previsto no inciso XIV, a autoridade competente poderá delimitar o acesso do advogado aos elementos de prova relacionados a diligências em andamento e ainda não documentados nos autos, quando houver risco de comprometimento da eficiência, da eficácia ou da finalidade das diligências.

– Faz sentido, né, professora? Afinal, ninguém quer comprometer toda a operação, investigação, apuração no meio do caminho porque alguém que não poderia ter acesso acabou tendo. Mas depois de finalizada a diligência, o advogado volta a ter acesso, é isso?

Exatamente. Se documentou nos autos, o advogado volta a ter acesso, sob pena de responsabilização criminal e funcional por abuso de autoridade do responsável que impedir o acesso do profissional com o intuito de prejudicar o exercício da defesa.

> **§ 12.** A inobservância aos direitos estabelecidos no inciso XIV, o fornecimento incompleto de autos ou o fornecimento de autos em que houve a retirada de peças já incluídas no caderno investigativo implicará responsabilização criminal e funcional por abuso de autoridade do responsável que impedir o acesso do advogado com o intuito de prejudicar o exercício da defesa, sem prejuízo do direito subjetivo do advogado de requerer acesso aos autos ao juiz competente.

E mais! Todo esse regramento dos incisos XIII e XIV se aplicam tanto aos processos físicos **como também aos eletrônicos!**

– Boa, mestre. Natural até.

Já em relação aos incisos XV e XVI, que tratam de o advogado ter vista ou retirar os autos, o § 1º regulou as exceções:

> § 1º Não se aplica o disposto nos incisos XV e XVI:
>
> 1) aos processos sob regime de segredo de justiça;
>
> 2) quando existirem nos autos documentos originais de difícil restauração ou ocorrer circunstância relevante que justifique a permanência dos autos no cartório, secretaria ou repartição, reconhecida pela autoridade em despacho motivado, proferido de ofício, mediante representação ou a requerimento da parte interessada;
>
> 3) até o encerramento do processo, ao advogado que houver deixado de devolver os respectivos autos no prazo legal, e só o fizer depois de intimado.

A lógica segue da mesma forma. O direito do advogado está preservado, a não ser que haja motivo que justifique ele não poder exercer. Neste caso, não poderá ter vista ou retirar sem procuração se houver segredo de justiça, quando existirem documentos originais de difícil restauração, circunstância relevante, ou mesmo se o profissional tem histórico de ter deixado de devolver autos no prazo legal em situação anterior. É disso que esse § 1º acima tratou.

Bom, vamos seguir adiante e falar agora do inciso XVII, que trata do tal desagravo público. Você sabe o que é essa prerrogativa? Sabe o que é um desagravo público?

– Não tenho ideia! Só sei que o art. 7º é gigante, professora.

Haha sim, é grande mesmo. Mas olha que bacana: são sempre seus direitos, suas prerrogativas, tudo para você! Hehe

Bom, o desagravo público é um instrumento de defesa do advogado que for ofendido, afrontado, injustiçado, injuriado em decorrência do exercício da advocacia. É um procedimento formal e público realizado pela Seccional da OAB ou pelo Conselho Federal (caso a repercussão seja nacional) com a finalidade de mostrar repúdio coletivo e rechaçar o ato praticado pelo ofensor. O representante da OAB lê uma nota de repúdio contra os atos do ofensor. Essa nota será publicada na imprensa, enviada ao ofensor e registrada nos assentos do ofendido.

Vamos usar um exemplo. Lembra quando a gente estava falando lá em cima que é uma prerrogativa do advogado ter acesso aos autos? Pois bem, imagine uma situação em que o advogado vá à delegacia e solicita vistas do inquérito, porém, o delegado não permite e ainda expulsa o advogado da delegacia. Nesse caso, tratando-se de uma ofensa a uma prerrogativa, o advogado poderá solicitar a instauração de um processo de desagravo e, caso esse processo seja julgado procedente, poderá ser realizado o desagravo público e a formalização do ato perante o ofensor. É um ato político interno da OAB e por isso não cabe recurso por parte do ofensor que não concorde com o desagravo.

Deu para entender?

– Ahhhh, Karina, agora eu entendi! É um jeito de proteger os direitos, as prerrogativas dos advogados e uma forma de reparar a ofensa que venha a sofrer e ao mesmo tempo mostrar a má conduta que teve o ofensor.

Isso! Você entendeu perfeitamente a função do desagravo público. Essa prerrogativa é tão importante que o § 5º faz questão de reforçá-la. Veja:

> § 5º No caso de ofensa a inscrito na OAB, no exercício da profissão ou de cargo ou função de órgão da OAB, o conselho competente deve promover o desagravo público do ofendido, sem prejuízo da responsabilidade criminal em que incorrer o infrator.

Repare que o advogado deve estar no *exercício profissional*. Ou seja, um advogado ofendido ou destratado no âmbito de sua vida civil não fará jus ao desgravo. E repare também que o desagravo não impede que o advogado busque ainda a *responsabilização criminal* do ofensor, são coisas independentes.

– Entendi, sim. Só o advogado pode solicitar o desagravo, Karina?

A requisição do desagravo pode ser feita pelo próprio ofendido ou qualquer pessoa em nome do ofendido, mas também pode ser requerido de ofício pelo próprio conselho competente da OAB, já que a ofensa à prerrogativa de um advogado, no fundo, ofende toda a advocacia.

– Beleeeeza, mestre, agora clareou bem e gostei bastante desse instituto.

Para finalizar a análise deste loooongo dispositivo, é importante que saiba também que o advogado tem *imunidade profissional*, ou seja, não se constituem como injúria ou difamação puníveis as suas manifestações no exercício de sua atividade, em juízo ou fora dele, maaaaas isso sem prejuízo das sanções disciplinares perante a OAB, pelos excessos que cometer. Se acabar exagerando, responderá processo ético perante seu órgão de classe.

Ufa, acho que acabou o art. 7º! Vamos responder a algumas questões? Inclusive uma delas que acabou de cair no exame de 2021???

(EXAME DE ORDEM – ASSUNTO PRERROGATIVAS DO ADVOGADO) O advogado X foi preso em flagrante enquanto furtava garrafas de vinho, de valor bastante expressivo, em determinado supermercado. Conduzido à delegacia, foi lavrado o auto de prisão em flagrante, sem a presença de representante da OAB. Com base no disposto no Estatuto da Advocacia e da OAB, assinale a afirmativa correta.

A) A lavratura do auto de prisão em flagrante foi eivada de nulidade, em razão da ausência de representante da OAB, devendo a prisão ser relaxada.

B) A lavratura do auto de prisão em flagrante não é viciada, desde que haja comunicação expressa à seccional da OAB respectiva.

C) A lavratura do auto de prisão em flagrante foi eivada de nulidade, em razão da ausência de representante da OAB, devendo ser concedida liberdade provisória não cumulada com aplicação de medidas cautelares diversas da prisão.

D) A lavratura do auto de prisão em flagrante não é viciada e independe de comunicação à seccional da OAB respectiva.

– Aleluiaaaa, Karina! Prerrogativas sem fim! Vamos para o treino! Professora, a resposta correta me parece ser a letra D, porque o crime não guarda nenhuma relação com o exercício profissional. Logo, não exige a presença de um representante da OAB.

Essa pergunta que #CaiuNoExame era extremamente capciosa. Releia o inciso IV do Art. 7º.

> **IV** – ter a presença de representante da OAB, quando preso em flagrante, por motivo ligado ao exercício da advocacia, para lavratura do auto respectivo, sob pena de nulidade e, nos demais casos, a comunicação expressa à seccional da OAB;

Repare que, se o advogado não estiver propriamente no desempenho de suas funções, ou seja, "nos demais casos", então a providência será a comunicação expressa à seccional da OAB para lhe dar a respectiva ciência. Na questão acima, há notícia dessa comunicação expressa à seccional da OAB?

– Nuossssssa, pegadinha na veia essa daí! Resposta correta é a B, Karina! Choquei!

Aeee, é isso aí! Simbora para mais uma:

(EXAME DA ORDEM – ASSUNTO: PRERROGATIVA DOS ADVOGADOS) O advogado Ademar é surpreendido por mandado de busca e apreensão dos documentos guardados no seu escritório, de forma indiscriminada. Após pesquisa, verifica que existe processo investigando um dos seus clientes e a ele mesmo. Apesar disso, os documentos de toda a sua clientela foram apreendidos. Diante do narrado, é correto afirmar que

A) A prática é correta, em função de a investigação atingir o advogado.

B) a inviolabilidade do escritório de advocacia é absoluta.

C) a proteção ao escritório do advogado não se inclui na hipótese versada.

D) houve excesso na apreensão de todos os documentos da clientela do advogado.

– Parece correta a alternativa D, pois, apesar de a inviolabilidade não ser absoluta quando existir indícios de autoria e materialidade de crime praticado pelo próprio advogado, fato é que não poderia apreender ou violar os documentos de TODA sua clientela, mas tão somente aqueles relacionados aos fatos e ao crime em questão. Houve excesso.

Boa, mandou bem aqui! Certinho. Parece que alguém prestou bastante atenção. hehe

Mais uma!

(EXAME DA ORDEM – ASSUNTO: PRERROGATIVA DOS ADVOGADOS) O advogado Carlos dirigiu-se a uma Delegacia de Polícia para tentar obter cópia de autos de inquérito no âmbito do qual seu cliente havia sido intimado para prestar esclarecimentos. No entanto, a vista dos autos foi negada pela autoridade policial, ao fundamento de que os autos estavam sob segredo de Justiça. Mesmo após Carlos ter apresentado procuração de seu cliente, afirmou o Delegado que, uma vez que o juiz havia decretado sigilo nos autos, a vista somente seria permitida com autorização judicial.

Nos termos do Estatuto da Advocacia, é correto afirmar que:

A) Carlos pode ter acesso aos autos de qualquer inquérito, mesmo sem procuração.

B) Carlos pode ter acesso aos autos de inquéritos sob segredo de Justiça, desde que esteja munido de procuração do investigado.

C) em caso de inquérito sob segredo de Justiça, apenas o magistrado que decretou o sigilo poderá afastar parcialmente o sigilo, autorizando o acesso aos autos pelo advogado Carlos.

D) o segredo de Justiça de inquéritos em andamento é oponível ao advogado Carlos, mesmo munido de procuração.

– Ué, professora, o advogado tem a liberdade de ter vista dos autos. Além disso, o § 10 do art. 7º do EAOAB deixa bem claro que, se o advogado apresentar a procuração nos processos sob sigilo, ele pode ter acesso. Então, letra B.

Perguntinha fresca 2021:

(EXAME DA ORDEM 2021 - ASSUNTO: PRERROGATIVAS) A advogada Clotilde, em manifestação oral em juízo, proferiu algumas palavras sobre o adversário processual de seu cliente. Na ocasião, a pessoa mencionada alegou que teria sido vítima de crime de injúria. Considerando o disposto no Estatuto da Advocacia e da OAB, é correto afirmar que

A) as palavras proferidas podem constituir crime de injúria, a fim de se tutelar a adequada condução da atividade jurisdicional. Além disso, Clotilde poderá responder disciplinarmente perante a OAB pelos excessos que tiver cometido.

B) a imunidade profissional conferida a Clotilde assegura que as palavras proferidas não constituem injúria, tampouco são passíveis de responsabilização disciplinar perante a OAB, independentemente da alegação de excesso.

C) a imunidade profissional conferida a Clotilde assegura que as palavras proferidas não constituem injúria. Contudo, ela poderá responder disciplinarmente perante a OAB pelos excessos que tiver cometido.

D) as palavras proferidas podem constituir crime de injúria, a fim de se tutelar a adequada condução da atividade jurisdicional. Contudo, não são passíveis de responsabilização disciplinar perante a OAB, independentemente da alegação de excesso.

– Letra C, Karina!! Acabamos de estudar!!

Bingo! Haha, eu estou achando demais você acertando tudo! Você vai me matar se eu mandar mais uma perguntinha? Juro que vai ser a última! hehe

– Kkkk manda aí, professora.

(EXAME DA ORDEM – ASSUNTO: PRERROGATIVA DOS ADVOGADOS) O advogado Antônio participava do julgamento de recurso de apelação por ele interposto. Ao proferir seu voto, o Relator acusou o advogado Antônio de ter atuado de forma antiética e de ter tentado induzir os julgadores a erro. Em seguida, com o objetivo de se defender das acusações que lhe haviam sido dirigidas, Antônio solicitou usar da palavra, pela ordem, por mais cinco minutos, pleito que veio a ser indeferido pelo Presidente do órgão julgador.

A respeito do direito de Antônio usar a palavra novamente, assinale a afirmativa correta.

A) Não é permitido o uso da palavra por advogado em julgamentos de recursos de apelação.

B) É direito do advogado usar da palavra, pela ordem, mediante intervenção sumária, para replicar acusação ou censura que lhe forem feitas.

C) É direito do advogado intervir, a qualquer tempo e por qualquer motivo, durante o julgamento de processos em que esteja constituído.

D) O uso da palavra, pela ordem, mediante intervenção sumária, somente é permitido para o esclarecimento de questões fáticas.

E aí, doutores, doutoras... Qual é a resposta certa?

– Deixa-me ver aqui. Essa tá boa, hein. Resposta correta letra B, o bendito poderá intervir sumariamente para replicar as acusações e censuras feitas a ele – inciso X.

Bom, você já está afiadíssimo nas prerrogativas dos advogados disposta no art. 7º e incisos do EAOAB. Mas este capítulo ainda não acabou e nós precisamos estudar sobre os direitos das advogadas gestantes, lactantes e adotantes, que estão elencados no **art. 7º-A do EAOAB**. Esse também é um artigo muito importante e que também já #CaiuNoExame, então vamos entender um pouco mais sobre ele.

No caso das advogadas gestantes, o inciso I, alíneas "a" e "b" do art. 7º do EAOAB, traz como um direito a entrada em tribunais sem a necessidade de passar por detectores de metais e aparelhos de raio X, bem como o direito de possuírem vagas reservadas nos estacionamentos dos fóruns. Pense e verá a lógica disso.

– Caramba, Karina, que legal. Eu não fazia ideia de que existiam esses direitos voltados especialmente para as mulheres advogadas. Então, se está gestante, não se submeterá aos aparelhos que emitam alguma radiação, podendo ser prejudicial para o bebê, e, ainda, terá vaga no estacionamento para se deslocar menos. A lógica tem lógica. Rs rs

– E no pós-parto? Existem direitos específicos?

É realmente muito legal. A advogada lactante, adotante ou que der à luz tem o direito de possuir acesso a creches onde houver, ou caso não haja, tem o direito de acessar um local adequado para atender as necessidades de seu bebê. É o que dispõe o inciso II do art. 7º-A do EAOAB. Pense: estou com um bebê no colo, preciso fazer algo com ele. Portanto, creche ou local adequado.

Já com relação à ordem das sustentações orais e das audiências a serem realizadas, todas elas terão preferência, a gestante, lactante, adotante ou que der à luz, basta comprovar sua condição (inciso III do art. 7º-A do EAOAB).

– Hmmmm, bem bacana isso, Karina, adorei. E por quanto tempo dura esta preferência?

Os direitos previstos à advogada gestante ou lactante aplicam-se enquanto perdurar, respectivamente, o estado de gravidez ou o período de amamentação.

O direito à creche ou a local adequado para atender as necessidades do bebê, bem como a preferência na ordem das sustentações orais e das audiências serão concedidos pelo prazo previsto no

– Em relação aos prazos processuais, seguem normalmente?

Excelente pergunta. Pense na hipótese de uma advogada que seja a única patrona no processo. Gestou e deu à luz ou adotou. E agora? Seria um pouco complicado cumprir prazos neste período, certo?

Por essa razão, a mulher adotante ou que der à luz fará jus à suspensão de prazos processuais quando for a única patrona da causa e desde que haja notificação por escrito ao cliente.

– Caraca, que top isso! Então, se ela for a única advogada do processo, ela notifica o cliente por escrito. E depois?

Depois deverá ser protocolizada uma petição em juízo informando sobre a situação, bem como anexando a notificação que fez ao seu cliente, com a ciência deste.

– Karina, e por quanto tempo os prazos ficam suspensos neste caso?

De acordo com o §3º do art. 7º-A do EAOAB, a suspensão dos prazos neste caso obedecerá ao disposto no § 6º do art. 313 do Código de Processo Civil, qual seja: 30 (trinta) dias, contados a partir da data do parto ou da concessão da adoção, mediante apresentação de certidão de nascimento ou documento similar que comprove a realização do parto, ou de termo judicial que tenha concedido a adoção.

– Professora, você pode dar uma recapitulada? Só para eu ver se consegui entender bem.

Claro! Vamos ler o dispositivo juntos para fixar de vez o conteúdo e depois concatenar as ideias:

> **Art. 7º-A.** São direitos da advogada:
>
> I – gestante:
>
> a) entrada em tribunais sem ser submetida a detectores de metais e aparelhos de raios X;
>
> b) reserva de vaga em garagens dos fóruns dos tribunais;
>
> II – lactante, adotante ou que der à luz, acesso a creche, onde houver, ou a local adequado ao atendimento das necessidades do bebê;
>
> III – gestante, lactante, adotante ou que der à luz, preferência na ordem das sustentações orais e das audiências a serem realizadas a cada dia, mediante comprovação de sua condição;

> IV – adotante ou que der à luz, suspensão de prazos processuais quando for a única patrona da causa, desde que haja notificação por escrito ao cliente.
>
> § 1º Os direitos previstos à advogada gestante ou lactante aplicam-se enquanto perdurar, respectivamente, o estado gravídico ou o período de amamentação.
>
> § 2º Os direitos assegurados nos incisos II e III deste artigo à advogada adotante ou que der à luz serão concedidos pelo prazo previsto no art. 392 do Decreto-Lei nº 5.452, de 1º de maio de 1943 (Consolidação das Leis do Trabalho).
>
> § 3º O direito assegurado no inciso IV deste artigo à advogada adotante ou que der à luz será concedido pelo prazo previsto no § 6º do art. 313 da Lei nº 13.105, de 16 de março de 2015 (Código de Processo Civil).

Assim, em resumo:

- **Gestantes >>** não se submeter a detectores de metais e possuir reserva de vaga em fóruns;
- Lactante, adotante ou que der à luz >> acesso a creche ou local adequado para as necessidades do bebê;
- **Todas (gestante, lactante, adotante ou que der à luz) >>** preferência nas sustentações orais e audiências;
- **Adotante ou que der à luz >>** suspensão de prazos.

Conseguiu pegar?

– Boaaa! Cadê aquela perguntinha que você disse que já #CaiuNoExame para fixar bem esse assunto??

Tá aí! Quero ver acertar a resposta, hein?! E olha, caiu de novo em 2021! Tá fresco!

(EXAME DA ORDEM – ASSUNTO DO DIREITO DAS ADVOGADAS) A advogada Ana encontra-se no quinto mês de gestação. Em razão de exercer a profissão como única patrona nas causas em que atua, ela receia encontrar algumas dificuldades durante a gravidez e após o parto. Considerando o caso narrado, assinale a afirmativa correta.

A) O Estatuto da OAB confere a Ana o direito de entrar nos tribunais sem submissão aos detectores de metais, vagas reservadas nas garagens dos fóruns onde atuar, preferência na ordem das audiências a serem realizadas a cada dia e suspensão dos prazos processuais quando der à luz.

B) O Estatuto da OAB não dispõe sobre direitos especialmente conferidos às advogadas grávidas, mas aplicam-se a Ana as disposições da CLT relativas à proteção à maternidade e à trabalhadora gestante.

C) O Estatuto da OAB confere a Ana o direito de entrar nos tribunais sem submissão aos detectores de metais e preferência na ordem das audiências a serem realizadas a cada dia, mas não dispõe sobre vagas reservadas nas garagens dos fóruns e suspensão dos prazos processuais quando der à luz.

D) O Estatuto da OAB confere a Ana o direito de entrar nos tribunais sem submissão aos detectores de metais, preferência na ordem das audiências a serem realizadas a cada dia e vagas reservadas nas garagens dos fóruns, mas não dispõe sobre suspensão dos prazos processuais quando der à luz.

– Ahhh, fácil demais. Resposta certa letra A. O art. 7º-A do EAOAB, como acabamos de ver, traz à advogada gestante em seus incisos o direito de entrar nos tribunais sem submissão aos detectores de metais, o acesso a vagas reservadas nas garagens dos fóruns, a preferência na ordem das audiências e também suspensão dos prazos processuais quando der à luz.

Mais uma:

(EXAME DA ORDEM 2021 – ASSUNTO DO DIREITO DAS ADVOGADAS) Maria, advogada, adotou o recém-nascido João. A fim de organizar sua rotina, Maria verifica que tem contestação a apresentar em quinze dias e audiência agendada em quarenta dias, em processos distintos, nos quais figura como única advogada das partes que representa.

Sobre a situação apresentada, assinale a afirmativa correta.

A) Maria, ao comparecer ao fórum para a realização da audiência, terá direito a reserva de vaga na garagem.
B) Maria terá preferência de ordem para a realização da audiência, mediante comprovação de sua condição.
C) Maria terá o prazo para apresentar a contestação interrompido, desde que notifique o cliente por escrito.
D) Maria, ao comparecer ao fórum para a realização da audiência, não deverá ser submetida a detectores de metais e aparelhos de raio X, se estiver acompanhada de João.

– Hehe. Bom, pelo esquema que vimos acima, a resposta correta é B. Maria comprova sua condição e terá preferência de ordem para audiência.

Isso aí! Então agora você já sabe tudo sobre os direitos e prerrogativas dos advogados e das advogadas mamães também.

CAPÍTULO 4

Inscrição

• Requisitos para inscrição do advogado
• Local de inscrição do advogado
• Cancelamento da inscrição do advogado
• Requisitos para inscrição do estagiário
• Do estágio – Características
• Licenciamento profissional
• Documentos do advogado

Então, pessoal! Já falamos muito sobre os direitos dos advogados. Que tal falarmos agora sobre aquele tão esperado momento: a inscrição! O tema da inscrição na OAB vem previsto no **art. 8º ao art. 14 do EAOAB**. É muito importante saber a respeito do assunto para entender como se inscrever na OAB, quem pode e quem não pode. Vou explicar tudo direitinho daqui para a frente. Vamos lá?

– Meu Deus, Ká, estou ansioso! O que é necessário para se inscrever na OAB?

No **art. 8º do EAOAB,** estão elencados os requisitos necessários para o bacharel em Direito efetuar sua inscrição nos quadros da OAB. Antes de tudo, a pessoa deverá possuir capacidade civil para isso (inciso I).

– Ká, então já sei! O candidato tem que ter mais de 18 anos e não ser interditado, né?!

Isso! O **inciso II** desse mesmo artigo descreve a necessidade do diploma ou da certidão de graduação em direito, que precisa ser obtida em instituição de ensino oficialmente autorizada e credenciada. Por isso, é muito importante fazer uma pesquisa sobre a confiabilidade da universidade que se pretenda cursar Direito e verificar se está credenciada nos órgãos oficiais.

– Nosssa. Se for uma universidade eventualmente não credenciada, o candidato, depois de 5 anos cursando Direito, fica impedido de pedir sua inscrição na OAB???

É isso mesmo. Isso é muito sério e muito grave. A pesquisa prévia é fundamental!

Prosseguindo, o **inciso III** discorre sobre outro requisito necessário: o título de eleitor e quitação do serviço militar, se brasileiro. O advogado é um defensor da cidadania, e para isso é necessário ser cidadão, pois, além de ser um requisito constitucional, é também dever do advogado exercitar a cidadania de maneira plena.

– É necessário comprovação da quitação militar para estrangeiros, Ká?

Não, esse é um requisito exclusivamente dos inscritos brasileiros.

Além de todos esses requisitos, a aprovação no Exame da Ordem é fundamental para a inscrição. Isso vem previsto no **inciso IV**.

Você sabia que qualquer pessoa que possua um CPF pode prestar o Exame Unificado da Ordem dos Advogados do Brasil?! E pode até mesmo ser aprovado nas duas fases, mas apenas poderá requerer sua inscrição se apresentar diploma do curso de direito, emitido, como já dito, em instituição oficial, no prazo do edital.

– Meu Deus Ká, isso significa que, mesmo aprovado, o candidato poderia ter sua inscrição negada?

Exatamente. A inscrição é aceita com o preenchimento de todos os requisitos e o Exame de Ordem é apenas um deles.

O **inciso V** descreve como fundamental o não exercício de atividade incompatível com a advocacia, ou seja, não é possível ser ao mesmo tempo advogado e ocupar qualquer das atividades elencadas no **art. 28 do EAOAB**.

Outro requisito necessário para a inscrição é a idoneidade moral – é o **inciso VI**. Para a inscrição na OAB, é fundamental ser idôneo moralmente, ou seja, não ter praticado nenhum crime infamante que atente contra a advocacia, não ter envolvimento com o tráfico de drogas, rede de pedofilia, não ter cometido violência contra mulheres, idosos, pessoas LGBTQ, deficientes, entre outras situações.

– Hmm, bom isso, hein. O que é crime infamante?

Boa pergunta! A OAB considera crime infamante todo crime que provocar forte repúdio ético da comunidade geral ou profissional, relacionado com a repercussão que a condenação desse crime traz a toda classe advocatícia, levando desonra para todos.

Nos termos do **§ 4º deste art. 8º**, não atende ao requisito de idoneidade moral aquele que tiver sido condenado por crime infamante, salvo se obteve reabilitação judicial. Neste caso de reabilitação, sim, a pessoa poderá se inscrever.

Para efeito de publicização, a OAB lança o nome de todos os candidatos que serão inscritos como advogados no *Diário Oficial* 30 dias antes da solenidade, podendo qualquer pessoa suscitar a inidoneidade moral do candidato, sendo a denúncia encaminhada ao Conselho Seccional para serem apuradas e tomadas as respectivas medidas.

> – Mas ainda sobre a idoneidade moral eventualmente suscitada por alguma pessoa que viu o nome do candidato que quer se tornar advogado. Como ela seria avaliada pela OAB?

Então, o **§ 3º** dispõe que a inidoneidade moral, suscitada por qualquer pessoa, deve ser declarada mediante decisão que obtenha no mínimo dois terços dos votos de todos os membros do conselho Seccional daquele Estado, em procedimento que observe os termos do processo disciplinar.

Por último, mas não menos importante, o **inciso VII**, diz a respeito da necessidade de prestar compromisso perante o Conselho Seccional. Esse ato ocorre na sessão solene de entrega da carteira profissional pelo Conselho Seccional, marcando o oficial início da vida de todo e qualquer advogado.

> – Caso eu não consiga ir nessa sessão solene, posso pedir a alguém que vá no meu lugar, professora, com uma procuração?!

Nãooo! Esse ato é pessoal e intransferível. Somente o advogado pode prestá-lo. Se por acaso tiver um compromisso no dia, pode pedir remarcação para a próxima sessão solene.

Você sabia que até o ano de 2009 o Exame de Ordem não era unificado?! Cada Conselho Seccional elaborava sua própria prova. Isso mudou a partir do Provimento 136/2009.

> – Nossa, Karina, quer dizer que uma pessoa em São Paulo faz a mesma prova que uma pessoa no Rio Grande do Sul ou do Norte ou do Acre e assim por diante?! Mesmo sendo OAB de Estados diferentes?!

Isso aí! Atualmente o Exame de Ordem envolve todo o território nacional, sendo exigido pelo EAOAB o dever de regulamentação pelo Conselho Federal. É o que diz o **§ 1º** desse mesmo **art. 8º da EAOAB.**

– E como um brasileiro que faz faculdade fora do Brasil pode se inscrever na OAB??

Excelente pergunta! Para a inscrição, é necessário que o candidato apresente o documento devidamente revalidado pelo Ministério da Educação, além de, claro, cumprir com os demais requisitos do EAOAB, incluindo a aprovação no Exame de Ordem. Vamos ler juntos o **§ 2º desse art. 8º da EAOAB**. Repare que fala do estrangeiro ou brasileiro que tenha estudado fora do país:

> § 2º O estrangeiro ou brasileiro, quando não graduado em direito no Brasil, deve fazer prova do título de graduação, obtido em instituição estrangeira, devidamente revalidado, além de atender aos demais requisitos previstos neste artigo.

– Nossa, Ká, acho que tô entendendo tudo!

Muito bem! Vimos o quanto o **art. 8º do EAOAB** é importante para a inscrição do advogado, agora vamos falar um pouco sobre a inscrição como estagiário.

O **art. 9º do EAOAB** discorre sobre o que é necessário para a inscrição como estagiário na OAB, sendo obrigatório preencher os requisitos mencionados nos incisos I, III, V, VI e VII do **art. 8º** anteriormente mencionado, aqueles mesmos da inscrição como advogado, e além deles, ter sido admitido em estágio profissional de advocacia.

O estágio é fundamental para o início da prática advocatícia, já que mesmo os estudantes, encontrando-se sob a supervisão e comando do advogado, já passam a observar os fundamentos da profissão.

– Verdade! Eu aprendi muito em meus estágios. E como funciona o estágio, quais são o período de duração e os demais detalhes referentes à inscrição do estagiário?

A inscrição do estagiário na OAB só pode ser feita nos últimos anos do curso, com duração de dois anos, no Conselho Seccional em cujo território pertença seu curso jurídico.

O estágio pode ser mantido pelas respectivas instituições de ensino superior ou por setores, órgãos jurídicos e escritórios de advocacia credenciados pela OAB, sendo obrigatório o estudo deste Estatuto e do Código de Ética e Disciplina.

– Hmmm, bom saber.

Tem algo importante que você precisa saber: o aluno de curso jurídico que exerça atividade incompatível com a advocacia pode frequentar o estágio ministrado pela respectiva instituição de ensino superior, para fins de aprendizagem, vedada a inscrição na OAB.

– Calma, isso parece importante mesmo. Então se o aluno estiver em alguma daquelas hipóteses do art. 28 do EAOAB, ou seja, exercer uma atividade incompatível, ele não pode se inscrever como estagiário nos quadros da OAB, porém pode frequentar o estágio ministrado pela respectiva instituição de ensino superior?

Exatamente! Outra: o estágio profissional poderá ser cumprido por bacharel em Direito que queira se inscrever na Ordem. Ou seja, sabe aquele aluno que termina a faculdade, mas ainda não passou no Exame de Ordem? Ele pode manter sua inscrição como estagiário regular na OAB. É o que dispõe o **§ 4º do art. 9º do EAOAB**.

Agora voltando para a inscrição do advogado, vamos falar sobre os detalhes.

– OK, Karina. Onde deve o advogado se inscrever? Em qualquer lugar?

A inscrição principal do advogado deve ser realizada no Conselho Seccional em que pretenda estabelecer o seu domicílio profissional, ou seja, onde ele vá exercer a profissão corriqueiramente. É o que dispõe o **art. 10 do EAOAB**.

Obtida a inscrição, é plena a liberdade de exercício profissional em todo o território nacional, somente sendo condicionado quando exceder o número de cinco causas ao ano em cada Estado. Se isso ocorrer, é necessário promover a inscrição suplementar no referido Estado onde possua mais de cinco ações.

– Vish, professora, o advogado fica com mais de um número de registro?

Sim! Cada inscrição suplementar possui um número diferente da inscrição principal. Você também precisa saber que, no caso de mudança efetiva de domicílio profissional para outra unidade federativa, deve o advogado requerer a transferência de sua inscrição para o Conselho Seccional correspondente.

Isso só não acontecerá se existir algum vício ou ilegalidade na inscrição principal. Nesse caso o Conselho Seccional deve suspender o pedido de transferência ou de inscrição suplementar.

Já vimos tudo sobre a inscrição tanto do advogado quanto do estagiário. Agora, vamos ver em quais casos são canceladas as inscrições profissionais. Vamos ler juntos:

> **Art. 11. EAOAB.** Cancela-se a inscrição do profissional que:
>
> I – assim o requerer;
>
> II – sofrer penalidade de exclusão;

III – falecer;

IV – passar a exercer, em caráter definitivo, atividade incompatível com a advocacia;

V – perder qualquer um dos requisitos necessários para inscrição.

O cancelamento da inscrição é realizado por meio de procedimentos administrativos, na Seccional onde constar a inscrição principal. As hipóteses são essas referidas acima. São meio óbvias, não é mesmo?

O advogado pode requerer por vontade própria. Pode sofrer pena de exclusão em processo disciplinar. Se ele falecer também cancela. Pode, ainda, tornar-se incompatível ao exercer alguma daquelas atividades listadas no **art. 28 do EAOAB**, ou por fim, perder qualquer daqueles requisitos indispensáveis previstos no **art. 8º**.

– Karina, e se caso eu cancelasse minha inscrição e me arrependesse, eu poderia solicitar novamente?!

Poderia, sim. No entanto, não seria possível o direito ao restabelecimento do número cancelado. O candidato terá novamente que comprovar os requisitos do **art. 8º do EAOAB** e vai obter um novo número.

– E precisa dizer a razão pela qual ele requer o cancelamento?

Não, não é necessário indicar os motivos para tanto na hipótese do inciso I, ou seja, quando requereu seu cancelamento.

No caso de exclusão dos quadros da OAB em razão de processo disciplinar, o cancelamento ocorrerá após o trânsito em julgado, e a nova inscrição dependerá de reabilitação.

No caso de falecimento, o cancelamento também é automático, mediante a apresentação de atestado de óbito pelos familiares.

Caso ocorra o exercício de atividade incompatível com a advocacia, cabe ao advogado informar no Conselho Seccional a nomeação definitiva para o cargo incompatível, cancelando-se, assim, sua inscrição.

– Entendi, professora! Esses são os casos em que é cancelada a inscrição, mas eu posso, por exemplo, *"dar um tempo"*, sem perder meu número de inscrição?!

Sim hehe. É a hipótese de licenciamento provisório previsto no **Art. 12 do EAOAB**. Vejamos as hipóteses:

> **Art. 12. EAOAB**. Licencia-se o profissional que:
>
> I – assim o requerer, por motivo justificado;
>
> II – passar a exercer, em caráter temporário, atividade incompatível com o exercício da advocacia;
>
> III – sofrer doença mental considerada curável.

O **inciso I** trata de pedido próprio do profissional, ou seja, o advogado assim o requer por motivo justificado, como um período grande fora do país, ou algo relevante que assim justifique. Licenciado, não pagará anuidades em favor da Ordem dos Advogados, daí o interesse daqueles que não estejam realmente exercendo a profissão.

O **inciso II** trata do cargo incompatível apenas em caráter temporário, quando não se perde a condição de advogado neste período, diferentemente do artigo anterior quando mencionamos o caso de o inscrito exercer definitivamente um cargo incompatível com a advocacia, o que origina o cancelamento da sua inscrição.

Por fim, o **inciso III** desse mesmo artigo, apresenta a possibilidade de licenciamento em casos de doenças mentais curáveis do próprio inscrito ou seus familiares, pedido este que deve seguir acompanhado de um laudo médico. Dessa maneira, mediante a comprovação da recuperação, pode o inscrito voltar a qualquer momento para os quadros de inscritos da OAB.

> – Bacana, entendi. Professora, sobre inscrição, o que mais eu preciso saber?

Bom, para finalizar, lembre-se de que o documento de identidade profissional é de uso obrigatório no exercício da atividade de advogado ou de estagiário e constitui prova de identidade civil para todos os fins legais, devendo ser mostrada quando solicitada, tendo sido recentemente criada sua possibilidade de guarda digital em aplicativo próprio da OAB.

> – Nossa, Ká, quer dizer que eu posso mostrar minha carteirinha da OAB como identidade?! Que daooooora!

Isso mesmo!

Além disso, saiba que é obrigatória a indicação do nome e do número de inscrição em todos os documentos assinados pelo advogado, no exercício de sua atividade, pois sua assinatura (seja física, seja digital) individualiza a responsabilidade pelo ato.

Agora que você já sabe tudo sobre a inscrição do advogado na OAB, vamos fazer uma questão que já #CaiuNoExame!

> – Vamos! Tô manjando tudo sobre a inscrição!

(EXAME DE ORDEM – INSCRIÇÃO) O advogado Gennaro exerce suas atividades em sociedade de prestação de serviços de advocacia, sediada na capital paulista. Todas as demandas patrocinadas por Gennaro tramitam perante juízos com competência em São Paulo.

Todavia, recentemente, a esposa de Gennaro obteve trabalho no Rio de Janeiro. Após buscarem a melhor solução, o casal resolveu que fixaria sua residência, com ânimo definitivo, na capital fluminense, cabendo a Gennaro continuar exercendo as mesmas funções no escritório de São Paulo. Nos dias em que não tem atividades profissionais, o advogado, valendo-se da ponte área, retorna ao domicílio do casal no Rio de Janeiro. Considerando o caso narrado, assinale a afirmativa correta.

A) O Estatuto da Advocacia e da OAB impõe que Gennaro requeira a transferência de sua inscrição principal como advogado para o Conselho Seccional do Rio de Janeiro.

B) O Estatuto da Advocacia e da OAB impõe que Gennaro requeira a inscrição suplementar como advogado junto ao Conselho Seccional do Rio de Janeiro.

C) O Estatuto da Advocacia e da OAB impõe que Gennaro requeira a inscrição suplementar como advogado junto ao Conselho Federal da OAB.

D) O Estatuto da Advocacia e da OAB não impõe que Gennaro requeira a transferência de sua inscrição principal ou requeira inscrição suplementar.

– Professora, a resposta certa é a D! Nós vimos que o advogado não precisa ter sua inscrição no Conselho Seccional no local que reside e, sim, no local de domicílio profissional. Dessa forma, só seria necessária a inscrição suplementar caso ele tivesse um número maior de cinco ações em local diverso ao da sua inscrição principal.

Isso aê! Sabendo mesmo, hein? Parabéns!

CAPÍTULO 5

Sociedades de advogados

• Tipos de sociedades
– Comum e individual
• Constituição e averbação de sociedades
– Personalidade jurídica
– Procurações
• Sede e filial
• Participação em sociedade
• Denominação da sociedade
– Razão social e nome fantasia
– Nome de sócio falecido
• Responsabilidade da sociedade e dos sócios

Muito bem, pessoal! Já falamos bastante sobre os advogados em si. Vamos falar agora um pouco sobre *sociedade de advogados*? O **Capítulo IV do EAOAB** trata da sociedade de advogados, **do art. 15 ao art. 17**. Embora sejam apenas três artigos, são muitos os regramentos dispostos nos seus respectivos parágrafos, e eu vou explicar tudo que seja importante neste Capítulo a partir de agora. Vamos juntos?

– Vamos, Karina! O que é importante sabermos sobre sociedade entre advogados?

Uau. Muitas coisas! Mas vamos começar: existem dois tipos de sociedades de advogados previstas no *caput* do **art. 15 do EAOAB**. Uma delas é a sociedade simples de prestação de serviços de advocacia e a outra é a sociedade unipessoal, também para prestação de serviços de advocacia. Ambas são disciplinadas pelo EAOAB e pelo Regulamento Geral. A sociedade simples é formada por dois advogados ou mais e a sociedade unipessoal, por apenas um advogado, ou seja, sozinho. Bora ler juntos o artigo para fixar:

> **Art. 15. EAOAB.** Os advogados podem reunir-se em sociedade simples de prestação de serviços de advocacia ou constituir sociedade unipessoal de advocacia, na forma disciplinada nesta Lei e no regulamento geral.

– Mas, professora, é uma pessoa sozinha e mesmo assim se chama "sociedade"?

Sim! Isso é uma alteração relativamente recente (de 2016). O advogado pode constituir uma sociedade, mesmo estando sozinho, sem aquela obrigatoriedade de ter que se vincular a um sócio, que muitas vezes eram reunidos somente por conta da exigência mínima e não porque desejavam estar juntos de verdade!

Outra vantagem é a possibilidade de redução na carga tributária, já que a sociedade unipessoal poderá ser optante pelo Simples Nacional no que se refere ao pagamento de impostos, além das vantagens burocráticas (menos obrigações contábeis).

Na sociedade unipessoal, o advogado pode já iniciar e constituir a sociedade sozinho desde o início ou pode acabar nesta situação depois de concentrar todas as cotas de uma sociedade que antes era de vários sócios. Por exemplo: eram três sócios, um se retirou e outro faleceu. Não importam as razões que fizeram o advogado ficar com todas as cotas, basta que tenha ficado sozinho. É o que prevê o **§ 7º deste art. 15**.

– Ahh, entendi. E onde a sociedade é registrada? Ela ganha CNPJ?

Os dois tipos de sociedade são registradas no Conselho Seccional da OAB correspondente à sede da sociedade, ou seja, ao seu endereço físico. Se o endereço for São Paulo, vai registrar na Seccional SP, se for Teresina, vai se registrar na Seccional do PI e assim por diante. De acordo com o **§ 1º do art. 15 do EAOAB**, é com o registro aprovado dos seus atos constitutivos na respectiva Seccional que a sociedade, tanto a comum como também a unipessoal, adquire personalidade jurídica, recebendo um número de inscrição na OAB na condição de sociedade, obtendo, ainda, CNPJ junto aos Órgão Públicos.

– O estagiário pode ser sócio, professora?

Não. Somente advogados podem integrar sociedade comum ou constituir sociedade unipessoal. Não pode estagiário nem alguém que não seja advogado. Assim como também a sociedade sempre deverá ter a finalidade de prestação de serviços jurídicos, e nenhum outro.

– Hmmm, entendo. E a filial, Ká? Como funciona o registro?

A filial é assim: o ato constitutivo da filial primeiro é averbado no registro da sociedade e será arquivado no Conselho Seccional onde ela, a filial, instalar-se, ficando os sócios obrigados a pedir inscrição suplementar na referida Seccional. Ou seja, se minha OAB é de São Paulo, local onde tenho uma sociedade, se eu for abrir uma filial no Paraná, preciso tirar inscrição suplementar na OAB/PR. Entendeu?

– Entendi. Se forem vários sócios, todo mundo deverá tirar?

Sim, todos! Leia depois o **§ 5º do art. 15 do EAOAB**.

– Caramba! E, Karina, o CED é aplicável somente ao advogado pessoalmente ou também à sociedade de advogados?

Boa pergunta! Tanto o EAOAB como o CED são aplicáveis também às sociedades. É o que dispõe o **§ 2º do art. 15 do EAOAB**. Mas não confunda: as procurações devem ser outorgadas individualmente aos advogados, apenas indicando a sociedade de que façam parte. Não é possível a sociedade receber procuração, pois não é a sociedade quem atua no processo e assina petições, mas, sim, seus sócios. Isso quer dizer que a sociedade pode firmar contrato de prestação de serviços advocatícios, submete-se às regras do CED, mas a procuração somente poderá ser outorgada aos advogados na pessoa física. É o que determina o **§ 3º do art. 15 do EAOAB**.

– Faz sentido! E pode um mesmo advogado compor mais de uma sociedade, por exemplo, ter a sua sociedade individual e também compor uma outra de vários advogados?

Não! Existe uma proibição no **§ 4º do art. 15 do EAOAB**. Um mesmo advogado não pode integrar mais de uma sociedade, não pode constituir mais de uma sociedade individual e também não pode integrar simultaneamente uma sociedade individual e outra comum! Massss essas proibições se referem a sociedades com sede ou filial na mesma área territorial, ou seja, naquele mesmo Conselho Seccional ou Estado.

– Calma, embaralhou! rs Isso quer dizer que se forem sociedades em seccionais diferentes, por exemplo, Rio Grande do Sul e Rondônia, então, nesse caso, pode?

Bingo! Nesse caso, sim. Ou seja, um advogado pode ter uma sociedade individual no Rio Grande do Sul e integrar outra sociedade comum em Rondônia! Ou pode integrar uma sociedade comum no Rio de Janeiro e outra comum na Bahia. Entendeu a lógica? O que não pode, é quando estão na mesma Seccional, na mesma base territorial.

– Quanto detalhe, minha nossa! Tem mais alguma informação importante no art. 15 do EAOAB, Karina?

Já falamos praticamente tudo do art. 15, e olha que são sete parágrafos! Só faltou falarmos que os advogados sócios de uma mesma sociedade não podem representar em juízo, ou seja, na Justiça, clientes com interesses opostos. Ou seja, se a Priscilla é sócia da Cinthia, e ambas integram a mesma sociedade, não poderá a Priscilla atuar como advogada do autor de uma ação e a Cinthia como advogada do réu. São interesses opostos, e por isso não podem ser representados por advogados sócios de uma mesma sociedade. Meio óbvio, não?

– É, de fato, Karina. Isso parece bastante óbvio.

Vamos ver juntos uma questão sobre sociedade que #CaiuNoExame? Não importa se você é estudante ou advogado, tente resolver a questão para fixar o entendimento e ficar por dentro do assunto!

(Exame de Ordem – ASSUNTO: SOCIEDADE DE ADVOGADOS) Os advogados Márcio, Bruno e Jorge, inscritos nas Seccionais do Paraná e de Santa Catarina da Ordem dos Advogados, resolveram constituir determinada sociedade civil de advogados, para atuação na área tributária. A sede da sociedade estava localizada em Curitiba. Como os três sócios estavam inscritos na Seccional de Santa Catarina, eles requereram o registro da sociedade também nessa Seccional. Márcio, por outro lado, já fazendo parte da sociedade com Bruno, e Jorge requereu, juntamente com seu irmão, igualmente advogado, o registro de outra sociedade de advogados também na Seccional do Paraná, esta com especialização na área tributária. As sociedades não são filiais. Sobre a hipótese descrita é correto afirmar que a sociedade de advogados de Márcio, Bruno e Jorge

A) não poderá ser registrada na Seccional de Santa Catarina, pois apenas tem sede na Seccional do Paraná. Márcio não poderá requerer inscrição em outra sociedade de advogados no Paraná.

B) não poderá ser registrada na Seccional de Santa Catarina, pois apenas tem sede na Seccional do Paraná. Márcio poderá requerer inscrição em outra sociedade de advogados no Paraná.

C) poderá ser registrada na Seccional de Santa Catarina, pois os três advogados que dela fazem parte estão inscritos na Seccional em questão. Márcio não poderá requerer inscrição em outra sociedade de advogados no Paraná.

D) poderá ser registrada na seccional de Santa Catarina, pois os três advogados que dela fazem parte estão inscritos na Seccional em questão. Márcio poderá requerer inscrição em outra sociedade de advogados no Paraná.

– Eita, eita! Calma lá, Karina. Bom, a sociedade não pode ter duas sedes. O enunciado fala que não se tratam de filiais. Então se existe uma sede no Paraná, não poderá existir outra sede em Santa Catarina, e nem em nenhum outro lugar. Já o Márcio, acredito que também não poderá requerer inscrição em outra sociedade no Paraná com seu irmão advogado, pois segundo o § 4º do art. 15 do EAOAB, que vimos, um mesmo advogado não pode compor duas sociedades na mesma Seccional. Sendo assim, resposta correta é A?

Bingo! *You got it*! Você já sabe tudo do **art. 15 do EAOAB e seus parágrafos**. Agora vamos avançar para as disposições dos **arts. 16 e 17**, e você vai dominar o assunto das sociedades.

Seguindo nas disposições das Sociedades de Advogados, temos o **art. 16 do EAOAB** com diversas previsões. A primeira delas, estampada no *caput* do artigo, diz respeito às proibições de registro e também de funcionamento de determinadas sociedades de advogados, entre as proibições:

(i)	que tenha forma ou característica de sociedade empresária;
(ii)	que adote nome fantasia;
(iii)	que realize atividades estranhas à advocacia;
(iv)	que inclua sócio não inscrito como advogado ou proibido de advogar.

Isso quer dizer que as sociedades de advogados não podem ter forma ou características de sociedade empresária (a tal da mercantilização!), não podem adotar nome fantasia, não podem realizar atividades estranhas à advocacia nem podem incluir sócio não inscrito como advogado, ou ainda, proibido de advogar!

– Aiiiii que chato, professora! A sociedade não poderá ter um nome legal e descolado, mesmo sendo apenas o nome fantasia e não a razão social?

Nãoooo! A razão social deve ter sempre o nome de pelo menos um advogado responsável pela sociedade, sem que seja possível se apresentar no mercado com nome fantasia, por mais legal e descolado que fosse! É necessário manter essa sobriedade, reproduzindo o nome/sobrenome de um ou mais advogados, podendo no máximo utilizar siglas com as iniciais dos respectivos nomes! Pode também utilizar a sigla "&" para unir o nome/sobrenome dos integrantes, isso é permitido!

– Sei. E pode manter nome de sócio que já faleceu?

Boa pergunta! Até pode, porém deve haver tal previsão nos atos constitutivos da sociedade. É o que dispõe o **§ 1º do art. 16 do EAOAB**, veja:

> **Art. 16. EAOAB.** Não são admitidas a registro nem podem funcionar todas as espécies de sociedades de advogados que

> apresentem forma ou características de sociedade empresária, que adotem denominação de fantasia, que realizem atividades estranhas à advocacia, que incluam como sócio ou titular de sociedade unipessoal de advocacia pessoa não inscrita como advogado ou totalmente proibida de advogar.
>
> § 1º A razão social deve ter, obrigatoriamente, o nome de, pelo menos, um advogado responsável pela sociedade, **podendo permanecer o de sócio falecido, desde que prevista tal possibilidade no ato constitutivo.**

E se for sociedade individual, que nome então vai ter? Do próprio e único sócio?

Nesse caso, a denominação deve ser formada pelo nome do advogado titular, completo ou parcial, ou seja, pode ser primeiro ou último nome, ou ambos, ou segundo e terceiro, tanto faz, seguido da expressão "Sociedade Individual de Advocacia". Se eu tivesse uma, poderia chamar "Karina Penna Neves Sociedade Individual de Advocacia", ou "Penna Neves Sociedade Individual de Advocacia" ou "Karina Neves Sociedade Individual de Advocacia" e assim por diante.

– Hum, show, entendi.

Mais alguns pontos relevantes para você saber. Se um sócio se licencia para exercer atividade incompatível com a advocacia em caráter temporário, isso deve ser averbado no registro da sociedade, porém sem que se altere sua constituição. É o que diz o **§ 2º do art. 16 do EAOAB**. Ou seja, o sócio incompatível temporariamente continuará sócio, mas esse seu licenciamento deverá ser comunicado e averbado! E claro que no período de licenciamento não poderá atuar como advogado.

A situação é diferente daquele que tem alguma proibição/impedimento total; nesse caso, sequer é possível registrar a sociedade com este tipo de sócio, que equivale a uma pessoa não inscrita na OAB, ou seja, não "dá registro".

– Sei. Poderia dar um exemplo do licenciamento por incompatibilidade temporária, Karina?

Claro! As hipóteses de incompatibilidade estão elencadas no **art. 28 do EAOAB**, mas já que pediu exemplo: chefe do Poder Executivo seria um caso de incompatibilidade (**inciso I do art. 28 EAOAB**), ou ainda, ocupantes de funções de direção e gerência em instituições financeiras, inclusive privadas **(inciso VIII do art. 28 EAOAB)**. Enquanto o advogado ocupar um desses cargos, estará incompatível com o exercício da advocacia, e esse seu licenciamento deverá ser comunicado e averbado, não podendo atuar enquanto perdurar esta situação.

– Entendido! Professora, pode uma empresa qualquer colocar em seu objeto social a atividade de advocacia?

Não! Nos termos do **§ 3º do art. 16 do EAOAB**, que estamos analisando, é proibido registrar nos Cartórios de Registro Civil de Pessoas Jurídicas e também nas Juntas Comerciais, qualquer sociedade (empresária ou não) que inclua a atividade jurídica em suas finalidades. Em resumo: atividade jurídica SOMENTE pode ser exercida por advogados, sociedade de advogados, comum ou individual, jamais por outros tipos de empresas.

– Veja se entendi: um escritório de contabilidade ou uma empresa de consultoria qualquer, quando forem ser registradas nos Órgãos Públicos, não podem colocar no seu contrato social que vai prestar serviços advocatícios.

É isso, perfeito! ;-)

Agora vou seguir para o **art. 17 do EAOAB**, o último do Capítulo das Sociedades de Advogados. Esse dispositivo é bem delicado e trata da responsabilidade pelos danos causados aos clientes por ação ou omissão no exercício profissional.

Referido dispositivo determina que a sociedade, o sócio e o titular da sociedade individual de advocacia, respondem de forma subsidiária e ilimitada pelos eventuais danos causados aos clientes, sem prejuízo de ainda responderem em processo disciplinar. Vamos ler juntos:

> **Art. 17. EAOAB.** Além da sociedade, o sócio e o titular da sociedade individual de advocacia respondem subsidiária e ilimitadamente pelos danos causados aos clientes por ação ou omissão no exercício da advocacia, sem prejuízo da responsabilidade disciplinar em que possam incorrer.

– Profs, explica direito o que quer dizer subsidiária e ilimitada. Como isso funciona na prática?

Explico. Caso seja cometido algum erro profissional no curso da atuação profissional, como a perda de um prazo, a interposição de um recurso no lugar do outro prejudicando o direito do cliente, por exemplo, então primeiro a sociedade deverá responder pelos prejuízos, e se ela não tiver patrimônio ou condições para tanto, então os sócios, na sua pessoa, serão atingidos por esta responsabilidade. Isso quer dizer responsabilidade subsidiária. Primeiro cobra-se de um (sociedade), depois, se necessário, cobra-se do outro (sócios).

Já ilimitada quer dizer que a responsabilidade é integral, ou seja, relacionada ao prejuízo e não limitada ao capital social integralizado ou alguma outra limitação.

– Ô loco, hein, Karina! Pesado! O jeito é não errar!

Pois é! Por isso os advogados devem atuar com extrema diligência, cautela, atenção, presteza e prudência. Não sendo possível atuar dessa forma, melhor nem se comprometer nem assumir o cliente, já que depois que recebeu procuração, o profissional passa a ter uma responsabilidade enorme sobre a causa e sobre o trabalho. Alguns escritórios e profissionais chegam até a fazer seguro de responsabilidade civil por erro profissional.

> – Professora, e se no contrato social estiver disposto de outra forma, que a responsabilidade está limitada?

Sua pergunta é excelente! Mas isso não é possível, já que o **Provimento 112/2006 do CFOAB** determina que é imprescindível a adoção de cláusula com a previsão expressa da responsabilidade subsidiária e ilimitada no contrato social, ou seja, de forma diversa este contrato não será registrado! E se por alguma razão estiver em desacordo (eventualmente foi registrado antes do Provimento), a cláusula será considerada nula.

Antes de encerrarmos este Capítulo, vamos responder juntos a mais uma perguntinha que #CaiuNoExame. Tampe a sequência do diálogo para você responder sem visualizar a alternativa correta, é para o seu bem! rs

(Exame de Ordem – ASSUNTO: SOCIEDADE DE ADVOGADOS) Os advogados X de Souza, Y dos Santos requereram o registro de sociedade de advogados denominada Souza, Santos e Andrade Sociedade de Advogados. Tempos depois, X de Souza vem a falecer, mas os demais sócios decidem manter na sociedade o nome do advogado falecido. Sobre a hipótese, assinale a afirmativa correta:

A) É possível manter o nome do sócio falecido, desde que prevista tal possibilidade no ato constitutivo da sociedade

B) É possível manter o nome do sócio falecido, independentemente de previsão no ato constitutivo da sociedade.

C) É absolutamente vedada a manutenção do nome do sócio falecido na razão social da sociedade.

D) É possível manter, pelo prazo máximo de seis meses, o nome do sócio falecido.

Diga aí, doutor, doutora, qual é a resposta certa?

– Essa tá fácil, Karina! Manda uma pior! haha Resposta correta letra A, pois estudamos que é, sim, possível manter o nome de sócio falecido, desde que isso esteja previsto no ato constitutivo da sociedade. Hehe

Exatamente. O fundamento legal está no **art. 16, § 1º do EAOAB**, que já vimos anteriormente. Bom, sobre Sociedade de Advogados você já sabe tudo que seja mais importante e que pode cair no Exame de Ordem, mas caso queira se aprofundar mais, sugiro que leia o **Provimento 112/2006 do CFOAB**, que dispõe detalhes sobre o tema, certo? Vamos em freeeente! Próximo assunto será sobre os advogados empregados.

CAPÍTULO 6

Do advogado empregado

• Relação de emprego
• Jornada de trabalho
• Independência intelectual

No capítulo anterior, falamos bastante do advogado integrante de sociedade advocatícia. Agora vamos tratar do advogado com vínculo de emprego, o famoso "celetista" – vinculado à CLT (Consolidação das Leis do Trabalho) –, que vem previsto especificamente no Capítulo V do EAOAB sob o título "Do Advogado Empregado", compreendendo os arts. 18 a 21 do EAOAB.

Isso quer dizer que o advogado pode ser formalmente contratado para atuar com vínculo de emprego, seja em escritório de advocacia, seja em sociedade empresária, associações, fundações. Não importa o tipo de negócio, qualquer pessoa jurídica poderá contratar seus próprios advogados na forma de emprego, regidos, assim, pela CLT (Consolidação das Leis do Trabalho), com direitos trabalhistas e tudo mais que decorre da relação de trabalho.

– Mas, Karina, e se o chefe mandar o advogado subordinado fazer algo inadequado?

Eu ia chegar exatamente aí! O art. 18 do EAOAB, que inaugura o Capítulo V, já dispõe sobre a isenção técnica do advogado, que mesmo quando empregado, não tem sua independência profissional inerente à advocacia reduzida. Ou seja, suas prerrogativas são mantidas, seus direitos e deveres profissionais também.

– Ahhh, que bom! Vai que, né, professora?!

E mais, sabe aqueles favorzinho pessoal que o chefe gosta de pedir?

– Sei sim, Karina! Já fiz muitos! O que tem?

Tem que o advogado não está obrigado a fazer! Veja só o que fala o parágrafo único do art. 18 do EAOAB em questão:

> **Art. 18.** A relação de emprego, na qualidade de advogado, não retira a isenção técnica nem reduz a independência profissional inerentes à advocacia.
>
> **Parágrafo único. O advogado empregado não está obrigado à prestação de serviços profissionais de interesse pessoal dos empregadores, fora da relação de emprego.**

Viu? O advogado não está obrigado a atuar em favor dos empregadores fora da relação de emprego!

Em relação à remuneração do advogado empregado, o art. 19 do EAOAB dispõe sobre o seu salário mínimo, que será fixado em sentença normativa, a menos que tenha sido ajustado em acordo ou convenção coletiva de trabalho.

Isso quer dizer que existe um salário mínimo, que é o piso da categoria, que deverá ser sempre observado para fins de remuneração do advogado empregado. E que esse salário mínimo será fixado por uma daquelas três formas mencionadas: sentença normativa, acordo ou convenção coletiva de trabalho.

– O que seria uma sentença normativa, Karina?

Quando a negociação coletiva não chega a um consenso, ou seja, empregadores e empregados não chegam em um denominador comum acerca da remuneração mínima, então o assunto é submetido à Justiça do Trabalho, que profere uma decisão. Essa decisão é uma sentença normativa, proferida no processo de dissídio coletivo, e será a regra a ser aplicada pelos próximos 2 (dois) anos, com vistas a equilibrar os interesses das duas partes. Entendeu?

– Sim, professora! Superentendi. E o acordo e a convenção coletiva?

Antes de explicar o que é cada um deles, é bom você saber que ambos, tanto o acordo como a convenção coletiva, estão previstos na CLT e são instrumentos de negociação para trazer melhorias e equilíbrio nas relações de trabalho entre os empregadores e seus empregados.

O acordo coletivo de trabalho (ACT) é o resultado da negociação entre o sindicato dos trabalhadores daquela categoria profissional (no caso, o sindicato dos advogados) com uma ou mais empresas empregadoras destes profissionais. Dessa forma, serão estabelecidas as regras de trabalho entre os empregados e as empresas participantes da negociação.

Já a convenção coletiva de trabalho (CCT) é o resultado da negociação entre dois sindicatos, ou seja, o sindicato dos empregados e o sindicato dos empregadores. O resultado da convenção reflete nas relações de trabalho de toda categoria de uma região específica, ou seja, sua amplitude é maior.

– Muito bom, Karina! Entendi tudo. E como funciona a jornada de trabalho do advogado empregado? É diferente?

Responder a essa pergunta causa até um constrangimento, afinal sabemos que a jornada de trabalho de um advogado, hoje em dia, é pesada! De qualquer forma vamos ler juntos o art. 20 do EAOAB e seus parágrafos:

> **Art. 20.** A jornada de trabalho do advogado empregado, no exercício da profissão, não poderá exceder a duração diária de quatro horas contínuas e a de vinte horas semanais, salvo acordo ou convenção coletiva ou em caso de dedicação exclusiva.
>
> § 1º Para efeitos deste artigo, considera-se como período de trabalho o tempo em que o advogado estiver à disposição do empregador, aguardando ou executando ordens, no seu escritório ou em atividades externas, sendo-lhe reembolsadas as despesas feitas com transporte, hospedagem e alimentação.
>
> § 2º As horas trabalhadas que excederem a jornada normal são remuneradas por um adicional não inferior a cem por cento sobre o valor da hora normal, mesmo havendo contrato escrito.
>
> § 3º As horas trabalhadas no período das vinte horas de um dia até as cinco horas do dia seguinte são remuneradas como noturnas, acrescidas do adicional de vinte e cinco por cento.

Pelo que vemos no artigo, a jornada não poderá (ou poderia!) exceder a duração diária de quatro horas contínuas e a de vinte horas semanais, a não ser que haja acordo ou convenção coletiva dispondo de forma diversa ou ainda em caso de dedicação exclusiva em favor do empregador.

Isso foi previsto desta forma tendo em vista o enorme desgaste psicológico que passa o advogado no exercício da profissão. Pense numa coisa: a matéria-prima dos advogados é, basicamente, "problemas"! Resolver problemas faz parte da rotina da maior parte dos advogados, e isso, claro, é extremamente desgastante! Essa era a razão da jornada reduzida.

O § 1º trata da definição do período de trabalho, que consiste no tempo em que o advogado estiver à disposição do empregador, aguardando ou executando ordens, no seu escritório ou em atividades externas, lembrando ainda que as despesas que o advogado tiver em tarefas externas deverão ser reembolsadas pelo empregador.

– Ô loco, Karina! Realmente esta jornada de 4 horas diárias parece um pouco irreal. Mas estamos estudando teoria, não é?! Vi que os parágrafos também dispõem sobre horas extras e adicional noturno!

Sim. Fica então da seguinte forma: horas extras remuneradas por um adicional não inferior a 100% sobre o valor da hora normal e trabalho noturno acréscimo de 25%.

- **Hora extra** >> 100% adicional
- **Hora noturna** >> 25% adicional

– Hmmm, entendi. E qual é a definição de período noturno? Seria após as 22 horas?

Negativo. Período noturno é considerado após as 20h de um dia até as 5h do dia seguinte.

– E se no contrato do advogado empregado constar algo diferente disso, tipo, o valor da hora extra ou noturna menor?

Não vale. Mesmo havendo contrato escrito dispondo de forma diferente, são as regras do EAOAB que prevalecem. Releia as palavrinhas finais dos § 2º do art. 20.

Por fim, temos o regramento em relação aos honorários advocatícios de sucumbência. Vamos por partes. Você sabe o que é sucumbência?

– Xiiiii, lascou...!

Se tem uma coisa que você deve saber na ponta da língua chama-se sucumbência! Afinal, os advogados vivem de honorários advocatícios e a sucumbência é uma das modalidades desses honorários. Mas ainda não chegamos no Capítulo dos Honorários, então tudo bem você AINDA não saber.

– Nuosssa, me explica esse trem agora, pelo amooooorrr!

Nós veremos em detalhes no capítulo próprio, mas para adiantar de forma sucinta, posso te dizer que a sucumbência é a verba que a parte perdedora do processo paga em favor do ADVOGADO da parte vencedora. Geralmente varia de 10% a 20% sobre o valor da condenação, mas pode ser determinado pelo juiz de outras formas, como valores fixos.

Repare que esta verba não é da PARTE que venceu, mas, sim, dos ADVOGADOS da parte que venceu.

Porém se o advogado for empregado de uma SOCIEDADE DE ADVOGADOS, então neste caso, os honorários serão partilhados entre ele (advogado empregado) e a sociedade de advogados (empregadora), na forma estabelecida por eles em acordo.

Caso o empregador do advogado seja autor ou réu da ação judicial, ou seja, se o empregador for PARTE, então os honorários de sucumbência seriam devidos ao advogado empregado. Mesma situação se o empregador estiver representando alguém em juízo por meio da atuação do seu advogado empregado, que igualmente ficaria com os honorários de sucumbência para si.

Os verbos "seriam" e "ficariam" foram usados neste tempo verbal, pois o STF julgou a ADIN 1.194-4/DF em 2009 e determinou que o art. 21 e seu parágrafo único da Lei nº 8.906/1994 deve ser interpretado no sentido da preservação da liberdade contratual quanto à destinação dos honorários de sucumbência fixados judicialmente.

> – Isso quer dizer que o advogado pode contratar com o empregador abrindo mão dos honorários sucumbenciais em favor da empresa?

Isso! A justificativa dada pelo Supremo foi de que, uma vez que se trata de bem disponível (honorários), não haveria nada que impedisse juridicamente do titular do direito aos honorários deles fazer uso, ou seja, contratar sua distribuição com seu empregador, mesmo que não seja uma sociedade de advogados, mas sim uma sociedade empresarial qualquer.

Bora ler juntos o art. 21 do EAOAB e parte da ementa daquela ADIN 1.194-4/DF, no trecho de interesse, para arrematar o assunto:

> **Art. 21**. Nas causas em que for parte o empregador, ou pessoa por este representada, os honorários de sucumbência são devidos aos advogados empregados.
>
> Parágrafo único. Os honorários de sucumbência, percebidos por advogado empregado de sociedade de advogados são partilhados entre ele e a empregadora, na forma estabelecida em acordo.

Trecho da ementa da ADIN 1.194-4/DF – STF:

> 4. O art. 21 e seu parágrafo único da Lei nº 8.906/1994 deve ser interpretado no sentido da preservação da liberdade contratual quanto à destinação dos honorários de sucumbência fixados judicialmente.

Você entendeu tudo sobre advogado empregado ou tem mais alguma pergunta?

> – Olha, Karina, achei o tema delicado, mas segue o baile!

CAPÍTULO 7

Das incompatibilidades e impedimentos

• Incompatibilidade
• Impedimento

Agora vamos falar sobre um assunto importantíssimo e que bomba no Exame de Ordem: *Incompatibilidades e Impedimentos.* O Capítulo VII do EAOAB estabelece os parâmetros necessários para identificar as diferentes hipóteses de incompatibilidade e de impedimento, as quais estão previstas nos arts. 27 a 30.

A partir de agora eu vou te explicar tudo o que você precisar saber sobre estes dois assuntos. Vamos lá?!

INCOMPATIBILIDADE

Antes de nos aprofundarmos no estudo do primeiro tema deste capítulo, é importante que você saiba diferenciar a *incompatibilidade* do *impedimento*. Vamos ler:

> **Art. 27.** A **incompatibilidade** determina a **proibição total**, e o **impedimento**, a **proibição parcial** do exercício da advocacia.

A incompatibilidade é a proibição TOTAL do exercício da advocacia, em razão do desempenho de determinado cargo ou função, e as hipóteses todas estão elencadas no art. 28 do EAOAB.

Já o impedimento, que também ocorre em razão do exercício de determinado cargo ou função, trata da proibição PARCIAL, ou seja, em algumas situações é permitido ao advogado o exercício da profissão, em outras, não. As hipóteses e situações estão no art. 30 do EAOAB.

Para memorizar, pensa o seguinte: quando estamos impedidos, não podemos fazer algo naquele momento, mas quando o impedimento acaba, nós podemos. Quando falamos em incompatibilidade, veja, é algo maior, uma restrição completa.

– Professora, mas se na hipótese de incompatibilidade a proibição é total, o advogado não poderá exercer a profissão *nem em causa própria*?

Exato. Segundo o art. 28, *caput*, do EAOAB, o advogado que exerce atividade incompatível está impedido de exercer *qualquer* atividade privativa da advocacia, ainda que seja a favor de si mesmo.

– Ká, mas nós já vimos nos capítulos anteriores que as funções do advogado consistem em atividades judiciais e extrajudiciais. A incompatibilidade da advocacia se aplica também as atividades extrajudiciais?

Sim, certamente. Quando falamos sobre incompatibilidade, nos referimos à proibição TOTAL. Ou seja, em hipótese alguma aquele profissional poderá praticar atos privativos do advogado, previstos láááá no art. 1º do EAOAB, ainda que relativos aos procedimentos extrajudiciais, consultoria etc. Nadinha.

– Caraca, professora, que radical! Por que isso acontece?

Porque a incompatibilidade não tem relação com a pessoa, mas sim com o cargo desempenhado por ela. Isso significa que a incompatibilidade não recai somente sobre os clientes que aquele advogado poderia patrocinar, mas sim ao próprio profissional.

– Hum, mas, professora, o que exatamente é essa tal de incompatibilidade da advocacia?

Muito simples. A incompatibilidade ocorre quando o profissional exerce atividade de decisão relevante sobre direitos de terceiros, possua informações privilegiadas, conheça e atue nos órgãos vinculados à Administração Pública, direta ou indiretamente.

Veja a título de exemplo: podemos citar o chefe do Poder Executivo. Evidente que um ocupante de cargo de tamanha relevância, com poderes de decisão, orientação, influência e direcionamento dentro da Administração Pública, não poderia litigar na Justiça, representando clientes ou mesmo advogando em causa própria.

Tal hipótese retrataria situação completamente conflitante, tendo em vista que a mesma Administração para que ele atua julgaria seu processo!

– Ahhhh, entendi. E como posso saber quem exatamente está incompatível em exercer a profissão de advogado?

As hipóteses de incompatibilidade estão taxativamente previstas no art. 28 do EAOAB. Vejamos:

(i)	chefe do Poder Executivo e membros da Mesa do Poder Legislativo e seus substitutos legais;
(ii)	membros de órgãos do Poder Judiciário, do Ministério Público, dos tribunais e conselhos de contas, dos juizados especiais, da justiça de paz, juízes classistas, bem como de todos os que exerçam função de julgamento em órgãos de deliberação coletiva da administração pública direta e indireta;

(iii)	ocupantes de cargos ou funções de direção em Órgãos da Administração Pública direta ou indireta, em suas fundações e em suas empresas controladas ou concessionárias de serviço público;
(iv)	ocupantes de cargos ou funções vinculados direta ou indiretamente a qualquer órgão do Poder Judiciário e os que exercem serviços notariais e de registro;
(v)	ocupantes de cargos ou funções vinculados direta ou indiretamente a atividade policial de qualquer natureza;
(vi)	militares de qualquer natureza, na ativa;
(vii)	ocupantes de cargos ou funções que tenham competência de lançamento, arrecadação ou fiscalização de tributos e contribuições parafiscais;
(viii)	ocupantes de funções de direção e gerência em instituições financeiras, inclusive privadas.

– Deixa eu ver se entendi. O advogado que ocupar qualquer um dos cargos relacionados nos oito incisos acima estará inteiramente proibido de exercer a advocacia, ainda que em causa própria, em razão da incompatibilidade entre as funções?!

Exatamente! Entendeu direitinho.

– E quanto aos militares, professora?

Ahhh, ótima lembrança. Os militares na ativa, que se referem à Polícia Militar (e bombeiros) e às Forças Armadas (Exército, Marinha e Aeronáutica), encontram-se, do mesmo modo, incompatibilizados com a advocacia, assim como também aqueles ligados à atividade policial.

– Hmmmm, entendi!

Ótimo! Dando sequência ao tema, um ponto que vale chamar sua atenção é quanto ao inciso II do aludido artigo, que prevê que os membros de órgãos dos Juizados Especiais exercem atividade incompatível com a advocacia.

Tal proibição não se aplica aos Juízes Leigos, pois neste caso se aplica o art. 7º, parágrafo único, da Lei nº 9.099/1995, que permite o exercício da advocacia pelo Juiz Leigo, exceto perante os Juizados Especiais, enquanto no desempenho de suas funções. Apenas para que você saiba, Juízes Leigos são bacharéis em direito, que atuam como auxiliares da Justiça. Entre tantas outras atribuições, realizam audiências de conciliação e resolução de conflitos.

– Valeu pela dica, Ká!

Repare em uma outra situação importante: diretor e gerente de instituição financeira têm incompatibilidade mesmo se a instituição for privada. Fica esperto, hein!

– Uau, pegadinha. Certeza! Outra dúvida: se por algum motivo o profissional se ausentar de seu cargo, a incompatibilidade será afastada?

Não, não. O profissional que precisar se ausentar de sua função ou cargo, seja o motivo qual for, permanece incompatível com a advocacia. O §1º do art. 28 do EAOAB é claro ao determinar que a incompatibilidade permanecerá ativa durante o período de licenciamento.

– Mesmo quando o período de afastamento seja consideravelmente longo?

Sim, independentemente do período, se o afastamento se der em caráter temporário, ou seja, se houver expectativa que em algum momento aquele profissional voltará a ocupar seu antigo cargo na Administração Pública, a incompatibilidade permanecerá vigente, em observância ao princípio da segurança jurídica.

– Que massa, professora. Essa poderia ser uma boa questão para o Exame da Ordem.

Sim! Este tema bomba no Exame da Ordem, mas, se cair, você estará preparado.

– Com certeza!

Bom, partindo para outro assunto. Como você já sabe, no Direito, toda regra tem sua exceção e, nesse caso, não seria diferente. Vamos falar agora sobre as exceções ao art. 28 do EAOAB.

– Putz, professora! Pensei que dessa vez me veria livre de exceções. Rsrsrs

No Direito, isso é quase impossível. haha Mas fique tranquilo que vou explicar tudo o que você precisa saber para não ficar com dúvida.

A primeira delas diz respeito ao sujeito que ocupa cargo ou função considerada incompatível, em local vinculado ao Magistério Jurídico (leia-se: coordenadores ou diretores de faculdades públicas de Direito). Essa hipótese, recepcionada pelo § 2º do referido artigo, possibilita que o profissional exerça a advocacia, mesmo se ocupar tal cargo.

A outra exceção refere-se ao advogado que ocupa cargo ou função que, a princípio, poderia ser considerada incompatível com o exercício da advocacia, porém, por não deter de nenhum poder decisório relevante sobre direitos de terceiros, torna-se imune à proibição.

– E como será avaliado se o profissional detém de poderes decisórios relevantes sobre direitos de terceiros?

Esta avaliação será realizada pelo Conselho competente da OAB. Bora dar uma lida no § 2º do art. 28 do EAOAB.

> § 2º Não se incluem nas hipóteses do inciso III os que não detenham poder de decisão relevante sobre interesses de terceiro, a juízo do conselho competente da OAB, bem como a administração acadêmica diretamente relacionada ao magistério jurídico.

– Show hein?! Mas agora me surgiu outra dúvida: como fica a situação dos advogados públicos?

Boa pergunta! Embora não estejam relacionados nos incisos do art. 28 do EAOAB, os procuradores-gerais, advogados-gerais e defensores-gerais, assim como os dirigentes de órgãos jurídicos da Administração Pública direta, indireta e fundacional podem, sim, advogar, mas *somente* no âmbito das funções para as quais foram legitimados e pelo período que perdurar a investidura do cargo. Vamos ler o art. 29 do EAOAB:

> **Art. 29.** Os Procuradores-gerais, Advogados-gerais, Defensores-gerais e dirigentes de órgãos jurídicos da Administração Pública direta, indireta e fundacional são exclusivamente legitimados para o exercício da advocacia vinculada à função que exerçam, durante o período da investidura.

– Eita, professora! Então eles todos não estão proibidos de exercer a profissão de advogado?

Não exatamente. Os respectivos profissionais encontram-se incompatíveis com o exercício da advocacia *privada* – não podem representar clientes –, assim como não podem postular em juízo em causa própria.

A competência para estes profissionais advogarem se limita ao âmbito da função pública a que estão legitimados, ao âmbito de sua carreira, sendo necessário observarem os limites do cargo ao qual estão investidos.

Repare ainda que o art. 29 se refere aos chefes: procuradores-**gerais**, advogados-**gerais** e defensores-**gerais**, além dos **dirigentes** de órgãos jurídicos da Administração Pública.

– Caraca, são muitos detalhes, Karina! Agora já posso dizer que sei tudo sobre incompatibilidade!

Puxa, foi suado, né?! Que tal colocarmos em prática todo esse estudo e resolvermos uma questão que já #CaiuNoExame? Vamos lá!

(Questão da Prova – ASSUNTO: INCOMPATIBILIDADE DA ADVOCACIA) Além de advogado, João é professor da Universidade pública "M", com natureza de autarquia, onde exerce as funções de coordenador acadêmico da graduação do curso de Direito. Diante do prestígio acumulado, o seu escritório de advocacia vem a ter renome, atuando em diversas causas nas comarcas de influência da universidade. Essas circunstâncias indicam que o cargo ocupado pelo advogado seria um caso:

A) abrangido pelas normas que criam regras de incompatibilidade para administradores públicos.

B) não previsto, vez que a atuação como dirigente de entidade pública é irrelevante para o sistema de incompatibilidades.

C) excepcionado diante da característica que o vincularia ao magistério jurídico.

D) incluído no rol de incompatibilidades por não permitir que o advogado exerça cargo administrativo nas universidades públicas.

– Deixa eu pensar... Bom, nós estudamos as hipóteses de incompatibilidade e vimos que uma de suas exceções refere-se aos cargos ou às funções ocupadas na Administração acadêmica vinculada ao Magistério jurídico. Então, considerando que João é professor em uma universidade pública, entendo que ele está excepcionado pelo § 2º do art. 28 do EAOAB. Logo, a alternativa correta seria a letra C. Acertei?

Yes! É isso mesmo. Parabéns! Agora que vimos que você já está afiado, podemos passar para nosso próximo tema.

IMPEDIMENTO

Como já citado no tema anterior, o impedimento se trata da proibição *parcial* ao exercício da advocacia, em virtude do desempenho de determinado cargo ou função.

Assim, se estamos tratando de uma proibição parcial, é evidente que, ao contrário do que vimos na incompatibilidade, embora exista restrição, em algumas hipóteses é permitido ao advogado exercer a advocacia.

– Bacana, professora. E como sabemos quais são as hipóteses de proibição?

Vamos lá! As hipóteses de impedimento estão previstas no art. 30 do EAOAB, são elas:

(i) os servidores da administração direta, indireta e fundacional, contra a Fazenda Pública que os remunere ou à qual seja vinculada a entidade empregadora;

(ii) os membros do Poder Legislativo, em seus diferentes níveis, contra ou a favor das pessoas jurídicas de direito público, empresas públicas, sociedades de economia mista, fundações públicas, entidades paraestatais ou empresas concessionárias ou permissionárias de serviço público.
Parágrafo único. Não se incluem nas hipóteses do inciso I os docentes dos cursos jurídicos.

– Caraca, professora, agora minha cabeça deu um nó...

Calma, vou explicar. Antes, porém, ressalto que o impedimento, como já dito anteriormente, refere-se a uma *vedação parcial* à prática da advocacia.

Bom, na primeira hipótese, inciso I do art. 30 do EAOAB, estamos diante de uma situação na qual o sujeito exerce e controla cargo ou função pública em algum órgão da Administração.

Neste caso, ele somente poderá advogar se a parte adversa não for o ente responsável por sua remuneração, como um servidor público estadual está impedido de postular na Justiça contra o Estado que o remunera. Por outro lado, este mesmo sujeito poderá ingressar em juízo contra o Município de sua cidade, por exemplo, ou causas particulares.

– Hummm, então quer dizer que, embora o advogado, que também é funcionário público, esteja impedido em algumas situações, ele ainda poderá ingressar com ação em outras?

Sim, mas lembrando: desde que não seja contra o órgão público que o remunera, pois isso traria conflito de interesses.

– Tá, mas e nos casos dos membros do Legislativo? Como funciona essa vedação?

A segunda hipótese, indicada no inciso II, determina que os membros do Legislativo estão impedidos de advogar contra ou a favor de órgãos públicos. Eles simplesmente não podem.

Todavia, essa vedação não se aplica à esfera privada. Ou seja, permite-se a postulação em juízo, desde que as partes litigantes sejam particulares.

– Então, recapitulando, os membros do Legislativo somente poderão advogar para particulares ou em causa própria?

Exatamente. Mas lembre-se: todas as partes envolvidas devem ser particulares, inclusive quando estiverem advogando em causa própria.

Ah, e não esqueça que os membros da **Mesa Diretora**, do Poder Legislativo, estão impedidos de advogar em **todas as hipóteses**, ainda que a pretensão seja em benefício próprio. Compôs a Mesa Diretora, passa a ser incompatível (art. 28, I do EAOAB).

– Beleza, Ká. Mas como você mesmo disse, no Direito não existe regra sem exceção. Qual é a exceção nesse caso?

Haha! Isso mesmo! A exceção aqui aplica-se ao corpo docente de cursos jurídicos. Vamos ler:

> **Art. 30.** São impedidos de exercer a advocacia:
>
> I – os servidores da administração direta, indireta e fundacional, contra a Fazenda Pública que os remunere ou à qual seja vinculada a entidade empregadora;
>
> (...) **Parágrafo único. Não se incluem nas hipóteses do inciso I os docentes dos cursos jurídicos.**

– Ah então os professores também podem advogar, mesmo contra a entidade que o remunera?

Sim! O parágrafo único declara que não existe impedimento para os docentes dos cursos jurídicos.

– Mas e se o advogado ministrar aulas de outro curso que não seja jurídico? Existe algum impedimento?

Ótima observação! Neste caso, se o professor der aula de qualquer outro curso, que não seja jurídico, ele estará impedido, sim, de postular em juízo contra a Fazenda Pública que o remunera.

Outro ponto importante é o do diretor de cursos que não sejam jurídicos, ao contrário do que se aplica ao professor, haverá neste caso incompatibilidade total, inviabilizando-o de exercer a sua capacidade postulatória, em qualquer hipótese.

– Uai, mas como assim?

Porque neste caso ele cairia no art. 28, III do EAOAB, função de direção em órgão da Administração Pública.

– Uau, Karina! Quantos detalhes! Existe mais alguma exceção ao impedimento?

Sim, aos juízes eleitorais. Em regra, todos magistrados encontram-se em situação de incompatibilidade plena.

Há, contudo, uma exceção à esta regra. Por meio de uma lista tríplice, a OAB indica advogados para ocupar cargo de juiz eleitoral, a qual será submetida à apreciação do presidente da República para escolha de um dos indicados.

– Mas então o advogado escolhido pelo presidente da República para ocupar o cargo de juiz eleitoral poderá continuar exercendo a advocacia?

Sim, certamente ele poderá continuar advogando, exceto contra a Fazenda que o remunera, que, no caso, é a Justiça Eleitoral.

– Ahhh, entendi. Mas e com relação aos mesários, secretários e presidentes de seções eleitorais? Também se encontram impedidos?

Não! Devido ao seu caráter transitório, os servidores citados não estão em situação de impedimento ou incompatibilidade com o exercício da advocacia. Inclusive, nem mesmo perante a Justiça Eleitoral.

– Faz sentido! Era só o que faltava, ser convocado a ser mesário e ainda depois ficar impedido de trabalhar. kkkkk

Agora bora colocar em prática todo esse aprendizado sobre impedimento! Vamos fazer uma questão que #CaiuNoExame?

(Questão da Prova – ASSUNTO: INCOMPATIBILIDADE E IMPEDIMENTO) Carolina, Júlia, Bianca e Maria são advogadas. Carolina é servidora estadual não enquadrada em hipótese de incompatibilidade; Júlia está cumprindo suspensão por infração disciplinar; Bianca está licenciada por requerimento próprio justificado; e Maria é servidora federal não enquadrada em hipótese de incompatibilidade. As quatro peticionam, como advogadas, isoladamente e em atos distintos, em ação judicial proposta em face da União. Diante da situação narrada, de acordo com o Estatuto da OAB, são válidos os atos praticados:

A) por Carolina, apenas.

B) por Carolina e Bianca, apenas.

C) por Carolina, Bianca e Maria, apenas.

D) por Carolina, Julia, Bianca e Maria.

– Bom, Júlia está cumprindo suspensão por infração disciplinar, de modo que se encontra proibida de exercer a advocacia, até o cumprimento de sua penalidade. Bianca está no gozo de sua licença, ou seja, também não poderá praticar nenhum ato privativo da advocacia. A dúvida agora ficou entre Carolina e Maria, que aparentemente estão aptas para o exercício da advocacia...

– Ora, considerando que Maria é servidora federal e a ação foi proposta contra a União, que se refere a entidade que a remunera, entendo que apenas os atos praticados pela Carolina são válidos, uma vez que a vedação desta de demandar se limita tão somente ao Estado. Alternativa A.

Perfeito! Você já está prontinho para gabaritar este assunto no Exame da Ordem! Uhuuul!

CAPÍTULO 8

Da ética do advogado

- Respeito e independência
- Responsabilidade por atos praticados

Vamos em frente! A seguir estudaremos o **Capítulo VIII do EAOAB,** que trata a respeito da ética do advogado, cujo regramento encontra-se nos **arts. 31 a 33 do EAOAB**, além do reforço que vem nos **arts. 1º a 7º do CED**.

Bom, o conceito é amplo, mas simples: o advogado deve se dar ao respeito, agindo de maneira que contribua para o prestígio da classe e da advocacia, ao mesmo tempo que deve manter sua independência e não ter receio de desagradar juízes ou autoridades ao desempenhar o seu papel. Não pode temer se tornar impopular!

– Uau, olha eeeeele hein! Mas existe um conceito objetivo para esta questão de agir para o prestígio da classe e da advocacia, Karina?

Não! Não existe um rol de atitudes ou um conceito objetivo sobre isso, porém a conduta ética está ligada a valores como retidão, respeito, honestidade, lealdade, compromisso. São valores de conduta que não geram dúvidas sobre sua qualidade, sobre seu conteúdo. O advogado deve agir de forma a ser merecedor de respeito, pois, assim, levará tais valores em favor de toda classe e da advocacia como um todo.

– Legal, professora! São questões que todos sabem do que se trata.

Exatamente. E na dúvida, basta consultar seu regramento. O advogado deve cumprir rigorosamente os deveres consignados no seu Estatuto e no Código de Ética e Disciplina.

É o CED que regula os deveres do advogado para com a comunidade, o cliente, o outro profissional e, ainda, a publicidade, a recusa do patrocínio, o dever de assistência jurídica, o dever geral de urbanidade e os respectivos procedimentos disciplinares. Tudo isto está no CED e vamos aprender sobre todos estes temas!

– Legal! Quero saber tudo!

– Karina, você disse que o advogado não pode ter receio de desagradar autoridades ao desempenhar seu papel. Isso tranquilo, um advogado combativo nem sempre agradará gregos e troianos, mas... e se acontecer de o advogado exagerar nos seus atos e acabar gerando algum problema mais grave, seja para uma autoridade, seja para algum cliente?

Excelente pergunta. Vamos ler juntos o **art. 32 do EAOAB**, pois ele é bem importante:

> **Art. 32.** O advogado é responsável pelos atos que, no exercício profissional, praticar com dolo ou culpa.
>
> **Parágrafo único.** Em caso de lide temerária, o advogado será solidariamente responsável com seu cliente, desde que coligado com este para lesar a parte contrária, o que será apurado em ação própria.

Veja que existe uma responsabilização do advogado por seus atos. E isso perante tudo e todos. Enquanto estiver no exercício profissional, caso tenha atitudes que excedam seus deveres éticos de conduta, vai responder por elas. E não importa se a conduta tenha sido praticada com dolo (intenção) ou culpa (negligência, imprudência ou imperícia), nos dois casos responderá e se responsabilizará na exata medida da conduta.

– Karina, pode dar um exemplo?

Sim. Bom, o advogado tem imunidade profissional e não deve temer ninguém, mas pense em um advogado que de repente comece a xingar o juiz, ofender e proferir palavras de baixo calão. Percebe que ele ultrapassou os limites toleráveis? Nesse caso, o ofendido poderá representá-lo na OAB por conduta antiética, poderá promover uma ação cível de indenização ou até mesmo criminal por injúria.

Este foi um exemplo, mas o dispositivo também se aplica a condutas relacionadas ao cliente e aos processos que conduz, por exemplo, erro profissional. O advogado perde um prazo processual e causa um prejuízo enorme ao cliente. Não importa se foi em razão de culpa ou dolo, se teve intenção ou não, vai responder por este ato!

– Entendidíssimo, Karina! E o que seria a tal lide temerária que está ali no parágrafo único?

A lide temerária é uma lide forjada, simulada, que não faz nenhum sentido, com documentos falsos, informações mentirosas, algo impróprio, uma aventura judicial. A lide temerária pode acontecer de forma consciente ou até decorrente da inexperiência e falta de preparo do advogado.

Caso o advogado esteja coligado com o cliente para lesar a parte contrária, então ambos serão responsáveis pelos prejuízos. A lide temerária deverá ser apurada em ação própria e não no próprio processo em que estavam atuando.

É dever do advogado desaconselhar seus clientes de lides temerárias, fazendo um juízo preliminar de viabilidade jurídica daquela pretensão. O advogado precisa ter consciência de que o Direito é um meio de mitigar desigualdades e encontrar soluções justas, e a lei, a seu turno, é um instrumento para garantir igualdade. Não pode o advogado atuar de forma desleal, escusa, juntar-se aos que atentem contra a ética, a honestidade e a dignidade da pessoa humana.

– Pode dar um exemplo, mestre?

Sim. Pense que cliente e advogado forjaram um sinistro para requerer o pagamento de um seguro contra uma empresa terceira. Ambos sabem que não houve o sinistro, que os fatos são mentirosos, e afirmam e seguem com a tese, movimentando todo o sistema estatal da Justiça, para obter vantagem que sabem ser indevida. É equivalente à litigância de má-fé.

O ponto de atenção aqui é que o conluio deverá ser apurado em ação própria, ação apartada, para a responsabilização solidária (conjunta) do advogado.

– Saquei, Karina! É grave, então não se pode simplesmente presumir, né?

Exatamente. *That is the point*! São muitos os deveres éticos do advogado, porém a maior parte deles é quase óbvia. Vamos apenas ler alguns para reforçar a ideia antes de seguirmos para o próximo capítulo:

> **Art. 2º CED.** O advogado, indispensável à administração da Justiça, é defensor do Estado Democrático de Direito, dos direitos humanos e garantias fundamentais, da cidadania, da moralidade, da Justiça e da paz social, cumprindo-lhe exercer o seu ministério em consonância com a sua elevada função pública e com os valores que lhe são inerentes.

Parágrafo único. São deveres do advogado:

I – preservar, em sua conduta, a honra, a nobreza e a dignidade da profissão, zelando pelo caráter de essencialidade e indispensabilidade da advocacia;

II – atuar com destemor, independência, honestidade, decoro, veracidade, lealdade, dignidade e boa-fé;

III – velar por sua reputação pessoal e profissional;

IV – empenhar-se, permanentemente, no aperfeiçoamento pessoal e profissional;

V – contribuir para o aprimoramento das instituições, do Direito e das leis;

VI – estimular, a qualquer tempo, a conciliação e a mediação entre os litigantes, prevenindo, sempre que possível, a instauração de litígios;

VII – desaconselhar lides temerárias, a partir de um juízo preliminar de viabilidade jurídica;

VIII – abster-se de:

a) utilizar de influência indevida, em seu benefício ou do cliente;

b) vincular seu nome a empreendimentos sabidamente escusos;

c) emprestar concurso aos que atentem contra a ética, a moral, a honestidade e a dignidade da pessoa humana;

d) entender-se diretamente com a parte adversa que tenha patrono constituído, sem o assentimento deste;

e) ingressar ou atuar em pleitos administrativos ou judiciais perante autoridades com as quais tenha vínculos negociais ou familiares;

f) contratar honorários advocatícios em valores aviltantes.

IX – pugnar pela solução dos problemas da cidadania e pela efetivação dos direitos individuais, coletivos e difusos;

X - adotar conduta consentânea com o papel de elemento indispensável à administração da Justiça;

XI – cumprir os encargos assumidos no âmbito da Ordem dos Advogados do Brasil ou na representação da classe;

XII – zelar pelos valores institucionais da OAB e da advocacia;

XIII – ater-se, quando no exercício da função de defensor público, à defesa dos necessitados.

– Karina, legal! Vou ler com calma cada um dos incisos, mas de fato parece tratar se de deveres gerais de conduta.

Vamos em frente, meu querido, minha querida! Leia do art. 1º a 7º do CED para fixar. Adorando a sua interação!

CAPÍTULO 9

Sigilo profissional

• Circunstâncias e características
• Presunção
• Exceções

Bom, agora falaremos sobre um assunto extremamente relevante dentro da advocacia: sigilo profissional. O **Capítulo VII do CED** trata a respeito do sigilo profissional que o advogado deve manter, cujo regramento encontra-se especialmente nos **arts. 35 ao 38**. É muito importante saber a respeito do assunto, pois é fundamental a privacidade da comunicação entre os clientes e seus patronos, garantindo as prerrogativas advocatícias e o direito do cliente como cidadão. Vou explicar tudo direitinho daqui para a frente. Vamos lá?

– Vamos, Ká! Sempre achei que o sigilo profissional fosse importante, mas não imaginava o quanto...

É extremamente importante! Ao exercer a profissão, o advogado tem o dever de guardar sigilo de todos os fatos que teve conhecimento em virtude da sua função. Este já é o comando do **art. 35 do CED**. A relação que existe entre o cliente (mandante) e o advogado (mandatário) é baseada na confiança (**art. 10 do CED**). Dessa forma, qualquer informação que o advogado tenha conhecimento em virtude dessa relação está protegida pelo sigilo profissional.

– Karina, calma aí! Então o sigilo profissional é obrigatório?

Sim, ele é tão óbvio e natural que é presumido, ou seja, não precisa o cliente pedir sigilo sobre uma informação. Toda comunicação presume-se sigilosa! Por conta disso, nem mesmo é necessário estar prevista em contrato a confidencialidade, uma vez que é inerente à advocacia.

– Nossa! Não sabia que era tão importante assim manter o sigilo profissional. E se o advogado violar o sigilo profissional?

Caso isto aconteça, é configurada infração ética, conforme previsão específica do **art. 34, VII do EAOAB** (ver no capítulo das infrações), além de crime previsto no art. 154 do Código Penal. Ou seja, é bem grave!

Você sabia que o sigilo profissional é tão importante que o advogado tem direito à inviolabilidade de qualquer comunicação com o seu cliente, assim como de seu escritório profissional, dos seus instrumentos de trabalho e das suas correspondências que estiverem relacionadas com o exercício da profissão? Essa proteção da inviolabilidade não significa um privilégio ao advogado, e sim uma garantia do livre exercício da profissão e aos direitos do próprio cliente, do próprio cidadão.

– Professora, se o contrato com meu cliente chegar ao fim. Então ele não é mais meu cliente. Eu posso relevar alguma informação que fiquei sabendo por ele?

Nãooo. Todo fato que você vier a ter conhecimento em razão do exercício da advocacia, seja por interesse de clientes ou ex-clientes, deverão ficar protegidos pelo sigilo, assim como, independentemente da contratação ou não do advogado, as informações recebidas em alguma consulta também estão sob o manto do sigilo.

O **art. 35 do EAOAB** que estamos analisando ainda traz no parágrafo único que abrange dentro da obrigação de sigilo também os fatos de que o advogado tenha tido conhecimento em virtude de funções desempenhadas na OAB, por exemplo, cargos nos Tribunais de Ética, na Diretoria, Conselhos etc.

– Hmmm, entendi. E de fato faz muito sentido. Seria complicado contratar um advogado sem essa premissa do sigilo. É chato expor problemas perante terceiros, né, professora?

Sim, com certeza. Conforme já falamos, o sigilo profissional é tão relevante que, além de presumido, ainda é considerado de ordem pública. Vamos ler juntos os **arts. 35 e 36 do CED** para reforçar o conteúdo:

> **Art. 35.** O advogado tem o dever de guardar sigilo dos fatos de que tome conhecimento no exercício da profissão.
>
> **Parágrafo único.** O sigilo profissional abrange os fatos de que o advogado tenha tido conhecimento em virtude de funções desempenhadas na Ordem dos Advogados do Brasil.
>
> **Art. 36.** O sigilo profissional é de ordem pública, independendo de solicitação de reserva que lhe seja feita pelo cliente.
>
> **§ 1º** Presumem-se confidenciais as comunicações de qualquer natureza entre advogado e cliente.
>
> **§ 2º** O advogado, quando no exercício das funções de mediador, conciliador e árbitro, se submete às regras de sigilo profissional.

O que não falamos ainda acerca dos dispositivos que acabou de ler?

– Ahh, não comentamos sobre o advogado que tenha ciência de fatos em decorrência das funções de mediador, conciliador e árbitro. Mas, olha, para mim já estava até presumido que aqui também haveria sigilo! kkkkk O advogado deve sempre manter privacidade total das informações recebidas em virtude da profissão, não importa em que esfera! Tô sabendo tuudo, hein?!

Isso aí! E não se esqueça de que o sigilo atinge todos os inscritos na OAB, desde advogados, consultores, advogados públicos, gerentes jurídicos e até mesmo estagiários, que não podem divulgar informações que souberam em decorrência da advocacia ou de seu programa de estágio.

> – Mas, Ká, tenho uma dúvida; Eu nunca posso revelar nenhuma informação sabida por meio do meu cliente? Nem mesmo sobre um assunto que não tem nada a ver com o processo?

Ótima pergunta! O sigilo profissional que tratamos aqui é exclusivamente em relação aos fatos sobre o processo. Outras informações que sejam de conhecimento público ou não relacionadas ao processo não estarão sob o manto do sigilo. Essa proteção está ligada ao exercício profissional.

Mas ATENÇÃO! Temos uma exceção, como sempre. Imagine uma circunstância absolutamente excepcional que de alguma forma justifique a quebra do sigilo. Alguma ameaça ao direito à vida e à honra do próprio advogado. E agora?

> – Ahhh, tenho a impressão de que, em uma circunstância como essa, haveria uma autorização, uma espécie de "justa causa". Procede, Karina?

Muito bem pensado. É o que dispõe o **art. 37 do CED**. Este dispositivo trata das circunstâncias excepcionais que garantem justa causa à quebra do sigilo, sendo um fato considerável o bastante para que justifique a revelação de informações pelos profissionais, ou seja, o sigilo profissional pode ser quebrado em ocasiões ligadas ao direito à vida, à honra ou para a própria defesa do profissional. Bora ler juntos?! Vale a pena!

> **Art. 37.** O sigilo profissional cederá em face de circunstâncias excepcionais que configurem justa causa, como nos casos de

> grave ameaça ao direito à vida e à honra ou que envolvam defesa própria.

Desse modo, em casos que o profissional da advocacia possa vir a ter sua honra abalada, ou casos de grave ameaça ao direito à vida, poderá ser flexibilizado o sigilo, sem que haja o cometimento de infração ética, uma vez que seria inadmissível que o direito de defesa do profissional fosse abalado, caso fosse injustamente acusado, lembrando apenas que se responsabiliza por eventuais excessos nesta quebra.

– Entendi, professora!! Supercoerente na verdade. Ele pode até quebrar o sigilo se necessário for à sua honra ou vida, mas se exagerar, ou se exceder nesta quebra, passando a divulgar fatos desnecessários ou desconectados ao direito de defesa. Nesse caso, poderá responder por esse excesso.

Isso mesmo. Essa flexibilização só poderá ser utilizada nos limites da própria defesa.

Vamos em frente. O que você acha em relação à intimação de um advogado para depor em determinado processo sobre fatos que teve ciência em decorrência da profissão? Ele tem obrigação de ir ou pode se recusar?

– Olha, Karina, pelo que vimos até agora, eu imagino que ele pode recusar-se a depor, justamente para não quebrar sigilo profissional, para preservar a comunicação que teve ou tem com um cliente.

Você pensou de forma correta. Vamos ler juntos o **art. 38 do CED**:

> **Art. 38.** O advogado não é obrigado a depor, em processo ou procedimento judicial, administrativo ou arbitral, sobre fatos a cujo respeito deva guardar sigilo profissional.

– Então, se o advogado for chamado para depor, ele deve se recusar?

Sim. O advogado deverá se recusar a depor como testemunha sobre algum fato sabido em decorrência da relação profissional, uma vez que o sigilo profissional não é um direito disponível. Esse dispositivo veio justamente para garantir tal conduta ao advogado, para deixar claro que ele não é obrigado a depor sobre fatos a cujo respeito deva guardar sigilo profissional, que não haverá nenhuma sanção ou consequência negativa com essa recusa.

– Muito legal e muito interessante saber de tudo isso. Gostei.

Eu gosto deste tema também! Acabamos de ver juntos o capítulo do sigilo profissional em si, mas não podemos deixar de comentar algumas outras passagens. Por exemplo: um advogado não pode prestar serviços para clientes conflitantes. Se uma hora houver esse conflito de interesse, o advogado deverá optar por um deles, porém *resguardado sempre o sigilo profissional*. Ou ainda, se uma hora acabar postulando contra ex-cliente ou ex-empregador, meeeesma coisa. Veja:

> **Art. 20. CED.** Sobrevindo conflitos de interesse entre seus constituintes e não conseguindo o advogado harmonizá-los, caber-lhe-á optar, com prudência e discrição, por um dos mandatos, renunciando aos demais, **resguardado sempre o sigilo profissional**.
>
> **Art. 21. CED.** O advogado, ao postular em nome de terceiros, contra ex-cliente ou ex-empregador, judicial e extrajudicialmente, **deve resguardar o sigilo profissional**.

O advogado até pode escolher com qual cliente prosseguirá, não sendo necessariamente aquele que ingressou primeiro com o contrato, ficando a critério o advogado optar por aquele que lhe parecer mais adequado, mas nunca poderá se esquecer do sigilo profissional em relação àquele cliente que declinar.

O mesmo vale se for demandar em face de ex-cliente ou ex-empregador. Seja na via judicial, seja na extrajudicial, deverá sempre o profissional resguardar o sigilo sobre os fatos de que teve acesso e ciência em razão da relação profissional.

Por último, mas não menos importante, temos ainda os processos disciplinares contra advogados. Agora não estamos mais falando do sigilo que recai sobre fatos de terceiros que sejam de conhecimento do advogado em razão da profissão, mas sim de um processo ético em face do profissional.

Esses processos em face de advogados correm em sigilo, até o seu término, só tendo acesso às suas informações as partes, seus defensores e a autoridade judiciária competente que vai julgá-lo. Vamos ler juntos!

> **Art. 72. EAOAB.** O processo disciplinar instaura-se de ofício ou mediante representação de qualquer autoridade ou pessoa interessada.
>
> (...)
>
> **§ 2º** O processo disciplinar tramita em sigilo, até o seu término, só tendo acesso às suas informações as partes, seus defensores e a autoridade judiciária competente.

Isso quer dizer que os processos disciplinares devem sempre ser tramitados de forma sigilosa, sendo proibido o fornecimento de certidões e informações a respeito de processos éticos disciplinares, até o trânsito em julgado da decisão.

> – Mas aí fiquei com uma dúvida. Por que a sociedade (eu, por exemplo) não posso saber que determinado advogado responde processo ético? Não seria interessante que as pessoas pudessem ter essa informação?

Veja: o sigilo do processo disciplinar existe em razão da presunção da inocência, pois um advogado que fosse injustamente acionado poderia ser severamente prejudicado, deixando de ser contratado para novas causas por desconfiança das pessoas, mas depois ter o processo ético movida contra si julgado a seu favor.

Por isso, o processo ético em face do profissional tramitará em sigilo. Caso seja apenado com suspensão ou exclusão, depois que a decisão se tornar definitiva (trânsito em julgado), daí sim poderá ser publicizada e consultada por qualquer um por meio de um cadastro da OAB. Mas até lá, até que a decisão seja definitiva, ou caso seja apenado com sanção leve, como censura, nenhuma publicidade poderá ser dada!

– Hmmmmm, entendi, Karina. Tem questão?? Tô pronto para acertar! rs

Tem sim! Agora que você já sabe tudo sobre o sigilo profissional, vamos fazer uma questão que #CaiuNoExame!!

(Exame de Ordem – ASSUNTO: SIGILO PROFISSIONAL) Andrea e Luciano trocam missivas intermitentes, cujo conteúdo diz respeito a processo judicial em que a primeira é autora, e o segundo, seu advogado. A parte contrária, ciente da troca de informações entre eles, requer ao Juízo que esses documentos sejam anexados aos autos do processo em que litigam. Sob a perspectiva do Código de Ética e Disciplina da Advocacia, as comunicações epistolares trocadas entre advogado e cliente:

A) constituem documentos públicos a servirem como prova em Juízo.

B) são presumidas confidenciais, não podendo ser reveladas a terceiros.

C) podem ser publicizadas, de acordo com a prudência do advogado.

D) devem ser mantidas em sigilo até o perecimento do advogado.

– Karina, essa é moleza! A resposta certa é a B, pois todas as informações trocadas entre o advogado e seu cliente são confidenciais, protegidas pelo manto do sigilo profissional. Não pode ser prova em Juízo, muito menos ser o advogado intimado para depor sobre o assunto, tudo isso previsto pelos artigos de CED que acabamos de ler. Só me esclarece uma coisa, por favor. O que significa "epistolares"?

Isso mesmo, resposta certa! Você já está pronto para gabaritar as questões de sigilo profissional no Exame da Ordem! E sobre sua dúvida... Epistolar é um termo que foi cobrado no Exame de Ordem e que antigamente era utilizado para designar carta, ou seja, um termo referente à comunicação escrita entre o advogado e seu cliente.

Não se sabe por que o examinador quis se utilizar de termo tão ultrapassado, masssss se cair você também já sabe!

– WhatsApp também conta, Ká?

Sim! Com certeza! Não importam o meio ou a plataforma pela qual os fatos chegaram ao conhecimento do advogado. Mas se o cliente deu informações ao profissional via WhatsApp, igualmente a comunicação está sob o manto do sigilo! E-mail, carta, conversa pessoal, tudo!

E aí, gostou de saber disso tudo??

– Muito, Karina! Foi bem legal e até que fácil. Gostei de saber desses detalhes da advocacia. Valeu. Bora estudar porque estou determinado a saber todo o regramento!

CAPÍTULO 10

Da publicidade profissional

• Caráter informativo
• Veiculação
• *Outdoors*
• Cartões de visita
• Sites e material de papelaria
• Mala direta
• Logotipo
• Redes sociais
• *Blogs*, colunas e entrevistas
• Vedações
• Captação de clientela
• Publicidade Irregular x TAC - Termo de Ajustamento de Conduta

Agora nós vamos abordar um tema tormentoso dentro da advocacia que diz respeito à publicidade. Digo que o assunto é tormentoso, pois os tempos estão mudando cada vez mais, a comunicação e o acesso à informação é cada vez maior e mais massificado, as formas de publicidade cada vez mais ostensivas e fluidas, enquanto o CED e o EAOAB mostram-se um pouco mais conservadores quanto ao assunto.

Fato é que os advogados e escritório não são de todo livres para fazer a publicidade que pretendem. E por tudo isso, temos a previsão do Capítulo VIII do CED sob o título "Da Publicidade Profissional", compreendendo os arts. 39 ao 47 do CED, sem previsão específica no EAOAB, mas com Provimentos do Conselho Federal que complementam o assunto, observadas as diretrizes do presente Código.

Recentemente, no ano 2020, apareceu uma grande novidade, que foi a possibilidade da OAB realizar um TAC – Termo de Ajustamento de Conduta com o advogado ou estagiário que infringir regras de publicidade irregular. Esta novidade veio prevista no recém-incluído art. 47-A do CED, que você deve ter extrema atenção!

– Karina, qual é a premissa básica da publicidade profissional do advogado? Em que deve se pautar?

É por aí mesmo que vamos começar. A premissa mais básica pela qual deve o advogado se pautar e se nortear é que a advocacia deve ter caráter informativo, valorizando a discrição e a sobriedade. Ou seja, a publicidade deve apenas informar e não se oferecer como um produto ou serviço. Veja o que dispõe o art. 39 do CED, que é o primeiro do capítulo da publicidade:

> **Art. 39.** A publicidade profissional do advogado tem caráter meramente informativo e deve primar pela discrição e sobriedade, não podendo configurar captação de clientela ou mercantilização da profissão.

– Nossa, professora! Mas diante de tanta concorrência, o advogado não pode oferecer anúncio, se promover em redes sociais, fazer propaganda em revista, essas coisas? Ele terá sempre que se limitar a informar?

Pois é! Isso é bem complicado mesmo! Mas os advogados sofrem realmente muitas limitações e restrições neste tema e eu vou te explicar a partir de agora o que pode e o que não pode, pois esse assunto já #CaiuNoExame várias vezes!

Bom, vamos lá. Rádio, cinema e televisão. O que você acha?

> – Hmmm, deixe-me pensar... Acho que não pode porque eu nunca ouvi! hahaha

Hahaha, muito boa observação! Não pode, é vedado! Vedado significa proibido, você sabe, né?!

> – Sei, sim, professora! Profs, nesta pegada então, e o uso de *outdoors*, painéis luminosos ou formas assemelhadas de publicidade?

Igualmente proibido. Porém há uma exceção permitida que vem no parágrafo único do art. 40 do CED. Exclusivamente para fins de identificação dos escritórios de advocacia, é permitida a utilização de placas, painéis luminosos e inscrições em suas fachadas. Veja: apenas para identificação dos escritórios de advocacia e desde que discreto e sóbrio.

> – Ahhh tá, Karina. Já ia achar estranho, afinal existem muitos escritórios e advogados que trabalham em imóveis na rua, e claro, precisam ser identificados. O que mais é proibido?

Ainda tem bastante coisa para falarmos. Também são proibidas as inscrições em muros, paredes, veículos, elevadores ou em qualquer espaço público.

> – Hum, então aqueles carros com adesivos oferecendo serviços jurídicos estão em desacordo com o CED, né, Karina?

Com certeza! E o responsável fica exposto a responder um processo disciplinar! Bom, já que você sabe algumas das vedações, vamos recapitular essa primeira parte. Veja novamente tudo que está proibido: rádio, cinema, televisão, *outdoors*, painéis luminosos, inscrições em muros, paredes, veículos, elevadores ou em qualquer espaço público. Vamos para a segunda parte.

Também é proibida a divulgação de serviços de advocacia juntamente com a de outras atividades ou a indicação de vínculos entre umas e outras.

– Como assim, Karina? Não entendi muito bem. Não pode divulgar serviços cíveis e trabalhistas ao mesmo tempo?

Não! Não é bem isso. O advogado ou escritório não podem divulgar serviços de advocacia juntamente com serviços de outras atividades ou indicar vínculos entre umas e outras. Exemplo: divulgar advocacia e contabilidade conjuntamente. Ou ainda advocacia e administração de condomínio. Isso não pode. Constitui violação ao CED e ao EAOAB porque é serviço jurídico com serviço de contabilidade, por exemplo, outra atividade!

– Entendi, professora. Não sei se gostei ou se concordei, mas entendi! O que mais é proibido, Karina?

Tem mais proibições, sim. Várias! Veja, também não pode fornecer dados de contato, como endereço e telefone, em colunas ou artigos literários, culturais, acadêmicos ou jurídicos, publicados na imprensa, em participação no rádio ou televisão, ou em veiculação de matérias pela internet, como *blogs*, sendo permitida, no entanto, a referência a e-mail.

– Não, para tudo! O advogado não pode dar seu telefone em uma entrevista, mas pode dar seu e-mail? Oxeeeee, qual é a diferença?

A diferença é que um é telefone e o outro e-mail. kkkkk Realmente hoje tal diferenciação não faz sentido e se mostra bastante irrazoável, mas fato é que o advogado não pode informar endereço e telefone, em colunas ou artigos publicados na imprensa, seja escrita, seja em participação no rádio ou na televisão, mas pode fornecer seu e-mail. Vai entender, mas é assim!

Outra coisa interessante é a seguinte: caso o advogado mantenha colunas nos meios de comunicação social ou escreva textos jurídicos, não deve induzir o leitor a litigar, nem promover, dessa forma, captação de clientela (art. 41 do CED). Lembre-se sempre: todo o conteúdo eventualmente produzido deve ter caráter meramente informativo, sendo discreto, sóbrio e com sua identificação de e-mail apenas!

Vamos avançar um pouco mais. Os advogados também não podem utilizar mala direta, distribuir panfletos ou similares, com o intuito de captação de clientela.

– Ai que chatice, professora, não pode nada! Nem mandar um panfletinho?!

A publicidade é bem restrita, sim, e se tiver finalidade de captar clientes, não pode. Então fique sabendo: não pode o advogado enviar mala direta, mensagem em *maillings*, utilizar panfletagem, cartaz, santinho ou similares. Nada disso ele pode fazer com intuito de captar clientes.

E aí você pode me perguntar: mas e se não tiver intuito de captação de clientela?

– Agora foi você quem acertou, professora. Eu ia perguntar isso. hehe

Pois bem. O inciso VI do art. 40 do CED fala que os advogados também não podem utilizar mala direta, distribuir panfletos ou similares, com o intuito de captação de clientela. Isso leva a crer que se tiver mero caráter informativo e não mercantil, isto seria possível. De fato, isso não pode ser desconsiderado, pois, se fosse proibido totalmente, em qualquer hipótese, não teria o legislador ficado preocupado em expressamente trazer a frase "com o intuito de captação de clientela".

Em resumo: o envio de cartas e comunicações a uma coletividade ("mala direta") é expressamente vedado. Somente é possível o envio de cartas e comunicações se destinadas a clientes e pessoas de relacionamento pessoal ou que os solicitem ou os autorizem previamente, desde não tenham caráter mercantilista, que não representem captação de clientes e que não impliquem oferecimento de serviços, ok??

Tudo que tratamos até aqui em termos de publicidade vem no art. 40 do CED. São diversos incisos com cada uma dessas hipóteses de proibições. Depois tem o art. 43 do CED, com outras. Vamos ler essas juntos:

> **Art. 42.** É vedado ao advogado:
>
> I – responder com habitualidade a consulta sobre matéria jurídica, nos meios de comunicação social;
>
> II – debater, em qualquer meio de comunicação, causa sob o patrocínio de outro advogado;
>
> III – abordar tema de modo a comprometer a dignidade da profissão e da instituição que o congrega;
>
> IV – divulgar ou deixar que sejam divulgadas listas de clientes e demandas;
>
> V – insinuar-se para reportagens e declarações públicas.

Quais chamam mais sua atenção?

– Então, professora, no final, acho que tudo meio que se relaciona, né? Deixe-me ver se entendi. O advogado então não pode responder com habitualidade consultas sobre matérias jurídicas, nos meios de comunicação social, nem pode debater, em qualquer meio de comunicação, causa que esteja sob os cuidados de outro advogado. Essa última parte, ok, mas em relação à primeira, o que seria essa habitualidade, Karina? Quantas vezes?

Essa habitualidade pressupõe uma frequência, uma periodicidade constante, como por exemplo: semanal, quinzenal. O dispositivo não deixa clara o que seria "habitual", então você precisa ter em mente uma certa periodicidade que não seja razoável.

Assim, não poderá o advogado participar de consultas nos meios de comunicação social com frequência nem participar de debates de causa que esteja sob os cuidados de outro advogado, já que não conhece a minúcia do caso, não ouviu os fatos diretamente do cliente, não sabe por que a estratégia adotada foi aquela e assim, não seria nenhum pouco apropriado que falasse sobre algo, cujo cenário completo não conhece, além, é claro, de antiético em si mesmo, já que não seria legal em nenhuma profissão um profissional ficar comentando o trabalho do outro, certo?!

Caso o advogado eventualmente participe de programa de televisão ou de rádio, de entrevista na imprensa, de reportagem televisionada ou veiculada por qualquer outro meio, desde que sem habitualidade, deve visar a objetivos exclusivamente ilustrativos, educacionais e instrutivos.

– Certo, já entendi, profs. Bom, os demais incisos parecem ser meio autoexplicativos. Não pode abordar tema que comprometa a dignidade da profissão e da OAB, não pode divulgar ou deixar que sejam divulgadas listas de clientes e demandas e nem se insinuar para reportagens e declarações públicas. Não pode se promover, pelo que estou entendendo.

Exato. A questão de não abordar tema que comprometa a dignidade da profissão e da instituição que o congregue parece meio óbvia.

Já a questão da não divulgação de listas de clientes e demandas tem bastante relação com sigilo profissional.

Assim como a insinuação para reportagens e declarações públicas não é permitida por violar a discrição, a sobriedade da profissão e o dever único de informação dos advogados, que devem evitar a

promoção pessoal, profissional e o sensacionalismo nas informações. Veja o que complementa o parágrafo único do art. 43 do CED:

> **Art. 43.** Parágrafo único. Quando convidado para manifestação pública, por qualquer modo e forma, visando ao esclarecimento de tema jurídico de interesse geral, deve o advogado evitar insinuações com o sentido de promoção pessoal ou profissional, bem como o debate de caráter sensacionalista.

Deu para entender a questão da promoção pessoal?

– Deu sim, mestre! Está tudo entendido por enquanto, mas imagino que tem mais, não tem?

Tem, sim. Nós agora vamos tratar do cartão de visitas do advogado e de seu material de papelaria! Note e leia com cuidado o art. 44 do CED a seguir, pois nele consta tudo que pode ou não pode neste tipo de comunicação do advogado. Vamos lá!

> **Art. 44.** Na publicidade profissional que promover ou nos cartões e material de escritório de que se utilizar, o advogado fará constar seu nome, nome social ou o da sociedade de advogados, o número ou os números de inscrição na OAB.
>
> § 1º Poderão ser referidos apenas os títulos acadêmicos do advogado e as distinções honoríficas relacionadas à vida profissional, bem como as instituições jurídicas de que faça parte, e as especialidades a que se dedicar, o endereço, e-mail, site, página eletrônica, *QR code*, logotipo e a fotografia do escritório, o horário de atendimento e os idiomas em que o cliente poderá ser atendido.
>
> § 2º É vedada a inclusão de fotografias pessoais ou de terceiros nos cartões de visitas do advogado, bem como menção a qualquer emprego, cargo ou função ocupado, atual ou pretérito, em qualquer órgão ou instituição, salvo o de professor universitário.

Vamos começar: nome (inclusive nome social no caso de pessoas trans), inscrição, endereço, e-mail, site, tudo isso evidentemente pode constar, beleza? O que mais sua chama atenção no dispositivo?

– Ah, Karina. Acho que tudo faz bastante sentido. Os dados pessoais, de localização e contato evidentemente podem. Também títulos acadêmicos como pós-graduação, mestrado, doutorado ou a área de especialidade. Só achei curioso a questão da fotografia do escritório e também não sei o que é um *QR code*.

Certo. Bom, o *QR code* é este codigozinho abaixo. Ele é como se fosse um código de barra. Por meio de aplicativos próprios, o celular o lê e abre as informações pessoais do advogado, por exemplo, ou do escritório. É como se fosse um cartão de visita digital.

PLAY

Veja um exemplo de QRCode.

Hoje em dia, o *QR code* serve para muitas outras coisas também, como abrir vídeos, textos etc., mas para este específico fim, seria a identificação pessoal do advogado mesmo!

Já sobre fotografias, é possível inserir fotografia do escritório em seu site ou material de papelaria, nos termos do § 1º acima, mas não pode a inclusão de fotografias pessoais ou de terceiros nos cartões de visitas do advogado.

Também não pode mencionar emprego, cargo ou função que já tenha ocupado no passado ou que ainda ocupe na atualidade, nem em qualquer órgão ou instituição, com a única exceção que é mencionar que o advogado foi ou ainda é professor universitário.

Isso busca evitar uma utilização de influência indesejada que o advogado poderia se beneficiar por ter ocupado determinado cargo. Não pode! Diferente do magistério em universidade, que demonstra apenas conhecimento acadêmico expressivo daquele profissional.

– Caramba, quanto regramento! Professora, e os escritórios ou os advogados podem patrocinar eventos?

Sei que existe um regramento rígido, mas se parar para pensar, em vez de decorar, tudo que não pode induz a uma certa captação de clientes de forma indevida, por valores que ultrapassam a sobriedade da profissão. Então no dia da prova, basta pensar desta forma: aquilo que possui caráter informativo é diferente daquilo que possui caráter mercantilista.

Sobre o patrocínio de eventos, depende. Podem ser patrocinados os eventos ou as publicações de caráter científico ou cultural apenas e não outros tipos de evento, especialmente aqueles que visem reunir pessoas para vender teses jurídicas. Esses não podem, de forma nenhuma, nem patrocinar, nem realizar!

– Entendi, Ká. Então pode patrocinar congresso jurídico, palestras, *workshops* culturais e esses tipos de eventos. E os boletins, aquelas *newsletters* que os escritórios costumam mandar para os clientes?

O advogado não pode se promover, fazer propaganda, mas pode, sim, fazer publicidade dentro das regras. Pode usar telefonia, internet ou outros meios eletrônicos, como redes sociais (Facebook, Instagram, Twitter), por exemplo. Podem utilizar tudo isso, mas observando sempre as diretrizes aqui ditas, nunca implicando oferecimento de serviços que representem forma de captação de clientela, e pronto!

Aliás, redes sociais estão no olho do furação! O Provimento 94/2000, que dispunha sobre publicidade na advocacia há mais de 20 anos, veio sendo debatido ao longo de meses, e, na sessão de julho de 2021 do CFOAB, acabou sendo revogado e substituído por um novo texto mais adequado à realidade da internet, é o Provimento 205/2021!

Fica permitido o marketing jurídico, desde que exercido de forma compatível com os preceitos éticos e respeitadas as limitações impostas pelo Estatuto da Advocacia, Regulamento Geral, Código de Ética e Disciplina.

As informações veiculadas deverão ser objetivas e verdadeiras e são de exclusiva responsabilidade das pessoas físicas identificadas e sócios administradores da sociedade de advocacia.

Isso quer dizer que no marketing de conteúdos jurídicos poderá ser utilizada a publicidade ativa (para pessoas indeterminadas) ou passiva (público certo que tenha buscado a informação), desde que não esteja incutida a mercantilização, captação de clientela ou o emprego excessivo de recursos financeiros, sendo admitida a utilização de anúncios, pagos ou não, nos meios de comunicação, e desde que respeitados os limites impostos.

Ficou proibida, na publicidade ativa, qualquer informação relativa às dimensões, qualidades ou estrutura física do escritório, assim como menção à promessa de resultados ou a utilização de casos reais para oferta de atuação profissional, isso não pode!

Apesar de não ser permitido vincular os serviços advocatícios com outras atividades ou divulgação conjunta de tais atividades, salvo a de magistério, ficou permitida a utilização de espaços compartilhados (*coworking*), uma realidade atual.

– Hmmm, não tinha como não se modernizar, né Karina. Que bom que teve esta atualização!

Sim, o novo Provimento 205/2021 dispõe em detalhes sobre as novas permissões, então sugiro que você leia e fique por dentro evitando cometer uma infração de forma desavisada. Você pode encontrar o inteiro teor deste Provimento ao final deste livro, veja lá!

– Farei isso com certeza, professora! E assim, algum órgão específico da OAB fiscaliza a questão de publicidade nas redes?

Excelente pergunta. Foi ainda criado o Comitê Regulador do Marketing Jurídico, de caráter consultivo, vinculado à Diretoria do

Conselho Federal. Este Comitê se reunirá periodicamente para acompanhar as questões sobre marketing, publicidade e informação na advocacia, buscando ainda unificar entendimentos ao redor dos Tribunais de Ética existentes.

Vamos agora tratar um pouquinho sobre aquela novidade que comentei acima: o TAC!

TAC – TERMO DE AJUSTAMENTO DE CONDUTA

Agora, antes de irmos para perguntinhas do Exame, mas ainda dentro de publicidade, vamos tratar de uma grande novidade: o TAC!

Inicialmente, vamos ler o dispositivo 47-A, que foi incluído recentemente, em 2020:

> Art. 47-A. Será admitida a celebração de termo de ajustamento de conduta no âmbito dos Conselhos Seccionais e do Conselho Federal para fazer cessar a publicidade irregular praticada por advogados e estagiários.
>
> Parágrafo único. O termo previsto neste artigo será regulamentado mediante edição de provimento do Conselho Federal, que estabelecerá seus requisitos e condições.

– Hmmmm, novidade à vista!!!!

Sim. Baita novidade! O TAC é uma espécie de acordo firmado entre a OAB e o suposto infrator de regras de publicidade irregular (ou outras condutas puníveis com censura) em que o profissional se compromete a se abster da conduta por determinado lapso temporal (3 anos) e a OAB deixa de processá-lo. Após o transcurso deste tempo, caso o celebrante do TAC tenha cumprido sua parte, o processo é arquivado. Caso, venha descumprir as obrigações assumidas neste interregno de tempo, então o processo volta a correr e será julgado normalmente, podendo ser punido.

– Mas no TAC é feito um juízo de valor, Karina??? A pessoa sempre está errada quando o TAC é oferecido a ela?

Excelente pergunta! Nem sempre. O TAC é ofertado sem que se analise o mérito. É claro que algum indício ou evidência de infração existirá, mas ainda não há um contraditório, não há ampla realização de provas, nada disso. É feita uma verificação superficial inicial capaz de presumir que possa estar havendo uma infração, e a partir daí, sem juízo de valor, as partes celebram o TAC.

– E se o advogado achar que não está fazendo nada de errado e não quiser celebrar o TAC? Ele está obrigado?

Não! Faz o TAC se quiser. Mas se recursar, vai seguir respondendo ao processo disciplinar e vai assumir o risco de ser eventualmente condenado e punido por uma infração. Claro que também poderá ser absolvido!

– Hmmmm, bem interessante hein, professora. Acho que na dúvida, eu faria esse TAC hein! Melhor garantir hehe

Sim, mais saiba que será vedada a celebração de novo TAC por advogado ou estagiário já beneficiado com o instituto nos 03 (três) anos anteriores à conduta a ser apurada. Trata-se de um benefício especial concedido em caráter de exceção e não um mecanismo de impunidade ou abrandamento.

– Entendi, faz sentido, prof. Muito bom, adorei conhecer.

Vamos fechar com uma questão que já #CaiuNoExame?

(Exame de Ordem – ASSUNTO: PUBLICIDADE) Janaína é procuradora do município de Oceanópolis e atua, fora da carga horária demandada pela função, como advogada na sociedade de advogados Alfa, especializada em Direito Tributário. A profissional já foi professora na Universidade Estadual Beta, situada na localidade, tendo deixado o magistério há um ano, quando tomou posse como procuradora municipal. Atualmente, Janaína deseja imprimir cartões de visitas para divulgação profissional de seu endereço e telefones. Assim, dirigiu-se a uma gráfica e elaborou o seguinte modelo: no centro do cartão, consta o nome e o número de inscrição de Janaína na OAB. Logo abaixo, o endereço e os telefones do escritório. No canto superior direito, há uma pequena fotografia da advogada, com vestimenta adequada. Na parte inferior do cartão, estão as seguintes inscrições "procuradora do município de Oceanópolis", "advogada – Sociedade de Advogados Alfa" e "ex-professora da Universidade Estadual Beta". A impressão será feita em papel branco com proporções usuais e grafia discreta na cor preta. Considerando a situação descrita, assinale a afirmativa correta.

A) Os cartões de visitas pretendidos por Janaína não são adequados às regras referentes à publicidade profissional. São vedados: o emprego de fotografia pessoal e a referência ao cargo de procurador municipal. Os demais elementos poderão ser mantidos.

B) Os cartões de visitas pretendidos por Janaína, pautados pela discrição e sobriedade, são adequados às regras referentes à publicidade profissional.

C) Os cartões de visitas pretendidos por Janaína não são adequados às regras referentes à publicidade profissional. São vedados: o emprego de fotografia e a referência ao cargo de magistério que Janaína não mais exerce. Os demais elementos poderão ser mantidos.

D) Os cartões de visitas pretendidos por Janaína não são adequados às regras referentes à publicidade profissional. São vedados: a referência ao cargo de magistério que Janaína não mais exerce e a referência ao cargo de procurador municipal. Os demais elementos poderão ser mantidos.

E agora, qual é a resposta correta?

– Bom, acho que ela não poderia colocar sua foto pessoal pelo que li no § 2º do art. 44 do CED. Também não poderia mencionar o cargo de procuradora de Oceanópolis, somente o cargo de magistério – esse sim! De resto, me parece ok. Karina, acredito que a resposta correta seja letra A!

Bingo, menino(a)! Acertou na mosca, aprendeu. A fotografia pessoal não pode, mesmo se for discreta. Vamos embora!

CAPÍTULO 11

Dos honorários advocatícios

• Forma de contratação
• Compensação
• Valores mínimos – Tabela da OAB
• Crédito autônomo
• Estipulação – Critérios
• Tipos de honorário
• Pacto *quota litis*
• Duplicatas e protesto
• Utilização de cartão de crédito
• Ação de cobrança e prestação de contas

Vamos falar agora do melhor assunto para advocacia. Adivinha só? Honorários advocatícios! Bom demais, né?! Receber honorários é bom, mas o tema é amplo e requer muitos cuidados. É bastante comum cair esse tema no Exame de Ordem e mais comum ainda são as reclamações no Tribunal de Ética envolvendo o assunto, então fique ligado em todos os detalhes.

Os honorários estão no CED, no Capítulo IX, entre os arts. 48 e 54 e também no EAOAB, entre os arts. 22 e 26. É importante ler todos.

Sempre que um advogado prestar serviços, terá direito de ser remunerado, e assim receber honorários (art. 22 do EAOAB), que podem ser de três tipos:

- **contratuais:** estabelecidos em contrato particular entre cliente e advogado;
- **sucumbenciais:** fixados pelo juiz em desfavor da parte que perdeu a ação. O perdedor paga honorários para o advogado da parte vencedora. Geralmente de 10% a 20% do valor da causa;
- **por arbitramento:** quando não há contrato escrito entre cliente e advogado e existe desacordo em relação à remuneração. É necessário ingressar com ação judicial pedindo para o juiz arbitrar os honorários advocatícios. Neste caso, em havendo necessidade de promover arbitramento ou cobrança judicial de honorários, deve o advogado renunciar previamente ao mandato que recebera do cliente em débito (está vendo a importância de formalizar um contrato por escrito?!).

– Hmmm, interessante, não sabia que existiam três tipos! É um direito próprio do advogado, professora, ou depende sempre de o cliente repassar os valores?

É próprio! Os honorários incluídos na condenação, por arbitramento ou sucumbência, pertencem ao advogado, tendo este direito autônomo para executar a sentença nesta parte, podendo requerer, até mesmo, em caso de precatório, que seja expedido diretamente em seu favor.

Os honorários possuem caráter alimentar reconhecidos no CPC e na Súmula 47 do STF, de modo que a decisão judicial que fixar ou arbitrar honorários e o contrato escrito que os estipular são títulos executivos e constituem crédito privilegiado na falência, concordata, concurso de credores, insolvência civil e liquidação extrajudicial.

– Uau, interessante isso. E faz muito sentido, né, professora. É o meio de sustento dele.

Sim, exatamente. Vamos estudar a forma de contratar honorários.

O primeiro dispositivo do CED a tratar do tema já traz uma série de informações e especificidades. Então vamos começar com o *caput*:

> **Art. 48**. A prestação de serviços profissionais por advogado, individualmente ou integrado em sociedades, será contratada, preferentemente, por escrito.

Pela leitura já vemos que a contratação será feita como e por quem?

– Hmm, Karina, pelo que vejo a contratação será por escrito e poderá ser feita por um advogado sozinho ou integrado em sociedade profissional, certo?

Mais ou menos, hein! A contratação será *preferencialmente* por escrito, mas não obrigatoriamente, ou seja, é aceita a contratação verbal, embora não seja recomendada, já que a ausência de um documento escrito poderá levar a divergências e desentendimentos futuros quanto à remuneração!

E quanto à segunda parte da pergunta, está correto. Pode ser contratado por alguém sozinho, um advogado ou advogada, ou por uma sociedade de advogados.

– E professora, o contrato escrito exige uma forma especial?

Não! O contrato não exige forma especial, devendo estabelecer, porém, com clareza e precisão, seu objeto, os honorários ajustados, a forma de pagamento, a extensão da atuação (se esta abrangerá todos os atos do processo ou apenas determinado grau de jurisdição), além de disciplinar sobre os honorários na hipótese de a causa encerrar-se mediante transação ou acordo. Ou seja, quanto mais detalhes, melhor!

– Legal. Faz sentido. E no contrato precisa estar previsto também a parte do reembolso de custas, correspondentes, despesas?

Não necessariamente. As custas sempre se presumem ser de responsabilidade do cliente. O CED diz que o contrato de prestação de serviços *poderá* dispor sobre a forma de contratação de profissionais para serviços auxiliares, bem como sobre o pagamento de custas e emolumentos, masssss, na ausência de disposição em contrário, presumem-se devam ser atendidos pelo cliente, afinal, não seria razoável exigir que os custos do processo fossem do profissional.

E veja que, se por alguma razão o advogado desembolsar as custas que eram de responsabilidade do cliente, poderá depois, no ato de prestação de contas, fazer a retenção do valor atualizado, mediante comprovação documental. E agora algo bem mais delicado: a compensação de créditos, pelo advogado, de importâncias devidas ao cliente, somente será admissível quando estiver previsão contratual, vamos ler juntos:

> § 2º A compensação de créditos, pelo advogado, de importâncias devidas ao cliente, somente será admissível quando o contrato de prestação de serviços a autorizar ou quando houver autorização especial do cliente para esse fim, por este firmada.

– Não entendi, Karina, poderia me explicar mais um pouco?

Claro! Imagina que eu, advogada, prestei alguns serviços diferentes para o mesmo cliente. Fiz uma assessoria de inventário, patrocinei uma ação judicial de indenização e fiz uma notificação extrajudicial. O cliente ainda não me pagou nada.

Quando eu receber o crédito da ação judicial e for repassar a parte do cliente, eu só posso deduzir os demais créditos, dos demais serviços, se houver uma previsão expressa no contrato autorizando, caso contrário, eu teria que repassar o montante, descontando *apenas* os honorários contratados daquela ação, e não dos demais serviços. E depois, torcer para o cliente me pagar os demais. Entendeu?

– Nossa, entendi. Muito bom saber disso, Karina. Isso deve ser revoltante, imagina só! Mas por outro lado eu entendo, a pessoa tem o direito de escolher quais dívidas ela quer pagar primeiro. hehe Melhor coisa colocar a autorização no contrato.

Exatamente. Sempre a melhor opção é ter um contrato escrito, com todo detalhamento da prestação de serviço e esta autorização específica, mas lembrando que o contrato escrito não é obrigatório, mas apenas uma preferência.

Agora vamos falar sobre os mecanismos de solução extrajudiciais e os honorários profissionais. É importante você saber que as disposições deste capítulo aplicam-se também à mediação, à conciliação, à arbitragem ou a qualquer outro método adequado de solução dos conflitos, e que, ainda, é proibida, em qualquer hipótese, a diminuição dos honorários contratados em decorrência da solução do litígio por qualquer mecanismo adequado de solução extrajudicial.

Não é porque o problema se resolveu fora do processo judicial que o advogado não será adequadamente remunerado.

– Muito bom. Tenho um vizinho que não queria pagar o advogado dele porque o profissional resolveu a questão apenas com uma notificação extrajudicial, sem a necessidade de ação judicial. É exatamente a questão, né, Karina?

Exato! E veja que não faz nenhum sentido. Se o advogado conseguiu resolver o problema antes, melhor para o próprio cliente, que não vai enfrentar a *via crucis* de um processo. Deveria ser até mais caro! rsrsrs Com certeza, houve muita habilidade em resolver a questão assim.

Aliás, é bom que você também saiba que existe um valor mínimo para o advogado cobrar seus honorários. Ele não pode cobrar tão barato, sob pena de aviltar, vulgarizar e nivelar por baixo a profissão. Se isso acontecer, poderá responder por conduta antiética! Veja só:

> § 6º Deverá o advogado observar o valor mínimo da Tabela de Honorários instituída pelo respectivo Conselho Seccional onde for realizado o serviço, inclusive aquele referente às diligências, sob pena de caracterizar-se aviltamento de honorários.

– Caramba! Não sabia disso! Então cada Seccional, ou seja, cada Estado tem a sua Tabela mínima de valores para cada serviço jurídico?

Exatamente! Não é permitido cobrar abaixo desse valor, sendo que cada Estado, por meio de sua Seccional, divulgará sua tabela, estando permitido cobrar acima, mas desde que seja de forma moderada e não abusiva.

Também em caso de acordo, saiba que os honorários não sofrem redução como alguns clientes pensam. O acordo feito pelo cliente do advogado e a parte contrária, salvo se o profissional consentir, não lhe prejudica os honorários, quer os convencionados, quer os concedidos por sentença.

E por fim, lembre-se de que o advogado também pode promover (aliás, até se recomenda que faça) a execução dos seus honorários contratuais ou sucumbenciais de forma destacada da parte do cliente. Já vimos um pouquinho sobre isso. Assim, quando o advogado for promover uma execução ou um cumprimento de sentença, poderá cobrar sua parte já destacada, em incidente separado.

– Neste caso, Karina, cobra a parte do cliente em um incidente judicial específico e a parte dos honorários do advogado em outro? Porém ambos contra o mesmo devedor?

Exatamente. O advogado pode fazer dessa forma e assim evitar qualquer discussão sobre o crédito, sobre os valores devidos etc. Ele executa de forma destacada seu crédito. Vamos ler o último parágrafo do art. 48 do CED para reforçar o conteúdo:

> § 7º O advogado promoverá, preferentemente, de forma destacada a execução dos honorários contratuais ou sucumbenciais.

– Interessante! Muito bom saber que podemos fazer isso! hehe

Vamos em frente. O artigo seguinte trata da forma como devem ser fixados os honorários profissionais, o que o advogado deve levar em consideração quando vai precificar. Veja só:

> **Art. 49**. Os honorários profissionais devem ser fixados com moderação, atendidos os elementos seguintes:
>
> I – a relevância, o vulto, a complexidade e a dificuldade das questões versadas;
>
> II – o trabalho e o tempo a ser empregados;
>
> III – a possibilidade de ficar o advogado impedido de intervir em outros casos, ou de se desavir com outros clientes ou terceiros;
>
> IV – o valor da causa, a condição econômica do cliente e o proveito para este resultante do serviço profissional;
>
> V – o caráter da intervenção, conforme se trate de serviço a cliente eventual, frequente ou constante;

VI – o lugar da prestação dos serviços, conforme se trate do domicílio do advogado ou de outro;

VII – a competência do profissional;

VIII – a praxe do foro sobre trabalhos análogos.

– Minha nossa, Karina! Tudo isso precisa ser levado em consideração?

Exatamente! O advogado, ou a sociedade de advogados, faz uma análise considerando todos esses fatores e, após isso, fixará seus honorários, lembrando que devem assim o serem de forma moderada, ou seja, não pode o advogado cobrar valores exorbitantes aproveitando de uma situação de vulnerabilidade da pessoa.

– Que interessante este regramento. Pelo que vi, o advogado não pode nem cobrar muito, pois seria imoderado, mas também não pode cobrar pouco, abaixo da tabela da OAB, por exemplo, não é isso?

Exatamente, você aprendeu certinho. A advocacia não é um produto de prateleira, nós lidamos com os valores mais importantes das pessoas: vida, liberdade, dignidade, patrimônio, família; por isso, temos que buscar sempre um equilíbrio, sem vulgarizar ou aviltar a profissão com baixos honorários e nem cobrando valores altos demais e sem moderação, justamente por não ofertarmos um produto mercantil.

– Karina, posso atender um cliente e cobrar só ao final, totalmente vinculado ao sucesso?

Pode. Não é o melhor a fazer, mas pode. Isso se chama adoção de cláusula *quota litis*, o advogado recebe tudo vinculado ao êxito.

Mas existem algumas peculiaridades: os honorários devem ser necessariamente representados por dinheiro, sendo inviável receber bens particulares do cliente, a menos quando esse, comprovadamente, não tiver condições pecuniárias de satisfazer o débito de honorários e ajustar com o seu patrono, em instrumento contratual, tal forma de pagamento.

Também existe um limite entre a soma dos honorários contratuais e sucumbenciais, de forma que, se somados, não podem ser superiores às vantagens advindas a favor do cliente. Vamos ler juntos o dispositivo:

> **Art. 50**. Na hipótese da adoção de cláusula *quota litis*, os honorários devem ser necessariamente representados por pecúnia e, quando acrescidos dos honorários da sucumbência, não podem ser superiores às vantagens advindas a favor do cliente.
>
> § 1º A participação do advogado em bens particulares do cliente só é admitida em caráter excepcional, quando esse, comprovadamente, não tiver condições pecuniárias de satisfazer o débito de honorários e ajustar com o seu patrono, em instrumento contratual, tal forma de pagamento.
>
> § 2º Quando o objeto do serviço jurídico versar sobre prestações vencidas e vincendas, os honorários advocatícios poderão incidir sobre o valor de umas e outras, atendidos os requisitos da moderação e da razoabilidade.

– Hmmm, saquei, Karina. Interessante. E se neste caso, o advogado perder o processo?

Neste caso, nada seria devido a título de honorários, por isso, este sistema de remuneração não é recomendado, pois deixa o profissional em situação bastante desfavorável. Se não vencer a ação, trabalhou anos e nada recebeu. E sabemos que vencer uma ação depende de muitos fatores, não só de um bom direito, de uma boa tese.

É aquela velha coisa: na Justiça tudo pode acontecer, nenhuma causa é ganha!

– Nossa, verdade! Já desconfio de advogado que fala em causa ganha.

É bom desconfiar mesmo. Esse tipo de causa não existe, são muitas as variáveis. Agora, quando não houver estipulação em contrário, um terço dos honorários é devido no início do serviço, outro terço até a decisão de primeira instância e o restante no final.

– Hmmm, entendi. Mestre, me diga uma coisa. E se tiver mais de um advogado? Por exemplo, se começou com uma pessoa e depois passar para outro profissional, o que acontece?

Hmm, boa pergunta. No caso de substabelecimento, a verba correspondente aos honorários da sucumbência será repartida entre o substabelecente e o substabelecido, proporcionalmente à atuação de cada um no processo ou conforme haja sido entre eles ajustado. Já os honorários contratuais dependerão do regramento do contrato que existir entre cliente e advogado.

Mas repare no seguinte: o advogado substabelecido, com reserva de poderes, não pode cobrar honorários do cliente sem a intervenção daquele que lhe conferiu o substabelecimento. Está no art. 26 do EAOAB.

– Boa, professora! E o cliente paga honorários como? Cheque, dinheiro, cartão de crédito?

O cliente pode pagar com todas essas formas que você mencionou, mas com alguns detalhes. O crédito por honorários advocatícios, seja do advogado autônomo, seja de sociedade de advogados, não autoriza o saque de duplicatas ou qualquer outro título de crédito de natureza mercantil. Então, duplicata está proibido, ok?

Poderá, no entanto, emitir fatura, quando o cliente assim pretender, com fundamento no contrato de prestação de serviços.

– E esta fatura ou o cheque podem ser protestados?

Excelente questão. O cheque ou a nota promissória emitida pelo cliente em favor do advogado, depois de frustrada a tentativa de recebimento amigável, podem, sim, ser protestados, mas a fatura emitida com fundamento no contrato não pode! Vamos ler o art. 52 do CED:

> **Art. 52.** O crédito por honorários advocatícios, seja do advogado autônomo, seja de sociedade de advogados, não autoriza o saque de duplicatas ou qualquer outro título de crédito de natureza mercantil, podendo, apenas, ser emitida fatura, quando o cliente assim pretender, com fundamento no contrato de prestação de serviços, a qual, porém, não poderá ser levada a protesto.
>
> Parágrafo único. Pode, todavia, ser levado a protesto o cheque ou a nota promissória emitido pelo cliente em favor do advogado, depois de frustrada a tentativa de recebimento amigável.

– Entendi perfeitamente, Karina! E cartão de crédito, pode?

Pode, sim. Cartão de crédito está liberado! Apenas observe que eventuais ajustes com a empresa operadora que impliquem pagamento antecipado não poderão afetar a responsabilidade do advogado perante o cliente, como em caso de rescisão do contrato de prestação de serviços. Se isso acontecer, devem ser observadas as disposições do contrato.

– Hmmm, legal, mestre, tá entendido!

Para fecharmos o assunto, vamos falar da ação de cobrança de honorários de advogado. Está no art. 25 do EAOAB. Vamos supor que o cliente não pagou a remuneração ajustada. Neste caso, o que você precisa saber é que prescreve em cinco anos a ação de cobrança de honorários de advogado, contado o prazo:

> I – do vencimento do contrato, se houver;
>
> II – do trânsito em julgado da decisão que os fixar;
>
> III – da ultimação do serviço extrajudicial;
>
> IV – da desistência ou transação;
>
> V – da renúncia ou revogação do mandato.

E a via reversa é a mesma. Assim como o advogado tem cinco anos para cobrar seus honorários, o cliente também terá cinco anos para promover ação de prestação de contas pelas quantias recebidas pelo advogado de seu cliente, ou de terceiros por conta de seu cliente, lembra aquela infração do art. 34, XXI do EAOAB?

– Uau! É verdade! Não prestar contas de forma injustificada é infração disciplinar. Então tanto de um lado, como do outro, temos que ter sempre em mente esse prazo de cinco anos. Karina, e se o advogado falecer?

Neste caso, é a regra do Código Civil. Na hipótese de falecimento ou incapacidade civil do advogado, os honorários de sucumbência, proporcionais ao trabalho realizado, são recebidos por seus sucessores ou representantes legais, está no §2º do art. 24 do EAOAB.

Agora que você já sabe tudo de honorários, não vacila, não, hein?! E vamos em frente!

CAPÍTULO 12

Relações com o cliente

• Dever de informação
• Relação de confiança
• Conflito de interesses
• Conclusão ou desistência
• Mandato
• Substabelecimento
• Renúncia
• Revogação
• Prestação de contas

O Capítulo III do CED trata "Das relações com o cliente", e o regramento encontra-se nos arts. 9º ao 26 do CED. Este capítulo vai regular as relações que o advogado ou o escritório de advocacia mantêm com os clientes, cujo alicerce básico reside na confiança recíproca que deve existir entre eles.

O art. 9º do CED trata do dever do advogado de informar com clareza ao cliente as reais possibilidades decorrentes da demanda pretendida. Ou seja, o advogado deve analisar a situação levada pelo cliente em sua totalidade, verificando e informando a existência de fatores que possam influenciar na pretensão a ser deduzida, bem como as influências geradas por ela.

– Entendi, Karina. Então o advogado sempre deve ser bem sincero com cliente. É isso?

Exatamente! Assim, cometerá infração ética o advogado que ocultar informações que possam recair sobre a questão com o nítido objetivo de "seduzir" o cliente a lhe confiar a causa, não informando a ele os reais riscos e as possibilidades da demanda, quebrando, portanto, com a confiança que norteia a relação entre advogado e cliente.

E isto porque o art. 10 do CED dispõe que as relações entre advogado e cliente têm como base a confiança recíproca.

– Beleeeza, Karina. Mas e se o advogado sentir que o cliente não é sincero com ele, faltando confiança, o que pode ser feito?

Ótima pergunta. Como dito, a confiança deve ser recíproca, ou seja, o cliente deve confiar no advogado e o advogado deve confiar no seu cliente. Assim, caso falte esta confiança, deverá o advogado esclarecer a situação, sendo recomendável que ele converse com o cliente e informe suas impressões, buscando resolver as dúvidas existentes.

– Hmmmm. Entendi! Mas e se mesmo assim a situação não ficar esclarecida?

Então, era sobre isso mesmo que eu ia falar agora. Neste caso é aconselhável que o advogado realize o substabelecimento do mandato ou a ele renuncie. E isso porque o mandato outorgado cria um vínculo jurídico, por meio do qual o advogado representará os interesses do cliente. Portanto, a outorga do mandato pressupõe a existência inequívoca de confiança entre as partes. Assim, se no decorrer da relação houver a quebra da confiança, o mandato pode ser substabelecido sem reservas de poderes para novo patrono ou até mesmo renunciado.

– Caramba, mestre. Quer dizer então que a falta de confiança é tão grave que pode até mesmo romper o vínculo jurídico existente pelo mandato outorgado?

Perfeito! É isso mesmo, você entendeu muito bem o que dispõe o art. 10 do CED.

Bom, além da necessidade de confiança na relação entre advogado e cliente, o art. 11 do CED destaca a independência do advogado nessa relação referente ao exercício profissional. Veja:

> **Art. 11**. O advogado, no exercício do mandato, atua como patrono da parte, cumprindo-lhe, por isso, imprimir à causa orientação que lhe pareça mais adequada, sem se subordinar a intenções contrárias do cliente, mas, antes, procurando esclarecê-lo quanto à estratégia traçada.

– Hmmm. Acho que não entendi muito bem. O que isso quer dizer, Karina?

Então, isso significa que o advogado, na condição de patrono da parte, deve traçar a estratégia e adotar as medidas que entender serem mais propícias a atender satisfatoriamente os interesses confiados pelo cliente, ou seja, é o advogado quem decide o que deve ser feito.

– Ahh, agora eu entendi. E isso tem a ver com o princípio da independência que estudamos anteriormente?

Bingoooo! É exatamente isso. Conforme percebemos da análise do inciso II do art. 2º do CED, a independência é um princípio fundamental da atividade exercida pelo advogado. Tanto é que, apesar de o advogado ter o dever de esclarecer ao cliente as medidas que serão adotadas, bem como as consequências e possibilidades decorrentes, jamais se subordina às intenções contrárias do cliente na escolha da referida estratégia. Faz sentido, não faz?

– Sim, faz todo sentido, Karina. Afinal, se fosse para o cliente definir a estratégia por si só, para que serviria o advogado?!

Kkkkk Exato! Vamos em frente. Agora iremos falar sobre o art. 12 do CED. Esse dispositivo traz os deveres do advogado em razão da finalização da causa. Veja:

> **Art. 12.** A conclusão ou desistência da causa, tenha havido, ou não, extinção do mandato, obriga o advogado a devolver ao cliente bens, valores e documentos que lhe hajam sido confiados e ainda estejam em seu poder, bem como a prestar-lhe contas, pormenorizadamente, sem prejuízo de esclarecimentos complementares que se mostrem pertinentes e necessários.
>
> Parágrafo único. A parcela dos honorários paga pelos serviços até então prestados não se inclui entre os valores a ser devolvidos.

– Estou lendo aqui, professora. Bom vamos ver se entendi: finalizada a causa, seja em razão de sua conclusão ou desistência, o advogado deverá restituir ao cliente tudo o que tiver recebido em razão da tal da causa, por exemplo, bens, documentos que instruíram o processo, fotos, planilhas, certidões, tudo.

Você entendeu bem o que diz no artigo, mas não é só isso! Feita a restituição dos bens ao cliente, o advogado deverá, ainda, prestar contas de tudo. O ideal é que o advogado não fique com nada original do cliente, justamente para evitar esse dever de guarda, mas mesmo assim, caso fique com algo, então deverá devolver e, como disse, prestar contas.

– Professora, a prestação de contas é um dever do advogado?

Deve-se ter em mente que a prestação de contas é ao mesmo tempo um dever e um direito do advogado, não podendo, sem justificativa, deixar de apresentar a prestação de contas quando solicitada pelo cliente. É uma responsabilidade muito relevante.

– Entendi, Karina. Mas e se o cliente recusar a prestação de contas ou não for localizado?

Ótima pergunta! Nesse caso, o advogado deverá se desobrigar de sua responsabilidade até para evitar problemas posteriores. Se o cliente recusar a prestação de contas, o advogado poderá fazer uso de ação judicial específica, inclusive se for o caso de existir pagamento/repasse a ser feito, poderá se valer da consignação em pagamento. Assim, fica devidamente protegido em relação ao seu dever de prestar contas. Até mesmo no caso de o cliente se encontrar em lugar incerto, ou seja, mesmo se o "cliente sumir", é cabível ação judicial, com citação por edital.

– Que interessante, professora. Eu nem imaginava que existia uma ação judicial para isso. Professora, tenho outra pergunta: e se o advogado se recusar a prestar contas?

Excelente pergunta! O advogado que recusa, sem justificativa, a prestar contas comete infração ética tipificada no inciso XXI do art. 34 do EAOAB. Nesse caso, a penalidade cabível será a suspensão do profissional até que se cumpra a obrigação de prestar contas, conforme art. 37, I, § 2º do EOAB. É uma sanção bastante drástica, tamanha a sua importância.

– Eitaa! Por isso é sempre bom cumprir com as obrigações, né, professora?!

– Karina, só mais uma perguntinha, prometo! risos E se o advogado prestar contas posteriormente, ou seja, muito tempo depois de quando deveria ter prestado, mesmo assim ele será suspenso?

Imagina, pode fazer quantas perguntas forem necessárias. Bom, ainda que o advogado preste contas posteriormente, a recusa anterior já é suficiente para configurar a infração ética mencionada. Assim, a posterior prestação de contas será apenas computada para fins de delimitação temporal da penalidade de suspensão a ser aplicada, mas do ponto de vista deontológico, se um advogado demora muito tempo para prestar contas ou repassar valores, já terá cometido a infração.

– Entendi, professora. É realmente importante estar em dia com as suas obrigações para não sofrer nenhuma penalidade.

Com certeza. Ainda com relação à finalização da causa, o art. 13 do CED dispõe que concluída a causa ou arquivado o processo, presume-se cumprido e extinto o mandato outorgado pelo cliente. Você tem alguma dúvida em relação a esse artigo? Entendeu o que ele quis dizer?

– Não tenho nenhuma dúvida, Karina. Entendi que, concluída a finalidade para a qual o mandato foi outorgado ou com o arquivamento do processo, entende-se que o mandato foi extinto, ou seja, a relação entre eles acabou.

Perfeito! Que bom que você entendeu, porque agora vamos falar de um artigo que tem forte relação com isso que acabamos de estudar, que é muito importante e que até já #CaiuNoExame.

Vamos lá! O art. 14 do CED determina que o advogado não aceite procuração de quem já tenha advogado constituído, sem que o anterior tenha prévio conhecimento disso, exceto quando houver motivo plenamente justificável ou para adoção de medidas judiciais urgentes e inadiáveis.

– Eita! Acho que saquei qual é a relação entre os artigos, professora. Bom, o art. 14 diz que o advogado não pode receber procuração sem que o advogado constituído anteriormente tenha ciência, porém, se a causa estiver concluída ou o processo estiver arquivado, por se presumir extinto o mandato, nos termos do art. 13, não será necessário dar ciência prévia ao advogado anteriormente constituído. Enlouqueci ou é isso mesmo, professora?

É issooo aí! Você está indo superbem! Apenas para exemplificar, caso o processo seja arquivado porque acabou todo andamento e, posteriormente, têm o desarquivamento requerido por outro advogado. Nessa situação, o novo advogado poderá juntar procuração sem dar ciência ao advogado anterior, já que o mandato anterior foi extinto.

Mas caso o processo esteja em andamento regular, se um novo advogado atravessar uma procuração na causa, cometerá infração ética irrefutável.

Isso somente não ocorreria se o novo patrono fez isso (i) por motivo plenamente justificável ou (ii) para tomada de medidas urgentes e inadiáveis.

– Professora, você poderia me dar um exemplo de medidas urgentes e inadiáveis?

Claro! Um exemplo de medida urgente e inadiável seria uma tutela de urgência para cobertura médica de algum procedimento, e de repente, o advogado da causa está viajando e sem acesso ao peticionamento. Ah, só para esclarecer, não é necessário levar a justificativa ao juízo, bastando deduzir o pedido urgente e inadiável. A outra hipótese, como disse, seria um motivo plenamente justificável, o que nesse caso, aí sim, o novo patrono justifica seu ingresso ao magistrado.

– Entendi, mestre! E cadê aquela pergunta que você disse que já caiu no Exame de Ordem sobre esse assunto?

Tá aqui, olha.

(Exame de Ordem – ASSUNTO: MANDATO) O advogado só pode aceitar procuração de quem já tenha patrono constituído, sem prévio conhecimento deste:

A) Em casos de motivo justo ou para adoção de medidas judiciais urgente e inadiáveis.

B) Em casos que o cliente peça para fiscalizar a atuação do advogado previamente constituído.

C) Em casos que tiver interesse direto e pessoal no resultado da lide.

D) Todas as respostas anteriores estão corretas.

E aí, qual é a resposta correta?

– Professora, a resposta correta me parece ser A, já que o art. 14 do CED é bem claro ao estabelecer as duas exceções para aceitar procuração de quem já tenha advogado constituído.

Exatamente! O advogado não pode aceitar procuração de cliente que já tenha advogado para fiscalizar a atuação do colega ou para deduzir outros pedidos na demanda, nem mesmo se interesse direto e pessoal no resultado da lide.

Agora vamos estudar sobre a necessária diligência que o advogado deve ter no cumprimento do mandato outorgado a ele. Sobre isso, o art. 15 do CED dispõe que o advogado não pode deixar ao abandono ou desamparo as causas que ele patrocina.

– Professora, então isso quer dizer que o advogado deve sempre dar andamento no processo?

É isso mesmo. O advogado deve ter o cuidado de praticar todos os atos necessários ao bom andamento das causas que ele patrocina, jamais abandonando ou desamparando as causas de que cuida, devendo renunciar ao mandato se surgirem motivos insuperáveis que impossibilitem o regular cumprimento de suas obrigações.

– E se abandonar o processo desse azarado cliente, acontece o quê?

Então, o advogado que abandonar o processo praticará a infração ética definida no inciso XI, do art. 34 do EAOAB, e poderá ser punido com a sanção de censura.

– Entendi, mestre. Mas eu estava pensando aqui... E se para dar andamento no processo o advogado precisar de algum documento ou informação que depende do próprio cliente, mas ele simplesmente não responde e não manda, o que o advogado deve fazer?

Então, nesse caso o art. 15 do CED dispõe que é recomendável que o advogado renuncie ao mandato. É muito importante que o profissional formalize os pedidos de documentos por escrito, ainda que seja por e-mail, para se resguardar, e caso o cliente fique inerte e não providencie, o melhor é o advogado realmente renunciar, pois, caso contrário, poderia ele mesmo enfrentar problemas.

Ah, para finalizar o estudo desse artigo, é bom ter em mente que não se deve confundir a eventual demora natural dos processos (em razão da sobrecarga e carência de pessoal e tecnologia do poder judiciário), com uma suposta falha do advogado. Contra esse tipo de morosidade, não há nada que o advogado possa fazer.

Seguindo em diante, vamos ver o art. 16 do CED, que faz algumas considerações sobre a renúncia ao mandato. Vejamos:

> **Art. 16**. A renúncia ao patrocínio deve ser feita sem menção do motivo que a determinou, fazendo cessar a responsabilidade

profissional pelo acompanhamento da causa, uma vez decorrido o prazo previsto em lei (EAOAB, art. 5º, § 3º).

§ 1º A renúncia ao mandato não exclui responsabilidade por danos eventualmente causados ao cliente ou a terceiros.

§ 2º O advogado não será responsabilizado por omissão do cliente quanto a documento ou informação que lhe devesse fornecer para a prática oportuna de ato processual do seu interesse.

Caro aluno, a renúncia é uma forma de extinção do mandato e uma faculdade atribuída ao advogado, que independe da vontade do cliente, ou seja, é um ato unilateral do advogado.

– Ô loco, então não importa se o cliente concorda ou não concorda, correto? Tem alguma situação em que a renúncia é obrigatória?

Ótima pergunta! Primeiro é isso mesmo. A renúncia independe da concordância do cliente, é um direito potestativo do advogado. No entanto, em algumas situações, a renúncia passa a ser obrigatória, como, por exemplo, no caso de ocorrer conflito de interesses entre clientes do advogado. Nesse caso de conflitos de interesses, o profissional deverá optar por um deles e renunciar aos demais, conforme veremos quando formos estudar o art. 20.

Outro exemplo é o caso de conflito de interesses entre o próprio advogado e o cliente, devendo então o patrono renunciar ao mandato/procuração.

– Entendi, professora. Você explicou que a renúncia independe da vontade do cliente, mas haveria algum prazo para que o advogado permaneça responsável pela causa depois da renúncia ou logo de cara o cliente já tem que constituir um advogado novo?

Muito boa a sua pergunta. Bom, após a renúncia o advogado continua responsável pela causa pelos dez dias subsequentes, exceto se antes do fim desse prazo o cliente já constituir outro advogado, conforme determina o § 3º do art. 5º do EAOAB, bem como o art. 112 do CPC de 2015.

Para finalizar o estudo desse artigo é importante saber que, ao renunciar ao mandato, o advogado deve comunicar formalmente ao seu cliente, para que ele possa constituir outro. Se não comunicar, o advogado permanecerá responsável pelo feito. Ou seja, a renúncia só gera efeitos quando dada a ciência ao cliente.

Acabamos de ver que a renúncia é uma forma de extinção do mandato que independe da vontade do cliente, certo?!

Agora vamos ver uma hipótese de extinção do mandato (encerramento da relação) que depende da vontade do cliente, bem como as suas consequências práticas. Essa hipótese trata-se da *revogação* e está disposta no art. 17 do CED.

– Professora, então agora inverteu. Ou seja, enquanto na renúncia é o advogado que decide encerrar a relação, na revogação, é o cliente quem toma esta decisão e atitude, certo? E quais são as consequências práticas disso?

Bom, é necessário entender que, caso o cliente opte por revogar o mandato conferido ao seu advogado, sem que ele tenha dado causa a isso, essa opção não excluirá o direito do advogado de receber, proporcionalmente, a verba honorária contratada e a verba de sucumbência que eventualmente vier a ser fixada. Ou seja, se trabalhou, fará direito à remuneração, ainda que seja de forma proporcional.

– Isso faz todo o sentido, Karina. Imagina se sempre que o cliente revogasse o mandato, o advogado perdesse o direito de receber seus honorários, que segurança o advogado teria em patrocinar a causa, né?!

Bela observação. É bem por aí mesmo. Além disso, os honorários de sucumbência pertencem ao advogado, e não ao cliente (art. 23 do EAOAB), e por isso a parte não poderia abrir mão dos referidos honorários ou privar o advogado que atuou na causa de recebê-los, mesmo que proporcionalmente, caso opte pela revogação do mandato. Ou seja, não é um direito ou um ativo do cliente.

– Professora, mas e em relação aos honorários contratuais, como ficaria essa questão?

Assim como os honorários de sucumbência, os honorários contratuais deverão ser honrados de forma proporcional, sob a pena de vantagem indevida do cliente, que utilizou do trabalho do profissional até o rompimento da prestação de serviço.

– Entendi, Mestre. Mas e se tiver cláusula de êxito no contrato de honorários, como solucionar a questão?

Muito boa a sua pergunta! Caso a contratação seja com cláusula de êxito, e o cliente venha a revogar injustamente a procuração do advogado, impedindo a obtenção do resultado, e caso não cheguem a um bom termo amigavelmente, o advogado poderá requerer sua remuneração de forma proporcional ao trabalho realizado por meio de ação de arbitramento judicial.

– Ou seja, professora, o cliente pode até extinguir o mandato sem o consentimento do advogado, por meio da revogação, mas não vai poder fugir da obrigação de pagar os honorários proporcionais ao trabalho realizado por ele, é isso?! risos

Risos. É isso!! Não podemos perder de vista, também, que os honorários possuem natureza alimentar, conforme Súmula Vinculante 47 do STF e art. 85, § 14, do CPC. Tudo isso para concluir que os advogados vivem de honorários, portanto, não poderiam ficar à mercê de situações como esta, em que trabalham na causa e depois tenham seu mandato revogado.

– E, Ká, as procurações/os mandatos têm prazo de validade?

De acordo com o disposto no art. 18 do CED, temos que, em regra, o mandato judicial não possui prazo determinado, vigorando até que concluída a causa ou arquivado o processo, quando então se presumirá cumprido e extinto, como vimos no estudo do art. 12 do CED.

– Entendi, Karina. Mas e se as partes quiserem colocar uma cláusula que fixe prazo determinado de vigência para o mandato, isso pode ser feito?

Pode sim. A regra é que o mandato não tem prazo de vigência, mas se as partes quiserem podem ajustar de outra maneira, consignando dessa forma no respectivo instrumento.

Vamos em frente! Bora conhecer o art. 19 do CED, que proíbe a representação de clientes com interesses opostos. Vejamos:

> **Art. 19**. Os advogados integrantes da mesma sociedade profissional, ou reunidos em caráter permanente para cooperação recíproca, não podem representar, em juízo ou fora dele, clientes com interesses opostos.

– Hmm. Professora, isso me lembrou a parte que estudamos sobre o advogado não poder aceitar procuração de clientes conflitantes. Pelo visto, isso também se estende para as sociedades de advogados.

Sim. Isso porque os preceitos éticos se aplicam de igual modo à sociedade de advogados naquilo que couber, conforme se percebe do § 2º do art. 15 do EAOAB.

Quando o advogado integrar sociedade, o instrumento de mandato deverá obrigatoriamente conter o nome da sociedade, seu número de registro na OAB e seu endereço completo, conforme art. 105, § 3º, do CPC de 2015, além do nome dos advogados que compõem a sociedade e seu número de inscrição.

Assim, os advogados reunidos em sociedade, ou mesmo reunidos para cooperação recíproca, não podem patrocinar em juízo ou fora dele, clientes com interesses opostos. Isso seria infração ética.

E mais que isso. Existe até mesmo tutela penal para a conduta do advogado que patrocina simultaneamente partes contrárias na mesma causa, praticando o crime de patrocínio infiel, previsto no parágrafo único do art. 355 do Código Penal.

– É, meio natural até.

Sim, com certeza. E seguindo nesse mesmo tema, vem o art. 20 do CED, que já mencionamos e que trata da questão de conflito de interesses entre os clientes do advogado, que se não conseguir harmonizá-los, deverá optar por um deles, com prudência e discrição, renunciando aos demais e guardando, sempre, o sigilo profissional.

– Professora, existe uma regra que o advogado deve seguir na hora de optar por um dos clientes?

Então, não existe uma regra específica. O advogado pode optar pelo cliente que ele achar ser mais adequado, segundo os seus próprios critérios de prudência e discrição, ou seja, ele não precisa escolher, por exemplo, o primeiro mandato/cliente, e sim aquele que lhe parecer mais adequado.

– Karina, e qual é a importância do sigilo profissional nessa situação?

O sigilo profissional deve sempre ser observado, pois decorre da própria atividade do advogado. Ele pode até não atuar mais em favor de um cliente, mas toda informação que teve acesso em razão da relação deve ficar sob o manto do sigilo.

Você tem mais alguma dúvida sobre esse artigo ou podemos seguir?

– Não tenho nenhuma dúvida, professora. Podemos seguir para o próximo artigo.

O art. 21 do CED também trata da questão do sigilo profissional, impondo que, ao patrocinar interesses contra ex-clientes ou ex-empregadores, o advogado não faça uso de informações privilegiadas que tenha recebido em ocasião anterior.

– Então quer dizer que o advogado não pode fazer uso de nenhuma informação especial que ele tenha recebido de um ex-cliente se um dia for demandar contra este mesmo ex-cliente em nome de terceiros?

Isso, o advogado não pode fazer uso das informações que foram obtidas em razão da sua função de advogado contra o seu ex-cliente. O sigilo das informações é um dever do advogado imposto pela norma deontológica e que decorre da própria natureza da relação mantida entre advogado e cliente, que, como já falamos em artigos anteriores, é baseada na confiança recíproca.

– Entendi, professora. Tenho mais uma dúvida: existe um limite de prazo para que o advogado possa advogar contra o seu ex-cliente ou ex-empregador?

Ótima pergunta! A jurisprudência do TED da OAB/SP já divergiu a respeito da necessidade de prazo mínimo entre a extinção do mandato e a possibilidade de advogar contra ex-cliente ou ex-empregador. O que vem predominando é o entendimento de que é necessário aguardar o prazo mínimo de 2 anos, no entanto, não há nenhum prazo fixado em lei.

– Boa, compreensível até, né, Ká?!

Pois é! É uma situação delicada! Ainda seguindo nessa temática, tem o art. 22 do CED, que traz mais alguns regramentos. Vejamos:

> **Art. 22.** Ao advogado cumpre abster-se de patrocinar causa contrária à validade ou legitimidade de ato jurídico em cuja formação haja colaborado ou intervindo de qualquer maneira; da mesma forma, deve declinar seu impedimento ou o da sociedade que integre quando houver conflito de interesses motivado por intervenção anterior no trato de assunto que se prenda ao patrocínio solicitado.

Da análise deste artigo, podemos entender que o advogado que atua para a constituição de determinado ato jurídico não pode, depois de já constituído o ato, impugnar a sua validade ou legitimidade. Também deve declinar sua atuação quando houver conflito de interesses entre seu ato anterior e a nova pretensão solicitada pelo cliente.

– Professora, acho que entendi. Você poderia só me dar um exemplo prático para ficar um pouco mais claro?

Bom, um exemplo é o caso de advogado que atua para as partes na elaboração de escritura de divórcio extrajudicial. Nesse caso, o advogado não poderá, depois de concluído o ato, questionar a validade do ato em favor de uma das partes, já que ele interveio na sua constituição.

Vale destacar que é dever do advogado revelar essas circunstâncias quando for procurado, declarando o seu impedimento ético naquilo que está sendo consultado.

– Karina, e na hipótese de o advogado ser procurado para defender alguém que ele considere culpado? Ele pode mesmo assim aceitar a causa?

O art. 23 do CED dispõe que é direito e dever do advogado assumir a defesa criminal sem considerar a sua própria opinião sobre a culpa do acusado. Isso porque, conforme dispõe o parágrafo único desse artigo, não existe causa criminal que não mereça defesa.

Isso quer dizer que, não importa o crime de que a pessoa seja acusada, todos têm o direito fundamental ao contraditório e à ampla defesa, que são assegurados constitucionalmente. Assim o advogado tem o dever de priorizar a observância dos direitos fundamentais, independentemente da natureza do crime objeto do processo penal, o que decorre da própria função exercida pelo advogado, que é a efetivação da justiça, inexistindo causa criminal que se possa classificar de indigna defesa.

– Hmm, entendi, professora. Isso tem tudo a ver com o dever do advogado de fazer uma defesa plena, sem fazer juízo de valor próprio, né?!

É isso aí! Todos têm direito à plenitude de defesa no processo penal, independentemente de qualquer coisa.

– Isso é bom, parece democrático. E, professora, acontece de o cliente constituir dois advogados para trabalharem juntos na mesma causa?

Então, já vimos que na relação entre advogado e cliente deve ser observada a independência do advogado, sob pena de a atuação restar até mesmo inviabilizada. Nesse sentido, o art. 24 do CED assegura ao advogado a não subordinação perante o cliente que queira que outros advogados atuem em conjunto consigo. Ou seja, o advogado pode negar tranquilamente esse tipo de imposição do cliente, que, a seu turno, terá que escolher com quem seguir.

– Show. O que mais de legal temos nesse capítulo que envolve a relação do advogado com seus clientes?

Olha, seguindo o CED, temos o art. 25, que dispõe que é proibido ao advogado funcionar no mesmo processo como patrono do empregador ou cliente e preposto ao mesmo tempo. A figura do preposto jamais pode se confundir com a do advogado. E fique ligado porque "É defeso..." significa "É proibido...". Alguns alunos confundem achando que é permissão, mas é o contrário, é proibição! Se cair no enunciado de alguma questão ou você ler isso em algum lugar, fica esperto, hein?!

– Nossa, nem me fala, Karina! Cair nessas pegadinhas não dá! Você pode só esclarecer a diferença entre preposto e advogado?

Claro! Preposto é o sujeito nomeado para representar a empresa em juízo, falar por ela. Já o advogado representa *tecnicamente* o cliente, exercendo a sua capacidade postulatória. Geralmente, o preposto é um sócio ou administrador da empresa, mas também pode ser alguém com conhecimento dos fatos e da atividade da empresa.

– Professora, tem alguma regra que determina quem deva ser o preposto em determinados casos?

Não existe uma regra, mas, antes da Reforma Trabalhista, predominava na jurisprudência o entendimento de que o preposto, nos processos trabalhistas, deveria ser empregado da empresa (Súmula 377 do TST). Hoje em dia, a única exigência é o conhecimento dos fatos. E como já dito: o advogado não pode cumular as duas funções.

Agora nós vamos para a última regra que envolve a relação cliente/advogado. É a situação do tal do substabelecimento do mandato. Você sabe o que é um substabelecimento?

– Xiiiii, não lembro direito.

O substabelecimento é o ato realizado pelo advogado para transferir os poderes recebidos do seu cliente paro outro advogado. No caso de substabelecimento com reservas, o advogado transfere parte dos poderes para outro advogado, porém reserva, ainda, os poderes para si, ou seja, permanece atuando na causa e por isso trata-se de um ato pessoal seu.

O art. 26 do CED dispõe justamente que o substabelecimento do mandato, com reserva de poderes, é ato pessoal do advogado da causa.

– Ahhh, entendi. E como funciona o substabelecimento sem reserva de poderes?

O substabelecimento sem reservas, por outro lado, é aquele em que o advogado transfere os poderes a outro advogado, sem reservar quaisquer poderes para si, assim, implica a renúncia ao mandato, extinguindo-o. Por esse motivo, para substabelecer sem reservas de poderes, é necessário um prévio conhecimento do cliente, conforme dispõe o § 1º deste artigo. Vamos ler juntos:

> **Art. 26**. O substabelecimento do mandato, com reserva de poderes, é ato pessoal do advogado da causa.
>
> § 1º O substabelecimento do mandato sem reserva de poderes exige o prévio e inequívoco conhecimento do cliente.

§ 2º O substabelecido com reserva de poderes deve ajustar antecipadamente seus honorários com o substabelecente.

– Boa! Fiquei com uma dúvida em relação aos honorários do advogado substabelecido, esta regra do § 2º.

O § 2º deste mesmo artigo estabelece que, em se tratando de substabelecimento com reservas de poderes, caberá ao substabelecido convencionar com o substabelecente a sua participação nos honorários antecipadamente. Ou seja, o advogado substabelecido com reservas não pode cobrar honorários diretamente do cliente.

Esse assunto é tão importante que já #CaiuNoExame. Aí vai a questão. Bora acertar!

(Exame de Ordem – ASSUNTO: SUBSTABELECIMENTO COM RESERVA DE PODERES – HONORÁRIOS) O advogado substabelecido com reserva de poderes que iniciou e finalizou a causa, não tendo recebido do cliente a última parcela dos honorários contratados e com direito aos honorários de sucumbência arbitrados pelo juiz:

A) pode cobrar somente os honorários de sucumbência.

B) pode cobrar livremente os honorários contratados e os de sucumbência.

C) não pode cobrar os honorários sem a intervenção do substabelecente.

D) não pode cobrar os honorários sem a autorização do mandante.

– Professora, a resposta correta é C, pois, pelo que acabamos de estudar, o ato de substabelecer com reserva de poderes é ato pessoal do advogado da causa e, por isso, o advogado substabelecido com reservas não pode cobrar honorários diretamente do cliente.

É isso mesmo! Assim finalizamos o estudo do Capítulo III do CED, parabéns, você já sabe tudo que envolve a relação cliente *x* advogado!

CAPÍTULO 13

Da relação com colegas, agentes políticos e autoridades

• Dever de urbanidade
• Inexistência de hierarquia
• Princípio da independência

No capítulo anterior nós estudamos as relações mantidas entre os advogados e seus clientes, agora nós vamos estudar as "Relações com os Colegas, Agentes Públicos, Autoridades, Servidores Públicos e Terceiros", que se encontra no Capítulo IV do CED, entre os arts. 27 e 29 do CED.

Este capítulo vai regular as relações mantidas pelos advogados entre si (colegas) e as relações com autoridades, servidores públicos, agentes políticos e demais pessoas terceiros.

– Beleza, Karina, bora lá!

O art. 27 do CED trata do dever de urbanidade que deve ser observado pelo advogado em sua atividade, na sua relação com os outros advogados, agentes políticos, autoridades, servidores públicos e terceiros de modo geral. Vejamos:

> **Art. 27.** O advogado observará, nas suas relações com os colegas de profissão, agentes políticos, autoridades, servidores públicos e terceiros em geral, o dever de urbanidade, tratando

a todos com respeito e consideração, ao mesmo tempo em que preservará seus direitos e prerrogativas, devendo exigir igual tratamento de todos com quem se relacione.

– Professora, só para começar: o que é urbanidade?

A palavra urbanidade significa cortesia, bom trato, respeito, retidão.

– Karina, então significa que o advogado, nas suas relações deve agir sempre com cortesia?

Sim! O dever de urbanidade quer dizer que o advogado, no exercício da advocacia, deve tratar a todos com respeito e discrição, e igualmente exigir o mesmo tratamento. Isso não significa que não poderá ser combativo em sua atuação, são duas coisas diferentes: é possível ser extremamente combativo e educado ao mesmo tempo.

– Hmmm, verdade.

O § 1º deste mesmo artigo dispõe que o dever de urbanidade também deverá ser observado nos atos eleitorais realizados no âmbito da OAB, já que é um "local" em que as paixões e emoções estão mais à flor da pele. Mesmo no pleito eleitoral, a urbanidade deve ser um guia de conduta. Veja só:

> § 1º O dever de urbanidade há de ser observado, da mesma forma, nos atos e manifestações relacionados aos pleitos eleitorais no âmbito da Ordem dos Advogados do Brasil.

– Entendi, Karina! Então os advogados candidatos a cargos eletivos também deverão agir com urbanidade na prática de seus atos na OAB, ou advogados que apoiem determinadas chapas ou candidatos devem sempre agir de forma cortês.

É isso aí! Mesmo na arena política, que muitas vezes invade searas pessoais ou ideológicas, os advogados devem "segurar a onda" e agir adequadamente.

– Professora, tenho uma curiosidade: de onde veio essa exigência?

Então, o advogado exerce função social e presta serviço público (§ 1º do art. 2º do EAOAB), assim, o advogado que deixa de exercer o seu dever de urbanidade, seja em relação a outro colega, à própria parte contrária, ou a qualquer outro sujeito, acaba por violar a própria dignidade da advocacia.

– Professora, faz todo sentido. E o mesmo acontece quando o advogado aceita passivamente que lhe faltem com urbanidade, né?

É isso mesmo! Isso porque a falta de urbanidade com o advogado pode ser uma ofensa à sua honra ou à imagem da instituição, sendo cabíveis medidas disciplinares e até mesmo a apuração de eventual ilícito penal, conforme dispõe o § 2º deste mesmo artigo.

> § 2º No caso de ofensa à honra do advogado ou à imagem da instituição, adotar-se-ão as medidas cabíveis, instaurando-se processo ético-disciplinar e dando-se ciência às autoridades competentes para apuração de eventual ilícito penal.

– Entendi, Karina. E o dever de urbanidade também deve ser observado na elaboração das peças processuais, né?

Super sim! Conforme dispõe o art. 28 do CED, não podemos esquecer que um dos requisitos do exercício da advocacia é o bom tratamento e a linguagem correta e respeitosa, inclusive na redação de peças processuais.

Isso não significa que o advogado não deva adotar uma postura combativa quando necessário, conforme até já falamos. Contudo, vale ressaltar que não se pode confundir uma postura combativa na defesa dos interesses do cliente com agressividade ou ofensas, que em nada acrescentam na solução de um caso.

De igual modo, deve observar uma boa técnica jurídica, buscando redigir as petições de forma organizada, clara, fundamentada.

Vamos ler o dispositivo:

> **Art. 28**. Consideram-se imperativos de uma correta atuação profissional o emprego de linguagem escorreita e polida, bem como a observância da boa técnica jurídica.

– Entendi, mestre. O advogado deve analisar cuidadosamente os seus argumentos, para não violar o dever de urbanidade, e ainda zelar pela técnica jurídica que será empregada.

Isso! E não esqueça: não existe hierarquia entre o advogado e as autoridades judiciárias, sendo que ambas as partes devem se tratar com urbanidade.

Esse assunto é tão importante que já #CaiuNoExame. Aí vai a questão, bora acertar!

(Exame de Ordem – ASSUNTO: DEVER DE URBANIDADE) Aparecida, advogada da autora no âmbito de determinada ação indenizatória, bastante irritada com o conteúdo de sentença que julgou improcedente o pedido formulado, apresenta recurso de apelação em cujas razões afirma que o magistrado é burro e ignora as leis aplicáveis ao caso em exame. Disse ainda que tal sentença não poderia ter outra explicação, senão o fato de o magistrado ter recebido vantagem pecuniária da outra parte. A respeito da conduta de Aparecida, é correto afirmar:

A) Aparecida não praticou crime nem conduta antiética, pois fez tais afirmações no exercício da profissão, devendo atuar sem receio de desagradar ao magistrado.

B) Aparecida praticou o crime de injúria, ao afirmar que o magistrado é burro e ignora as leis aplicáveis ao caso e o de calúnia, quando afirmou que o magistrado prolatara a sentença em questão por ter recebido dinheiro da outra parte. Além disso, por todas as ofensas irrogadas, violou dispositivo do Código de Ética e Disciplina da OAB, que impõe ao advogado o dever de urbanidade.

C) Aparecida violou apenas dispositivo do Código de Ética e Disciplina da OAB, por desrespeitar o dever de urbanidade, mas não praticou crime, uma vez que tem imunidade profissional, não constituindo injúria, difamação ou calúnia puníveis qualquer manifestação de sua parte, no exercício de sua atividade, em juízo ou fora dele.

D) Aparecida violou dispositivo do Código de Ética e Disciplina da OAB, por desrespeitar o dever de urbanidade, e praticou o crime de calúnia ao afirmar que o magistrado prolatara a sentença em questão por ter recebido dinheiro da outra parte. Não praticou crime quando afirmou que o magistrado é burro e ignora as leis aplicáveis ao caso, pois tem imunidade profissional, não constituindo injúria punível qualquer manifestação de sua parte, no exercício de sua atividade, em juízo ou fora dele.

– Professora, a resposta correta me parece ser B, pois, pelo que acabamos de estudar, o advogado que violar o dever de urbanidade comete infração ética, além das infrações penais.

Poxaaa, essa não é a resposta correta. Veja, de acordo com o art. 7º, § 2º do EAOAB, o advogado tem imunidade profissional, não cometendo injúria ou difamação punível (criminalmente) qualquer manifestação de sua parte, no exercício de sua profissão, como no caso em tela, mas praticou infração ética, pois claramente faltou com o dever de urbanidade em relação ao magistrado e ainda praticou calúnia, ao imputar crime de forma aleatória. Assim, a resposta certa é D.

Vamos em frente. Agora vamos analisar o art. 29 do CED.

> **Art. 29.** O advogado que se valer do concurso de colegas na prestação de serviços advocatícios, seja em caráter individual, seja no âmbito de sociedade de advogados ou de empresa ou entidade em que trabalhe, dispensar-lhes-á tratamento condigno, que não os torne subalternos seus nem lhes avilte os serviços prestados mediante remuneração incompatível com a natureza do trabalho profissional ou inferior ao mínimo fixado pela Tabela de Honorários que for aplicável.

Esse artigo dispõe que, na relação profissional mantida entre advogados, aquele que contratar os serviços deverá tratar o colega com respeito, garantindo-lhe, inclusive, remuneração compatível com o trabalho executado.

Além disso, o contratante não deve fazer do advogado contratado um subalterno seu, ou seja, o advogado contratado possui sua própria independência profissional e deve ser tratado com dignidade.

– Hmm, entendi, professora! Mas o advogado contratado pode se recusar a fazer algo determinado pelo contratante que ele não concorde?

Sim! Até porque a responsabilidade do advogado é pessoal, é daquele que conduz o processo, daquele que recebeu procuração. Assim, caso cometa alguma falta, será ele próprio o responsável, tanto por eventual conduta antiética ou outros tipos de responsabilidade.

Então por mais que o advogado seja contratado para defender os interesses de uma empresa ou do seu empregador, deve ter lucidez e saber que responderá pessoalmente por seus atos.

– Muito bom saber, professora, obrigada!

Finalizando o estudo desse capítulo, o parágrafo único do art. 29 do CED dispõe que, na hipótese de aviltamento, ou desvalorização de honorários praticados por pessoas jurídicas, os advogados responsáveis deverão intervir junto aos órgãos com poder de decisão para corrigir o abuso. Veja só:

> Parágrafo único. Quando o aviltamento de honorários for praticado por empresas ou entidades públicas ou privadas, os advogados responsáveis pelo respectivo departamento ou gerência jurídica serão instados a corrigir o abuso, inclusive intervindo junto aos demais órgãos competentes e com poder de decisão da pessoa jurídica de que se trate, sem prejuízo das providências que a Ordem dos Advogados do Brasil possa adotar com o mesmo objetivo.

– Xiiiii, professora, acho que não entendi muito bem.

É um pouco complicado mesmo, mas o que o parágrafo único desse artigo dispõe é que os advogados responsáveis pelo Departamento Jurídico que trabalhem em empresas ou entidades têm o dever de fiscalizar o aviltamento de honorários pagos aos demais integrantes da equipe, intervindo junto aos órgãos competentes, bem como à OAB, para corrigir eventuais abusos.

É uma obrigação daqueles com cargos mais elevados, como gerentes ou diretores jurídicos. Nivelar os salários por baixo é predatório para advocacia como um todo e, por isso, é premissa que as empresas e entidades, públicas ou privadas, tenham responsabilidade sobre isso, não só moral, mas por determinação legal, na pessoa do advogado responsável pelo Departamento.

– Pô, show, gostei disso. Não é porque temos milhões de desempregados no Brasil que poderão ser oferecidos honorários indignos aos colaboradores.

Isso! Vamos seguir para Advocacia do bem? Bora lá!

CAPÍTULO 14

Advocacia *pro bono*

• O que é advocacia *pro bono*
• Funcionamento
• Vedações

Seguindo os estudos ou a sua reciclagem, vamos falar agora de uma inovação do Código de Ética, que é a advocacia *pro bono*. Este instituto está previsto no Capítulo V do CED, no art. 30. Este tipo de advocacia sempre foi praticada, mas nunca houve um regramento nacional do assunto, o que veio acontecer com a edição do novo CED.

Veja o *caput* do art. 30 do CED como ficou:

> **Art. 30**. CED. No exercício da advocacia *pro bono*, e ao atuar como defensor nomeado, conveniado ou dativo, o advogado empregará o zelo e a dedicação habituais, de forma que a parte por ele assistida se sinta amparada e confie no seu patrocínio.

A advocacia *pro bono* é aquela praticada "para o bem", sem remuneração, em favor de quem não tenha condições de contratar um advogado particular. Nesse caso, o advogado deverá empregar o mesmo zelo e dedicação que empregaria em caso regular de seu patrocínio, assistindo a parte de forma diligente, para que esta se sinta amparada e confiante no seu trabalho.

Este mesmo zelo deve ser observado pelo defensor nomeado, conveniado ou advogado dativo.

– Como funciona este tipo de advocacia, Karina?

Então. A advocacia *pro bono* é advocacia prestada de forma gratuita, eventual e voluntária, em favor de instituições sem fins econômicos, ou aos assistidos dessas instituições, quando não dispuserem de recursos para contratação de um profissional.

– Então o advogado trabalha de graça?! É isso mesmo, professora?

Sim, exatamente isso. Para a atuação ser *pro bono* deverá ser gratuita. Veja o que diz o § 1º do artigo em referência:

> § 1º Considera-se advocacia *pro bono* a prestação gratuita, eventual e voluntária de serviços jurídicos em favor de instituições sociais sem fins econômicos e aos seus assistidos, sempre que os beneficiários não dispuserem de recursos para a contratação de profissional.

– Hmmmm, saquei professora. E esse tipo de advocacia *pro bono*, ou gratuita, pode ser também prestada em favor de pessoas pobres ou só para instituições e seus filiados/assistidos?

Boa! Também pode ser prestada em favor de pessoas comuns, que igualmente não disponham de recursos para contratação de um advogado sem prejudicar seu próprio sustento. É o que dispõe o § 2º do art. 30 do CED.

– Bacana, gostei disso! É uma forma de ajudar, né, professora?

Sim. A advocacia *pro bono* é algo bastante nobre e altruísta. No entanto, ela não pode servir como vitrine, ou seja, como forma de publicidade ou captação de outros clientes.

– Como assim, Karina ?

A advocacia *pro bono* não pode ser utilizada para fins político-partidários ou eleitorais, nem pode beneficiar instituições que visem a tais objetivos, ou como instrumento de publicidade para captação de clientela. Todas estas restrições estão no § 3º do art. 30 do CED.

Ou seja, o advogado não pode utilizar da advocacia *pro bono* para se promover e assim conseguir outros clientes. Não pode haver contrapartida!

Além disso, nos termos do Provimento 166/2015 do CFOAB, o advogado que atuou para o cliente de forma *pro bono*, fica impedido por três anos de atender esse mesmo cliente de forma remunerada.

– Hmmmmm, justamente para não burlar a ideia central do *pro bono*. Bacana isso aí!

Esse é um assunto interessante e importante, então vamos resolver uma questão de Exame de Ordem sobre *pro bono* que já #CaiuNoExame??? E temos perguntinha fresca que caiu em 2021, hein!!

(Exame de Ordem – ASSUNTO: ADVOCACIA *PRO BONO*) A advogada Kátia exerce, de forma eventual e voluntária, a advocacia *pro bono* em favor de certa instituição social, a qual possui personalidade jurídica como associação, bem como de pessoas físicas economicamente hipossuficientes. Em razão dessa prática, sempre que pode, Kátia faz menção pública à sua atuação *pro bono*, por entender que isso revela correição de caráter e gera boa publicidade de seus serviços como advogada, para obtenção de clientes em sua atuação remunerada.

Considerando as informações acima, assinale a afirmativa correta.

A) Kátia comete infração ética porque a advocacia *pro bono* não pode ser destinada a pessoas jurídicas, sob pena de caracterização de aviltamento de honorários. Kátia também comete infração ética ao divulgar sua atuação *pro bono* como instrumento de publicidade para obtenção de clientela.

B) Kátia comete infração ética, ao divulgar sua atuação *pro bono* como instrumento de publicidade para obtenção de clientela. Quanto à atuação *pro bono* em favor de pessoas jurídicas, inexiste vedação.

C) Kátia comete infração ética porque a advocacia *pro bono* não pode ser destinada a pessoas jurídicas, sob pena de caracterização de aviltamento de honorários. Quanto à divulgação de seus serviços *pro bono* para obtenção de clientela, inexiste vedação.

D) A situação narrada não revela infração ética. Inexistem óbices à divulgação por Kátia de seus serviços *pro bono* para obtenção de clientela, bem como à atuação *pro bono* em favor de pessoas jurídicas.

E aí, qual é a resposta correta?

– Professora, a resposta correta me parece ser B, pois, pelo que entendi do § 3º do art. 30 do CED, o advogado não pode divulgar a atuação *pro bono* como instrumento de publicidade.

Exatamente! Por mais que a advocacia *pro bono* possa ser exercida em favor de pessoas jurídicas, não pode, por outro lado, ser instrumento de publicidade, de demonstração de correição de caráter! Por isso, a resposta correta é a B.

(Exame de Ordem 2021 – ASSUNTO: ADVOCACIA *PRO BONO*) O advogado Filipe, em razão de sua notoriedade na atuação em defesa das minorias, foi procurado por representantes de certa pessoa jurídica X, que solicitaram sua atuação *pro bono* em favor da referida pessoa jurídica, em determinados processos judiciais.

De acordo com o Código de Ética e Disciplina da OAB, assinale a opção que apresenta a resposta que deve ser dada por Filipe a tal consulta.

A) É vedada a atuação *pro bono* em favor de pessoas jurídicas, embora seja possível a defesa das pessoas físicas que sejam destinatárias das suas atividades, desde que estas não disponham de recursos para contratação de profissional.

B) É autorizada a atuação *pro bono* em favor de pessoas jurídicas, desde que consideradas instituições sociais e que não se destinem a fins econômicos, e aos seus assistidos, sempre que os beneficiários não dispuserem de recursos para a contratação de profissional.

C) É autorizada a atuação *pro bono* em favor de pessoas jurídicas, mesmo que destinadas a fins econômicos, desde que a atividade advocatícia atenda a motivos considerados socialmente relevantes, independentemente da existência de recursos para contratação de profissional.

D) É autorizada a atuação *pro bono* em favor de pessoas jurídicas, mesmo que destinadas a fins econômicos, desde que a atividade advocatícia se dirija a motivos considerados socialmente relevantes e as pessoas físicas beneficiárias das suas atividades não disponham de recursos para contratação de profissional.

– Esta até que tá tranquila, tá favorável, hehe letra B!

Na mosca! Pelas mesmas razões da pergunta acima.

CAPÍTULO 15

Das infrações éticas

Queridos alunos, começaremos a tratar aqui de um assunto que CAI MUITO nas provas da OAB. São as infrações e sanções disciplinares. Além da alta incidência nas provas, o tema é importante, pois muitas infrações acontecem na prática, sem que o advogado tenha sequer a intenção de ser antiético. Não deveriam acontecer, mas acontecem. Então, vamos fazer um pacto?

– Eita! Pacto, professora? Não é para vender a alma para ninguém, né?

Não, fique tranquilo. Nosso pacto é para que você se comprometa a revisar esse conteúdo com frequência! Não só para a prova da OAB, mas para vida profissional. Combinado?

– Beleza. Tamo junto. Vamos lá!

Boa. Vamos primeiramente estudar as infrações e depois as sanções. O primeiro passo é analisar detidamente o art. 34 do EAOAB e seus incisos. São as infrações disciplinares. Como toda infração, são condutas indesejadas, que não deveriam ocorrer. Notamos que o estatuto enumera um rol de práticas indesejadas.

– Professora, esse rol é taxativo ou exemplificativo?

Excelente pergunta. Esse rol é taxativo. A consequência disso é a vedação de interpretação analógica ou extensiva desse dispositivo. E isso porque tem natureza sancionatória, portanto, não pode caber margem de interpretação ou extensão.

Veremos por aqui todos os incisos do art. 34 do EAOAB. Um por um. Vamos entender o conceito, a aplicabilidade e como tem sido cobrado em provas. Muitos estudantes apenas dão uma batida de olhos nos incisos e isso não é o melhor a ser feito. Lembra o que sua mãe sempre lhe dizia em relação a todo mundo?

– Ela sempre me dizia que eu não sou todo mundo.

Isso mesmo! Você não é todo mundo. E é por isso que você vai entender Ética Profissional de forma definitiva e gabaritar as questões que aparecerem. Vamos começar pelo *caput* e ir avançando pelos incisos.

> **Art. 34.** Constitui infração disciplinar:
>
> **I** – exercer a profissão, quando impedido de fazê-lo, ou facilitar, por qualquer meio, o seu exercício aos não inscritos, proibidos ou impedidos;

Os atos de advocacia só podem ser praticados por advogados regularmente inscritos na OAB. Não há exceção para essa regra. O bacharel em direito só poderá praticar atos de advogado depois de atendidos os requisitos do art. 8º da EAOAB.

Vamos esmiuçar esse inciso. Há duas possibilidades de ocorrência da infração:

Primeira hipótese: exercer advocacia quando impedido de fazê-lo. É o caso do advogado que está nas hipóteses dos arts. 28 a 30 do EAOAB. Nesse caso, o profissional está impedido de advogar e se o fizer, incorrerá nesta infração.

Também é incluso aqui o profissional que sofreu uma sanção de suspensão pelo Tribunal de Ética. Se praticar ato de advogado, durante a suspensão – período que pode ser de 30 dias a um ano –, praticará essa infração.

– Mas, Karina, como ficam os atos indevidamente praticados pelo advogado suspenso?

Os atos praticados indevidamente serão nulos. Isso sem prejuízo das responsabilidades civis, criminais e administrativas.

– Hmmm, entendi. E qual é a segunda hipótese desse inciso?

Agora, *a segunda hipótese do inciso*: facilitar, por qualquer meio, o exercício da advocacia aos não inscritos, proibidos ou impedidos.

É a situação do advogado em conluio com uma outra pessoa que não é advogada efetivamente inscrita na OAB – pode ser um estagiário, um bacharel em direito, um advogado estrangeiro, um servidor público (conforme o caso) ou um espertalhão! Ou seja, uma pessoa que é advogada irá facilitar o exercício da profissão para outra pessoa que não é. Geralmente esse terceiro irá falsamente se apresentar como advogado, assinar documentos, tratar de assuntos jurídicos junto ao cliente, fazer consultas, atendimentos, redigir contratos... enfim, praticar atos que são privativos da advocacia.

– Nossa, Karina. Tem um escritório lá perto de casa que trabalha assim! Eles contratam estagiários que se passam por advogados! É assim que atendem os clientes.

Ei, lembre nosso pacto. Não é porque eles fazem isso que é certo. Esse exemplo que você deu é exatamente o caso da incidência dessa infração, e se forem denunciados na OAB, certamente sofrerão as consequências disciplinares!

– Ah, tá. Entendi. Mas nesse caso, como o advogado será punido? E a punição dessa outra pessoa em conluio? Como puni-la pela OAB, se ela nem é advogada?

Tá ligeiro, hein, fiote! O advogado será punido, a princípio, com censura. Se for reincidente, poderá ser suspenso. Se a outra pessoa não advogada praticar essa infração, ela será punida nos termos da legislação penal e civil comum, mas de fato não está submetida às regras específicas da OAB. Aí vai depender do caso. Pode ser estelionato, falsidade ideológica...

– Certo. Uma última dúvida: esse "terceiro" ou o advogado facilitador precisa receber alguma vantagem pecuniária para incidir nessa infração?

Não precisam receber vantagem alguma. Basta propiciar o exercício ao não inscrito que ocorrerá a infração. Isso já #CaiuNoExame. Vejamos:

(Exame de Ordem – ASSUNTO: INFRAÇÕES DISCIPLINARES) Esculápio, advogado militante, fica comovido com a dificuldade de Astrolábio, bacharel em Direito, em lograr aprovação no Exame de Ordem. Com o intuito de auxiliá-lo, aceita subscrever petições realizadas pelo referido graduado em Direito, bem como permitir que ele receba os seus clientes no seu escritório, como se advogado fosse, não percebendo Esculápio qualquer vantagem pecuniária por isso. Consoante as normas estatutárias, é correto afirmar que:

A) Esculápio está cometendo infração disciplinar por manter sociedade profissional fora dos limites legais.

B) Esculápio estaria praticando a conduta de facilitação do exercício da profissão aos não inscritos.

C) havendo motivo de força maior, o advogado pode propiciar acesso profissional aos não inscritos.

D) o advogado estaria apenas angariando causas para o seu escritório de advocacia.

Resposta certa: B. É a facilitação do exercício da profissão aos não inscritos. A alternativa A está errada, pois não é o caso de sociedade profissional fora dos limites legais. Veremos o que é isso na sequência. Alternativa C não tem o menor sentido, pois não tem essa de força maior. Que mané força maior, não existe exceção para isso! A D também é errada, uma vez que sabemos que sequer é permitido angariar causas para o escritório, muito menos dessa forma.

– Que legal, Ká. Ficou bem claro que a B era a resposta. O fato de o enunciado mencionar que o terceiro não teve vantagem pecuniária é uma indução a erro.

Exatamente. Certo até aí? Vamos prosseguir com os incisos.

> **II** – manter sociedade profissional fora das normas e preceitos estabelecidos nesta lei;

Bom, vamos lá. O que o EAOAB estipula como infração é a manutenção de uma sociedade de advogados sem obedecer ao próprio EAOAB, ao CED, às regras do CFOAB, entre outras normas.

– Karina, entendi. Mas como pode ocorrer essa desobediência às normas e aos preceitos de que o inciso trata?

Olha, a desobediência à norma e aos preceitos pode ser de qualquer forma. Quer um exemplo simples? Uma sociedade de advogados que se apresenta publicamente como tal, mas não é inscrita e registrada na OAB. Lembra-se daquele clássico termo "empresa irregular" do direito empresarial? Aquele caso em que o empresário monta uma empresa, com toda estrutura e atividade, mas não tem registro de absolutamente nada? Podemos trazer esse exemplo para a advocacia.

Uma sociedade com nome ilegal também incidiria nessa infração. Sabemos que não se deve usar nome fantasia. Não rola criar um escritório com o nome "Smart Solutions Law Advogados". É proibido pelo estatuto, além de cafona rsrs. O EAOAB admite apenas o uso de siglas e/ou o uso do nome e sobrenome dos sócios, acrescido de uma menção inequívoca de se tratar de um escritório de advocacia.

Outro caso de sociedade fora das normas e preceitos é a divulgação de serviço de advocacia juntamente com outra atividade. De fato, não podemos vincular advocacia a nenhum outro serviço. Não pode divulgar "imobiliária e advocacia", "contabilidade e advocacia", "processamento de dados e advocacia".

– Nossa, professora! É difícil acreditar que isso seja infração. Aqui na região há várias imobiliárias e escritórios de contabilidade vinculados à advocacia. Às vezes na mesma placa. Se caísse na prova que é infração, eu erraria. Para todo lugar que olho, há gente atuando assim. Agora entendo a importância do nosso pacto!

Pegou o espírito da coisa? O capítulo 5, que trata das "sociedades de advogados" de nosso diálogo esgota o tema, mas não tinha como não mencionar por aqui.

– Qual seria a sanção para este tipo de infração, mestre?

Essa infração é punida, a princípio, com censura. Mas novamente, vai depender da ficha corrida do advogado, ou seja, se é reincidente ou primário, bem como se existem agravantes ou atenuantes. Mas isso veremos mais para a frente. Bora ler o próximo inciso!

> **III** – valer-se de agenciador de causas, mediante participação nos honorários a receber;

– Professora, espera. O que seria um agenciador de causas?

Agenciador de causas é uma pessoa que trabalha para trazer clientes para o advogado, com finalidade comercial. Quase um vendedor. Um "corretor de advogados". Por esta razão é impensável a existência de um departamento comercial num escritório de advocacia.

Você já viu na rua aquele *tiozinho* que fica com uma placa "precisando de advogado? Eu resolvo"; "coloque seu chefe no pau" e afins? Às vezes fica até com um megafone. Então, esse é o chamado paqueiro, que também é um agenciador de causas.

– Nossa, professora, por que esse nome? Paqueiro?

Esse nome vem de uma antiga prática rural de caça. Alguns caçadores colocavam cachorros para caçar pacas. Paca é um animal, parecido com uma capivara. A função dos cachorros era caçar essas pacas e levar para o dono que efetivamente era quem iria consumir a carne da paca.

– Camba, professora, isso é meio bizarro. Mas consegui entender o caso com a origem da palavra. O "paqueiro" é um caçador de clientes para o advogado, certo?

Exatamente. E essa conduta é vedada, pois, conforme estudamos aqui, a relação entre cliente e advogado deve ser de confiança. Não deve ser um varejão, tipo essas lojas do centro da cidade. Lembre-se de que o advogado lida com valores muito relevantes das pessoas: vida, liberdade, família e patrimônio.

– Correto, Karina. Mas observei que o inciso diz que a infração ocorre mediante participação nos honorários a receber. Essa participação nos honorários seria uma "elementar para infração"? E se quem fizer o agenciamento fizer de graça?

Elementar? Nossa. Você gosta mesmo de penal. Bom, primeiro é ilógico que alguém trabalhe de graça captando cliente para algum advogado. Ainda assim, a falta de percepção de alguma vantagem dos honorários não é um argumento que seja capaz de afastar a ocorrência da infração. Basta uma interpretação lógica do arcabouço legislativo formado pelo EAOAB, pelo CED, pelo CFOAB, além das demais leis para admitir que a conduta é infratora, mesmo sem a participação nos honorários.

Agora, atenção que esse tema também já #CaiuNoExame!

(Exame de Ordem – ASSUNTO: INFRAÇÕES DISCIPLINARES) Pedro, em determinado momento, recebeu uma proposta de Antônio, colega de colégio, que se propôs a agenciar a indicação de novos clientes, mediante pagamento de comissão, a ser retirada dos honorários cobrados aos clientes, nos moldes da prática desenvolvida entre vendedores da área comercial. Com base no caso relatado, observadas as regras do Estatuto da OAB, assinale a afirmativa correta.

A) O advogado pode aceitar a sugestão, tendo em vista a moderna visão mercantil da profissão.

B) Caso a Seccional da OAB autorize, registrando avença escrita entre o advogado e o agenciador, é possível.

C) Sendo publicizada a relação entre o advogado e o agenciador, está preenchido o requisito legal

D) Há vedação quanto ao agenciamento de clientela, sem exceções.

E aí, doutor, doutora? Arrisca dizer qual é a alternativa?

> – Acho que é a D. A lei não faz ressalva sobre qualquer exceção ao agenciamento de clientela. É isso mesmo?

Na mosca. Olhe a alternativa A. Já te dou uma dica: **fuja de qualquer alternativa que diga que advocacia pode ter caráter mercantil.**

A previsão do CED é exatamente em sentido contrário. Nunca a advocacia poderá ter caráter mercantil.

Vale lembrar que essa infração também é punida, a princípio, com censura.

– Dica top, professora. Podemos prosseguir com os incisos?

Bora lá. Agora o inciso IV:

> **IV** – angariar ou captar causas, com ou sem a intervenção de terceiros;

Coloquemos na nossa mente: a relação entre advogado e cliente deve ser de confiança. Não pode ter um caráter comercial, mercantil. Por este motivo, é vedado ao advogado angariar ou captar causas, com ou sem intervenção de terceiros. Tem muita relação com o inciso anterior, mas aqui é o próximo advogado que fica angariando causas, com ou sem a ajuda de um terceiro.

– Professora, o que seria captar ou angariar causas?

É ofertar serviço jurídico de forma mercantil, de forma vulgar, muito comercial, violando os princípios de zelo e respeito que envolvem a profissão do advogado. Como disse, não podemos transformar a advocacia num varejão, em volume. Atos aviltantes tendem a vulgarizar a profissão ou também criar concorrência desleal. Imagine uma placa, num escritório qualquer "*O que Deus uniu o homem separa, sim. Venha e faça seu divórcio pelo menor preço da região*". Não pode, a advocacia não é brincadeira.

Por este motivo, não se pode distribuir fôlder, "santinhos", calendários, bonés, camisetas de escritórios nem de advogados.

Ah, importante! Também se considera captação de clientes praticar preços abaixo da tabela da OAB para serviços advocatícios. Não pode!

– Interessante, prô. Esses dias vi no YouTube um vídeo com o título "Ei, advogado! Aprenda a captar clientes". Como eles fazem isso, se a prática é ilícita?

Mais uma vez, lembre-se do nosso pacto!

– Combinado, *teacher*!

Vamos ver como isso já #CaiuNoExame!

(Exame de Ordem – ASSUNTO: INFRAÇÕES DISCIPLINARES) O advogado "Y", recém-formado, diante da dificuldade em conseguir clientes, passa a distribuir panfletos em locais próximos aos fóruns da cidade onde reside, oferecendo seus serviços profissionais. Nos panfletos distribuídos por "Y", constam informações acerca da sua especialização técnico-científica, localização e telefones do seu escritório. Por outro lado, "Y" instalou placa na porta de seu escritório, na qual fez constar os valores cobrados por seus serviços profissionais, fixados, aliás, em patamares inferiores àqueles estipulados pela tabela de honorários da OAB. Quanto à conduta de "Y", assinale a afirmativa incorreta.

A) "Y" incorre em infração disciplinar, consistente na captação irregular de causas, ao distribuir panfletos ao público oferecendo seus serviços como advogado.

B) "Y" viola dispositivo do Código de Ética e Disciplina da OAB, ao fixar honorários em valores inferiores aos estipulados na tabela de honorários da OAB.

C) "Y" pode distribuir panfletos ao público, oferecendo seus serviços profissionais, desde que neles não conste sua especialização técnico-científica.

D) "Y" viola dispositivo do Código de Ética e Disciplina da OAB, ao fazer constar de sua placa referências aos valores cobrados por seus serviços profissionais.

E aí, querido(a) aluno e aluna? Qual é a correta?

– É a C! Notei que o enunciado pede a alternativa incorreta. É legal prestar a atenção nisso, pois pode dar um *bug* no cérebro. A única que diz que o advogado pode panfletar é a "C", o que está errado de cara. Mais uma vez, não há ressalva na lei que admita distribuição de panfletos pelo advogado. É isso?

Exatamente. E para que saiba: essa infração também é passível de censura. Vamos em frente com os incisos!

> **V** – assinar qualquer escrito destinado a processo judicial ou para fim extrajudicial que não tenha feito, ou em que não tenha colaborado;

Esse inciso poderia ser traduzido como "não coloque seu nome em trabalho jurídico que você não fez". Apesar de ser uma prática relativamente comum, se um advogado não contribuiu para a elaboração de uma peça processual, um inventário, uma ata, enfim, qualquer ato judicial ou extrajudicial, não pode assinar por ela.

A ideia aqui é inibir a conduta do advogado sair assinando "qualquer coisa", sem tomar a devida ciência do inteiro teor do documento.

– Prô, supondo que o advogado apenas revise ou preste consultoria para o ato. Caso ele assine, ocorreria essa infração que estamos estudando?

Não! A proibição é no sentido de assinar peças ou documentos desconhecidos. Veja bem: a assinatura coloca toda a responsabilidade técnica do ato sobre o advogado. Não é brincadeira. Porém, se ele participou da orientação ou se ele revisou etc., nesse caso tudo bem ele assinar.

E veja bem. Com os processos digitais, isso também vale para a utilização de seu *token*! Protocolizou uma petição com seu *token*, considera-se assinado por ele!

– Putzzzz, isso do *token* ainda vai dar muito pano para manga! E qual é a penalidade aqui, Karina?

É punível também com censura. Por fim, uma curiosidade interessante para você saber. Quando um advogado copia e cola petição de outro processo, de outro advogado, também acaba enquadrando neste inciso.

A Justiça tem entendido que não existe direitos autorais sobre as petições, dada a dificuldade de saber quem efetivamente criou uma tese jurídica. No entanto, se um advogado copia do outro a petição, palavra por palavra, pode acabar enquadrado aqui.

Vamos seguir o baile! Agora o inciso VI:

> **VI** – advogar contra literal disposição de lei, presumindo-se a boa-fé quando fundamentado na inconstitucionalidade, na injustiça da lei ou em pronunciamento judicial anterior;

Este inciso trata da "aventura jurídica", termo bem conhecido no meio do direito.

– Mas, professora, aventura é ruim?

Aventura é muito bom, desde que não seja jurídica! Segundo esse inciso, notamos que o advogado não pode atuar contra literal disposição de lei. Ou seja, se a lei claramente diz "Não faça X", e o advogado vai lá e faz uma inicial pedindo ao juízo para que o autor seja beneficiado por "ter feito X", incidirá nessa infração.

É por este motivo, meu caro aluno, que o advogado não pode (e não deve) sucumbir irrestritamente à vontade do cliente ou de seu empregador. Pode ser o caso do cliente ou o chefe do advogado pedir para que seja feito um trabalho que claramente vai na contramão da lei, seja uma inicial infundada, um recurso protelatório etc. Essa atuação, contraditória ao comando que explicitamente consta na lei, é a infração que estamos analisando. Sem crise até aí. Mas você notou algo a mais neste inciso?

– Notei, sim. Estou atento! O inciso informa que é infração advogar contra literal disposição de lei, mas na sequência já apresentou as exceções, casos em que a boa-fé será presumida. É isso?

Bingo! Esse inciso nada mais é que uma regra com três exceções, ou seja, há três situações nas quais se permitirá advogar contra a literalidade da lei. Vamos ver em detalhes.

1) **Fundamentação de inconstitucionalidade:** pode o advogado se insurgir contra o texto literal da lei, desde que fundamente isso na própria inconstitucionalidade da lei. Assim, exercer advocacia contra uma disposição legal, desde que ressaltando os motivos de essa lei não ser compatível com a constituição, afastará a incidência de infração disciplinar.

– Professora, estou quebrando a cabeça em direito constitucional. Controle de constitucionalidade não é de Deus. Mas essa previsão do EAOAB faz muito sentido. Do contrário, qualquer advogado que fizesse uma ação direta de inconstitucionalidade, ou seja, pedisse para o judiciário declarar uma lei inconstitucional estaria cometendo essa infração, em tese, né?

Sim! Tá vendo como é bom pensar interdisciplinarmente? Nesse caso, o objeto da ação é alegação de inconstitucionalidade. Não há infração no caso. Vamos à segunda ressalva:

2) **Injustiça da lei:** no mesmo sentido da inconstitucionalidade, é lícito advogar contra literalidade da norma, desde que seja ressaltada pelo advogado sua injustiça no caso concreto.

– Ká, seria, por exemplo, pedir o reconhecimento de casamento homoafetivo? A Constituição versa que casamento é "união entre homem e mulher". Poderia o advogado alegar que a norma é injusta em relação ao caso concreto?

É essa a ideia. Não terá infração, se for esse o caso. Existe a norma, mas ela é injusta, e se o advogado comprovar isso, não praticará a infração. Vejamos a última ressalva:

3) **Pronunciamento judicial anterior:** mesmo que a lei não tenha sido declarada inconstitucional, caso exista algum pronunciamento judicial anterior que tenha afastado a aplicação dessa mesma lei, será possível demandar uma pretensão em sentido contrário ao comando legal, sem implicar infração, com base justamente na decisão anterior.

Vimos assim a regra e as exceções. Pois bem. O que deve cair na prova?

– As exceções, como sempre! hahaha

É, você sabe. É bem isso que costuma cair. Vamos analisar como já #CaiuNoExame!

(Exame de Ordem – ASSUNTO: INFRAÇÕES DISCIPLINARES) O advogado Cândido, conhecido pelas soluções criativas para resolver os problemas dos seus clientes, aduz, como tese defensiva, em ação de despejo por falta de pagamento, que a norma que autoriza tal desocupação forçada seria inconstitucional, pois caberia ao Estado fornecer habitação gratuita ou a preços módicos aos necessitados e, em caso de impossibilidade financeira, custear a moradia, pagando ao locador os valores devidos, a título de aluguel social. Essa defesa foi considerada como contrária à disposição de lei que determina, como consequência do não pagamento dos alugueres, o despejo por falta de pagamento. Em razão disso, foi proferida sentença determinando a desocupação do imóvel e condenando o cliente do advogado Cândido ao pagamento dos alugueres devidos, bem como as demais verbas decorrentes da sucumbência. Além disso, determinou o magistrado a expedição de ofício à Ordem dos Advogados do Brasil para abertura de processo disciplinar. Consoante as regras do Estatuto da Advocacia, assinale a afirmativa correta.

A) O fato de advogar contra literal disposição de lei sem exceções, não constitui infração disciplinar.

B) A alegação de inconstitucionalidade descaracteriza a infração disciplinar invocada.

C) A infração disciplinar não está prevista no sistema por caracterizar delito de hermenêutica.

D) A referida infração somente pode ser considerada quando causar prejuízo ao cliente o que não foi o caso.

– Depois de estudar fica fácil, né, gabarito: B. Alternativa A está errada, pois vimos que há exceções. A B é a correta, pois traz que a alegação de inconstitucionalidade descaracteriza a infração disciplinar. Essa C não faz sentido algum: não há infração disciplinar por caracterizar delito de hermenêutica? Hã? Essa viagem do examinador foi forte. E a D também está errada, pois, conforme estudamos, a existência ou não de prejuízo ao cliente não é uma das exceções trazidas pelo art. 34, VI o EAOAB.

Show! Está mandando muito bem! Essa infração, igualmente às outras que estudamos até agora, é punida com censura. Vamos em frente. Simbora para o próximo inciso:

VII – violar, sem justa causa, sigilo profissional;

Isso aqui cai bastante em provas. É sempre um ponto delicado. O EAOAB deu especial cuidado ao sigilo profissional, tratando como infração o ato do advogado que violar esse sigilo. Isso porque há um pressuposto de que a comunicação entre cliente e advogado é *sempre* sigilosa. Se o advogado faltar com esse sigilo, que é indispensável à sua atuação, comete essa infração.

– Para o ato ser sigiloso, o cliente precisa fazer algum pedido para o advogado nesse sentido?

Não precisa. É assim que dispõem os arts. 35 e 36 do CED. Toda a comunicação entre cliente e advogado se presume sigilosa.

– Entendido. Compreendo que o advogado não pode violar o sigilo. Mas e essa questão da justa causa? O que seria a justa causa?

Entende-se por justa causa alguma circunstância excepcional como grave ameaça aos direitos à vida, à honra, além de caso de defesa própria do advogado. Nessas situações, é possível que o profissional abra mão do sigilo, para a proteção desses bens. Mas é um caso extremamente relevante e necessário, e não por qualquer coisa.

Vamos ver como isso já #CaiuNoExame!

(Exame de Ordem – ASSUNTO: INFRAÇÕES DISCIPLINARES) Rafaela, advogada, atua como árbitra em certa lide. Lena, também regularmente inscrita como advogada perante a OAB, exerce atualmente a função de mediadora. Ambas, no exercício de suas atividades, tomaram conhecimento de fatos relativos às partes envolvidas. Todavia, apenas foi solicitado a Rafaela que guardasse sigilo sobre tais fatos. Considerando o caso narrado, assinale a afirmativa correta.

A) Apenas Rafaela, no exercício da profissão, submete-se ao dever de guardar sigilo dos fatos de que tomou conhecimento. O dever de sigilo cederá em face de circunstâncias excepcionais que configurem justa causa, como nos casos de grave ameaça aos direitos à vida e à honra, bem como em caso de defesa própria.

B) Apenas Lena, no exercício da profissão, submete-se ao dever de guardar sigilo dos fatos de que tomou conhecimento. O dever de sigilo cederá em face de circunstâncias excepcionais que configurem justa causa, como nos casos de grave ameaça aos direitos à vida e à honra, bem como em caso de defesa própria.

C) Ambas as advogadas, no exercício da profissão, submetem-se ao dever de guardar sigilo dos fatos de que tomaram conhecimento. O dever de sigilo cederá em face de circunstâncias excepcionais que configurem justa causa, como nos casos de grave ameaça aos direitos à vida e à honra, bem como em caso de defesa própria.

D) Apenas Rafaela, no exercício da profissão, submete-se ao dever de guardar sigilo dos fatos de que tomou conhecimento. O dever de sigilo cederá em face de circunstâncias excepcionais que configurem justa causa, como nos casos de grave ameaça aos direitos à vida e à honra. Porém, não se admite a relativização do dever de sigilo para exercício de defesa própria.

E aí, doutor, doutora? Qual é a resposta?

– Que enunciado truncado, Karina! Difícil. É alternativa D?

Não. A resposta é alternativa C. Vamos entender o porquê. Ambas as advogadas – Lena e Rafaela – estavam atuando nessa condição, isso o enunciado deixa claro. O fato de apenas Rafaela ter recebido um pedido de sigilo é irrelevante. Como vimos, o sigilo é presumido. Isso basta para assinalar a C, mas é interessante notar que a alternativa ainda desmistificou o que seria a justa causa. Serão "justa causa" os casos de grave ameaça aos direitos à vida e à honra, bem como em caso de defesa própria. Entendido?

– Ah, agora compreendo, Ká. Vacilei na verdade. Por isso é importante analisar bem as alternativas, além do enunciado.

Esse é o caminho da aprovação. Vale ressaltar, querido(a), que esse sigilo é de ordem pública – só afastável com a presença da justa causa. Vamos ver, agora, mais uma questão de 2019 que também #CaiuNoExame!

(Exame de Ordem – ASSUNTO: INFRAÇÕES DISCIPLINARES) Antônio e José são advogados e atuam em matéria trabalhista. Antônio tomou conhecimento de certos fatos relativos à vida pessoal de seu cliente, que respondia a processo considerado de interesse acadêmico. Após o encerramento do feito judicial, Antônio resolveu abordar os fatos que deram origem ao processo em sua dissertação pública de mestrado. Então, a fim de se resguardar, Antônio notificou o cliente, indagando se este solicitava sigilo sobre os fatos pessoais ou se estes podiam ser tratados na aludida dissertação. Tendo obtido resposta favorável do cliente, Antônio abordou o assunto na dissertação. Por sua vez, o advogado José também soube de fatos pessoais de seu cliente, em razão de sua atuação em outro processo. Entretanto, José foi difamado em público, gravemente, por uma das partes da demanda. Por ser necessário à defesa de sua honra, José divulgou o conteúdo particular de que teve conhecimento. Considerando os dois casos narrados, assinale a afirmativa correta.

A) Antônio infringiu o disposto no Código de Ética e Disciplina da OAB, violando o dever de sigilo profissional. Por outro lado, José não cometeu infração ética, já que o dever de sigilo profissional cede na situação descrita.

B) Antônio e José infringiram, ambos, o disposto no Código de Ética e Disciplina da OAB, violando seus deveres de sigilo profissional.

C) José infringiu o disposto no Código de Ética e Disciplina da OAB, violando o dever de sigilo profissional. Por outro lado, Antônio não cometeu infração ética, já que o dever de sigilo profissional cede na situação descrita.

D) Antônio e José não cometeram infração ética, já que o dever de sigilo profissional, em ambos os casos, cede nas situações descritas.

Qual você assinalaria?

– Marcaria a D. Antônio teve autorização por parte do cliente para quebra do sigilo. José teve que quebrar o sigilo para se defender de uma difamação. Então existe justa causa nos dois casos, certo?

Errado! Gabarito: A. Lembra que vimos que o sigilo é de ordem pública? Isso significa que a autorização do cliente (convenção de ordem privada) não afasta o dever do advogado de manutenção do sigilo das informações. No caso, por mais que Antônio tenha conseguido uma expressa anuência do cliente para divulgar seu caso no mestrado, ainda sim cometeu a infração. No caso de José, há, de fato, a justa causa, pois revelar a informação sigilosa foi a única forma de defender sua honra.

– Vixe, prô! Não é difícil, mas temos que ter atenção ao detalhe. Melhor errar aqui do que na prova. hehe Essas questões são boas para conhecermos a "jurisprudência" da prova!

É verdade. Então, memorize! Para fins de OAB, a anuência do cliente quanto à quebra do sigilo não é importante – continua sendo infração, ok? Essa questão foi muito polêmica na época. Inclusive, para alguns professores, com a autorização do cliente, não haveria mais dever de sigilo. Ainda assim a FGV, juntamente com a OAB, manteve o gabarito, como mostramos acima. Não vamos brigar com a banca, e sim colocar o "X" no lugar certo.

Essa infração é punida com censura.

Próximo inciso:

> **VIII** – estabelecer entendimento com a parte adversa sem autorização do cliente ou ciência do advogado contrário;

Ao ler esse inciso, você consegue notar que são duas possibilidades? Estabelecer entendimento com a outra parte é infração desde que:

Não exista autorização do cliente
ou
Não exista ciência do advogado contrário

– Qual é a razão de ser dessa infração?

Veja. Na primeira hipótese o advogado não pode estabelecer entendimento com a parte adversa sem autorização do seu próprio cliente, e isso parece óbvio, pois o direito em disputa não pertence ao profissional, mas sim ao cliente dele. Não faz o menor sentido procurar a parte contrária para eventualmente entabular negociações, sem que o personagem principal da relação não tenha lhe autorizado.

– É verdade, professora. Parece meio óbvio. E a segunda opção, por que não pode o advogado estabelecer entendimento com a parte adversa sem a ciência do advogado contrário?

Também é meio claro que a parte contrária, falando e negociando direto com o advogado oposto, pode não entender exatamente quais sejam seus direitos e não ter capacidade técnica para conversar sobre seu próprio caso, saindo prejudicada. O advogado pode lhe falar algo técnico que ela sequer tem condição de saber se está certo, se é verdade, afinal, possuem interesses opostos, então nada mais certo do que advogado conversar com advogado e parte conversar com parte. Assim a relação fica equilibrada!

– Concordo, tem muito sentido. O advogado não poderia, por exemplo, negociar um acordo sem autorização de seu próprio cliente, certo? E muito menos negociar um acordo, ainda que seja com autorização de seu cliente, mas direto com a parte contrária, sem o advogado dela, confere?

Exatamente! Essas duas hipóteses que você falou seriam condutas infracionais, as duas! Esse assunto vira e mexe é cobrado na prova. Olha como já #CaiuNoExame:

(Exame de Ordem – ASSUNTO: INFRAÇÕES DISCIPLINARES) Guilherme é advogado de José em ação promovida por este em face de Bruno, cujo advogado é Gabriel. Na audiência de conciliação, ao deparar-se com Bruno, Guilherme o reconhece como antigo amigo da época de colégio, com o qual havia perdido contato. Dias após a realização da audiência, na qual foi frustrada a tentativa de conciliação, Guilherme se reaproxima de Bruno, e com vistas a solucionar o litígio, estabelece entendimento sobre a causa diretamente com ele, sem autorização de José e sem ciência de Gabriel. Na situação narrada,

A) Guilherme cometeu infração disciplinar ao estabelecer entendimento com Bruno, tanto pelo fato de não haver ciência de Gabriel, como por não haver autorização de José.

B) Guilherme cometeu infração disciplinar ao estabelecer entendimento com Bruno, pelo fato de não haver ciência de Gabriel, mas não por não haver autorização de José.

C) Guilherme cometeu infração disciplinar ao estabelecer entendimento com Bruno, pelo fato de não haver autorização de José, mas não por não haver ciência de Gabriel.

D) Guilherme não cometeu infração disciplinar ao estabelecer entendimento com Bruno, sem ciência de Gabriel ou autorização de José

E aí, lembrando das duas hipóteses da incidência da infração, você consegue identificar a alternativa correta?

– É a alternativa A, não é?

Exatamente. Gabarito letra A. Uma dica que dou é sempre ter muita atenção aos nomes dessas personagens que a FGV tanto ama. Primeiro temos que saber quem é quem. Depois de organizadas as personagens, partimos para a alternativa. Bom, observemos que

Guilherme entrou em contato direto com Bruno. Bruno é cliente de Gabriel. O cliente de Guilherme é José. Assim, vimos que a infração ocorreu tanto por Guilherme falar com Bruno (outra parte) sem autorização de José (cliente de Guilherme), quanto por falar com Bruno sem a ciência de Gabriel (advogado da outra parte).

Ainda estamos vendo o bloco de infrações punidas com censura, que também é o caso deste inciso VIII. Vamos ao próximo.

> IX – prejudicar, por culpa grave, interesse confiado ao seu patrocínio;

Como já dissemos antes, o advogado tem total responsabilidade técnica sobre o seu trabalho. Isso implica dizer que se, por culpa grave, ele prejudicar interesse de seu cliente, responderá pelo cometimento dessa infração.

– Isso significa que o advogado tem obrigação de ganhar tudo?

De forma alguma! A advocacia é atividade de meio – por mais que alguns clientes não pensem assim! – e não obrigação de fim. O advogado é responsável por atuar utilizando os melhores meios possíveis, mas não pode garantir que irá conseguir e atingir a finalidade, pois existe uma série de variáveis no caminho, como o próprio entendimento do juiz.

O conceito de culpa grave está relacionado ao ato claramente negligente (desídia, descaso) ou imperito (sem capacidade técnica). Sem isso, não há o que se falar em culpa grave, mesmo se a estratégia escolhida não for acolhida. Guarde isso!

Sabe um jogo de *poker*? O advogado não é obrigado a ganhar, mas tem a obrigação de fazer a melhor partida possível com as cartas que tiver na mão! Para o médico também é assim: ele não tem obrigação de curar as pessoas, mas de utilizar as melhores técnicas possíveis para tentar alcançar a cura. Sacou?

– Saqueiii, muito bom! Então, uma vez comprovado que o advogado fez tudo que estava ao seu alcance, não existe culpa grave, certo?

Bem por aí. Em síntese, o que acarretará a punição ao advogado será a atuação de forma relapsa, desleixada, sem técnica. Geralmente são casos de não comparecimento injustificado à audiência, perda de prazo, não atendimento à providência que resulte em extinção processual, entre outras bastante óbvias como essas.

Mais uma vez, estamos nos casos puníveis com censura, que é uma penalidade relativamente branda, como veremos no item próprio das sanções.

Vamos em frente!

> **X** – acarretar, conscientemente, por ato próprio, a anulação ou a nulidade do processo em que funcione;

– Karina, é impressão minha ou esse inciso é bem parecido com o inciso IX, que acabamos de ver. Qual é a diferença?

Não, não. É bem diferente. Aqui a conduta é específica: causar, conscientemente e por ato próprio, a nulidade ou anulação no processo. No inciso IX, a infração é o ato de acarretar prejuízo ao constituinte por culpa grave, independentemente de ter agido com intenção consciente de prejudicar. Ou seja, no inciso X, será punido o advogado que, sabendo e, de propósito, atue de forma a criar uma nulidade ou anulação processual. Todos perdem com isso, inclusive a Justiça.

As situações de atuar para acarretar nulidade ou anulação podem ser das mais diversas, como: indicar um endereço que sabe não existir, assinar um mandado de citação/intimação sem poderes específicos para isso e depois pedir a nulidade, entre outras situações que levem à invalidade processual e à necessidade de recomeçar tudo.

– Entendi. Então a punição acontece em razão do "tempo perdido" no processo, independentemente de alguma vantagem, é isso?

É mais ou menos isso, sim. É obrigação do advogado utilizar com boa-fé das vias processuais, de espírito colaborativo. A teoria geral do processo tem vários princípios que impedem o advogado ou as partes de se utilizarem do aparato estatal sem necessidade. Isso é custoso a toda sociedade!

– Entendi, professora. Esse assunto costuma cair na prova?

Não! Esse inciso não caiu nas provas nos últimos tempos. Isso não significa que nunca cairá. Mas queremos que, quando caia, você saiba como acertar. Basta dominar esse conceito, que é até meio óbvio dentro do que se imagina como dever de conduta, não é?

– É verdade. Isso extrapola o direito de defesa com certeza, né, Karina, seria atitude desleal com todos os envolvidos do processo. Não dá para aceitar. E qual é a penalidade dessa infração?

Exatamente. O direito de defesa existe de forma plena, mas deve ser honesto, ético. O advogado não pode agir com malícia para prejudicar o próprio andamento processual. Aqui a infração é punível com censura.

Vamos adiante!

> **XI** – abandonar a causa sem justo motivo ou antes de decorridos dez dias da comunicação da renúncia;

Uma vez constituído, o advogado não pode abandonar a causa que lhe foi confiada sem um motivo justo, ou ainda, no caso de renúncia, não pode sair da causa antes de dez dias depois da comunicação da tal renúncia. Não custa novamente lembrar que a relação entre cliente e advogado é de confiança.

– Certo, Karina. Esse inciso é mais um daqueles com duas hipóteses alternativas para a ocorrência da infração?

Sim. Temos duas hipóteses:

1ª hipótese: *abandonar sem justo motivo.* Seria no mínimo esquisito se o advogado pudesse atuar no processo como e quando bem entender. É evidente que não se pode aletoriamente deixar de comparecer em audiência, atender aos prazos, peticionar no processo, juntar documentos etc. Então, sem que exista um justo motivo para tanto, o advogado não poderá abandonar a causa.

– Temos um exemplo de justo motivo?

Imagine um advogado que atue sozinho, sem sócios ou parceiros. Imagine que justamente esse advogado sofra um grave acidente e fique inconsciente no hospital e não cumpra um prazo processual. É lógico que ele não vai dar conta de atuar no caso. O processo então passa a ficar "abandonado", mas existiu um justo motivo para tanto, que fará o advogado isento dessa infração.

De uma forma menos dramática e até mais corriqueira: um caso advogado pede um documento indispensável ao seu cliente para uma manifestação no processo. O cliente simplesmente não providencia o documento. Acontece muito. Se o advogado se resguardou no sentido de comprovar, por escrito, que solicitou o documento ao cliente e que foi o próprio cliente quem desatendeu, será mais um caso de justo motivo que impossibilitou a apresentação da manifestação em juízo.

– Entendi! Faz sentido. Bom, qual é aquela segunda hipótese da renúncia, mestre?

Bora lá. A 2ª hipótese: *necessidade de permanecer por dez dias no processo.* Art. 112 do CPC e art. 5º, § 3º do EAOAB. Segundo esse regramento, uma vez que a renúncia for formalmente comunicada ao cliente, o advogado é obrigado a permanecer por, pelo menos, dez dias no processo atuando normalmente no patrocínio da causa.

O cliente precisa de um tempo para contratar outro advogado, não teria como ser de um dia para o outro, então durante esses 10 dias seguintes da comunicação da renúncia, o advogado anterior que renunciou vai tocando o processo.

– Mas, mestre, por que o advogado renunciaria ao mandato/patrocínio da causa?

Os motivos são vários. Volto a repetir: a relação entre cliente e advogado deve ser de confiança. Caso essa confiança deixe de existir, o advogado não é obrigado a permanecer como tal. Pode ser ainda o caso de um desacerto comercial, quando o cliente não honra os honorários, ou também quando existe conflito em relação ao direcionamento da tese jurídica, ou seja, o cliente exige um certo encaminhamento que o advogado não concorda. Em todos esses casos, o advogado pode renunciar ao mandato.

– Hmmmm, compreendi. E como deve ser essa comunicação da renúncia?

A comunicação da renúncia ao mandato deve ser formal e escrita. É necessário um protocolo de ciência por parte do cliente para servir como marco temporal para a contagem do prazo de dez dias que o inciso traz. Se não ocorrer comunicação da renúncia, será o caso de abandono de causa, com a consequente infração disciplinar.

– E quando o advogado não renuncia, mas substabelece sem reserva de poderes, ou seja, passa o caso para outro advogado. Ainda é necessário ficar os dez dias atuando no processo?

Excelente pergunta! Nesse caso, a resposta é não. No caso de substabelecimento sem reserva de poderes, não existe abandono, pois um advogado passa o "bastão" para outro advogado, que imediatamente assume a causa. Dessa forma, o cliente continuará amparado, porém agora, por novo profissional.

Entendido? Olha como o abandono de causa já #CaiuNoExame!

(Exame de Ordem – ASSUNTO: INFRAÇÕES DISCIPLINARES) Marcelo promove ação de procedimento ordinário em face de Paus e Cupins Ltda. com o fito de compelir a ré à prestação de determinado fato, diante de contrato anteriormente estabelecido pelas partes e descumprido pela ré. Houve regular citação, com a apresentação de defesa, tendo o processo permanecido paralisado por oito anos por inércia das partes. Dez anos após a paralisação, o réu ingressa no processo requerendo a declaração de prescrição intercorrente, que é declarada, não tendo havido recurso do autor. Após consultas processuais, o autor descobre a real situação do processo e apresenta representação disciplinar à OAB contra o seu advogado. Nos termos da legislação estatutária e do Código de Ética, é correto afirmar que:

A) o advogado não pode ser sancionado pela demora do processo, mesmo que tenha sido inerte.

B) está perfeitamente caracterizado o abandono da causa.

C) os atos referidos se esgotam no processo judicial.

D) a inércia das partes não pode atingir os advogados, como no enunciado.

Qual é a resposta dessa?

– Seria a "C"?

Errrrou! Gabarito: B. Está perfeitamente caracterizado o abandono de causa. Veja, o processo ficou paralisado por OITO anos por inércia das partes, justamente porque os advogados não davam andamento! Não dá para achar razoável que um advogado não dê impulso a um processo durante oito anos. Só isso já seria motivo suficiente para falar em abandono, e ainda assim, o enunciado reforça dizendo que não houve recurso do autor quando a prescrição foi declarada e fala que o cliente "descobriu" a situação, sugerindo que não tinha ciência do que estava ocorrendo. Parece bem caracterizada, não?

– Mas, Karina, os processos na Justiça demoram anos e anos, não? Pode recair a culpa no advogado?

Jamais! Que um processo demora, todo mundo sabe. Mas enquanto ele tramita, o advogado deve ser diligente e sempre buscar impulsionar a ação. Se uma ação está parada há oito anos, caberia a ele ir ao fórum conversar com o juiz, apresentar uma petição requerendo providências, entender o que poderia ser feito para "destravar", mas, pelo que vimos, nada foi feito por ninguém. Houve inércia durante longos anos. Isso já foge da normalidade da própria morosidade.

– É verdade. Censura, né, mestre?

Sim, sim, mais um caso de censura. Vamos ao próximo!

> **XII** – recusar-se a prestar, sem justo motivo, assistência jurídica, quando nomeado em virtude de impossibilidade da Defensoria Pública;

A Constituição Federal dá especial papel para a Defensoria Pública. Em termos simples, a Defensoria tem a função de prestar assessoria jurídica para quem for pobre e não pode custear um advogado particular. Neste caso, a pessoa procura a Defensoria Pública do Estado e um defensor irá lhe assessorar sem custos, quem paga o salário do defensor é o próprio Estado. No entanto, infelizmente, nosso país tem mais pobreza do que deveria, fazendo com que o contingente de defensores públicos seja insuficiente para atender todos que precisam. Em algumas regiões, sequer existe Defensoria Pública instalada. É aí que surgem os convênios com advogados particulares. Nesse convênio, eles são nomeados para atender casos indicados pela defensoria.

– Como funciona a responsabilidade do advogado para atender os casos indicados pela defensoria pública?

Este é o ponto. Acontece um sorteio entre os advogados inscritos no convênio. Uma vez sorteado e, consequentemente nomeado, o advogado terá a responsabilidade de atender os interesses jurídicos do assistido (pessoa que levou o caso à defensoria) e cuidar do processo com todas as responsabilidades normais e integrais de um advogado particular. Só pode se desvencilhar da obrigação, justificadamente. Ou seja, uma vez que se inscreveu no convênio, não poderá depois recusar-se a prestar a assistência, se nomeado, a não ser, novamente por um justo motivo.

– Professora, é necessário que a parte outorgue procuração ao advogado nomeado pelo convênio?

Não precisa de procuração da parte, do interessado. Existe um termo de assistência do convênio que passa a ser o documento hábil e suficiente para atuar no processo. Nessa infração, temos mais um caso de punição com censura.

Vamos em frente!

> **XIII** – fazer publicar na imprensa, desnecessária e habitualmente, alegações forenses ou relativas a causas pendentes;

Vejamos as três partes que compõem a infração em referência:

Fazer publicar na imprensa,	desnecessária e habitualmente,	alegações forenses ou relativas a causas pendentes.

O Estatuto proíbe a publicação midiática (imprensa) de alegações forenses ou relativas a causas pendentes de forma desnecessária e habitual.

– Karina, qual é o motivo da proibição?

A razão pela qual é proibido transformar o trabalho forense em matérias jornalísticas é o risco de criar uma comoção que interfira e influencie no justo julgamento de uma demanda ou ainda promoção pessoal do advogado.

Imagine um blogueiro famoso, que também seja advogado, postando seus processos em seus canais na internet. Imagine que numa dessas, ele divulgue o nome do juiz e peça para seus seguidores colocarem uma pressão no julgamento. Seria temerário.

Assim, o advogado não deve ficar expondo alegações forenses na mídia dessa forma.

– E professora, o que seria essa habitualidade? Quantas vezes?

Então, o EAOAB não trouxe especificamente um limite para que seja considerado habitual ou não. Uma frequência contínua provavelmente atrairia este conceito de habitualidade: semanal, quinzenal, mensal, algo deste tipo. Para uma questão de OAB, certamente esta habitualidade ficaria bem exposta e evidente no enunciado.

– Entendi. Temos questão de prova para elucidar?

É para já! Olha como isso já #CaiuNoExame:

(Exame de Ordem – ASSUNTO: INFRAÇÕES DISCIPLINARES) O advogado João, que também é formado em Comunicação Social, atua nas duas profissões, possuindo uma coluna onde apresenta notícias jurídicas, com informações sobre atividades policiais, forenses ou vinculadas ao Ministério Público. Semanalmente, inclui, nos seus comentários, alguns em forma de poesia, suas alegações forenses e os resultados dos processos sob sua responsabilidade, divulgando, com isso, seu trabalho como advogado. À luz das normas estatutárias, assinale a afirmativa correta.

A) A divulgação de notícias, como aventado no enunciado, constitui um direito do advogado em dar publicidade aos seus processos.

B) Nos termos das regras que caracterizam as infrações disciplinares está delineada a de publicação desnecessária e habitual de alegações forenses ou causas pendentes.

C) Diante das novas mídias que também atingem a advocacia, o advogado pode utilizar-se dos meios ofertados para a divulgação de seu trabalho.

D) A situação caracteriza o chamado desvio da função de advogado, com o prejuízo à imagem dos clientes pela divulgação.

E aí, advogado(a), qual é a resposta?

– Hmmm. Estou em dúvida, mas acho que é a B.

Boa, aluno(a)! Gabarito: B. Veja que o enunciado traz algumas palavrinhas mágicas: "coluna com notícias jurídicas" + "semanalmente" + "alegações forenses" + "divulgação de trabalho". Ou seja, o enunciado deixa bastante claro que o advogado busca promoção pessoal por meio da divulgação do trabalho em coluna na mídia, a partir de alegações forenses e com habitualidade, ou seja, toda semana!

– Entendi, realmente está bem claro, praticamente escrito com outras palavras. Esta também é punida com censura, certo?

Sim, pena de censura. Vamos seguir!

> **XIV** – deturpar o teor de dispositivo de lei, de citação doutrinária ou de julgado, bem como de depoimentos, documentos e alegações da parte contrária, para confundir o adversário ou iludir o juiz da causa;

Esta infração já começa entrar em um campo delicado, de dolo, de má-intenção mais "pesado", pois aqui o advogado deturpa, ou seja, altera, modifica, estraga, adultera o teor de dispositivo de lei, de citação doutrinária, de um julgado, bem como de depoimentos, documentos e alegações da parte contrária, com intuito de confundir o adversário ou iludir o juiz da causa. Ou seja, é uma espécie de "falsificador" de conteúdo processual.

– Ô loco! Realmente parece bastante impróprio fazer isso. Soa errado mesmo se o advogado estiver fazendo de tudo para defender seu cliente, né, Karina?

Com certeza. O advogado pode se utilizar de todas as técnicas possíveis para defender um cliente, ainda que esse cliente esteja "errado", mas deve agir sempre com ética, honestidade e cooperação processual. Não pode litigar de má-fé ou distorcer documentos, decisões, depoimentos com objetivo de enganar o juiz ou confundir sua contraparte.

Vamos analisar como esse inciso já #CaiuNoExame:

(Exame de Ordem – ASSUNTO: INFRAÇÕES DISCIPLINARES) O advogado Mário, para ilustrar a tese que desenvolvia, fez inserir, em petição por ele apresentada, citação de julgado inexistente. Inseriu, ainda, citação doutrinária, cujo teor foi completamente deturpado. A respeito da hipótese, assinale a afirmativa correta.

A) Mário não cometeu infração disciplinar, pois o advogado, amparado no princípio da ampla defesa, deve ter liberdade para defender os interesses de seus clientes da forma que achar conveniente.

B) Mário cometeu infração disciplinar punível com pena de censura, nos termos do EAOAB, e violou dispositivo do Código de Ética e Disciplina da OAB.

C) Mário cometeu infração disciplinar punível com pena de exclusão, nos termos do EAOAB, e violou dispositivo do Código de Ética e Disciplina da OAB.

D) Mário não cometeu infração disciplinar prevista no EAOAB, tendo apenas violado dispositivo do Código de Ética e Disciplina da OAB.

Diga aí, qual é a melhor resposta?

– Acho que é a B. Mas essa questãozinha está embaçada! Ela exige duas coisas: 1) Se ocorreu violação ao **EAOAB** ou o **CED** ou ambos; 2) Qual é a punição correspondente. Por isso vou de alternativa B.

É uma questão "interdisciplinar" dentro da matéria de Ética Profissional. Bem nítido que essa má-fé do advogado também viola o CED em diversos dispositivos. Há vários artigos no **CED** que impõem aos advogados vários deveres de lealdade, probidade e honestidade. É instintivo perceber que teve violação também ao CED, além do EAOAB, pois alterar dispositivos legais, trechos de doutrina ou jurisprudência é atitude totalmente incongruente com a atuação que se espera do advogado do ponto de vista ético. Não há dúvidas de que ocorreu a infração do inciso XIV, que é punível com censura, além dos preceitos gerais e deontológicos de ética profissional. Alternativa B. Você acertou!

– É, foi isso mesmo que pensei.

Sigamos...

> XV – fazer, em nome do constituinte, sem autorização escrita deste, imputação a terceiro de fato definido como crime;

Não custa lembrar que via de regra o advogado postula pela parte, representando-a. Ou seja, o direito que o advogado defende não é dele, mas, sim, do cliente dele. Então, a infração acontece quando o advogado, em nome do seu constituinte (cliente) e sem sua autorização, imputa a terceiro fato que é em tese criminoso. Imputar = indicar.

– Nossa, Ká, e como deve se portar um advogado criminalista ao elaborar uma queixa-crime? Nesta peça, basicamente, é narrado um crime cometido e ainda se pede ao juiz a condenação!

Pois bem, neste caso, não bastasse a orientação do art. 44 do CPP que obriga que o instrumento de procuração conceda ao advogado poderes especiais para que ele possa postular uma queixa-crime, o advogado necessita colher um termo de responsabilização do cliente acerca das informações.

– E como é esse termo de responsabilização?

Pode ser uma assinatura conjunta na petição, um formulário assinado pelo constituinte ou um termo de declaração. A ideia é que o advogado tenha como comprovar que teve a autorização do cliente para imputar fato previsto como crime a terceiro, no sentido de "não sou eu quem está falando isso. Eu, advogado, sou mero porta-voz do constituinte".

> – Certo. Estudamos em Direito Penal, na parte dos crimes contra honra, que existe um instituto chamado "exceção da verdade". Se o advogado comprovar em juízo que o fato criminoso efetivamente ocorreu – ainda que narrado em nome do seu constituinte e sem autorização deste – continuaria sendo infração ao EAOAB?

Boa pergunta, hein!

A resposta é positiva, colega! Continua sendo infração. Para fins de EAOAB, não há ressalva quanto à exceção da verdade. Ou seja, sendo ou não verdade, o advogado não pode imputar a terceiro fato definido como crime, sem autorização escrita de seu cliente!

E lembre-se, além da infração ética do EAOAB, imputar falsamente fato criminoso a alguém é calúnia, conforme art. 138 do CP.

Vamos ver como isso também já #CaiuNoExame!

(Exame de Ordem – ASSUNTO: INFRAÇÕES DISCIPLINARES) O advogado Rubem, em causa em que patrocina os interesses da sociedade Só Fácil Ltda., cita fatos delituosos, por escrito, contra a honra do réu, sem autorização do seu cliente. Dias depois, é surpreendido com ação criminal em virtude dos fatos apresentados no processo judicial. A descrição acima amolda-se à seguinte infração disciplinar:

A) locupletar-se, por qualquer forma, à custa do cliente ou da parte adversa, por si ou interposta pessoa.

B) incidir em erros reiterados que evidenciem inépcia profissional.

C) prestar concurso a cliente ou a terceiro para realização de ato contrário à lei ou destinado a fraudá-la.

D) fazer, em nome do constituinte, sem autorização escrita deste, imputação a terceiro de fato definido como crime.

E agora, depois do que estudamos, há alguma dúvida na resposta correta?

– Não. Bem claro que é a alternativa D!

Isso aí. Questão fácil. Bastou lembrar da infração e do conceito. Olha outra vez em que o tema #CaiuNoExame!

(Exame de Ordem – ASSUNTO: INFRAÇÕES DISCIPLINARES) O advogado Felício é contatado pelo seu cliente Paulo que pretende promover ação de responsabilidade civil em face de Rosa, por danos causados à sua honra e ao seu patrimônio material. Nas tratativas, o cliente cientifica o advogado que presenciara diversos atos criminosos praticados por Rosa e por seus familiares Marta e Fábio. Contratado para realizar os seus serviços profissionais, apresenta diversas ações contra o réu Rosa em que descreve seus crimes e os praticados por Marta e Fábio, seus filhos. A petição é subscrita somente pelo advogado e a procuração tem os poderes gerais para o foro. Nos termos do Estatuto da Advocacia:

A) é inerente à atividade postulatória a menção a crimes praticados pelas partes ou terceiros.

B) é decorrente do processo a indicação dos fatos essenciais ao deslinde da causa, inclusive os criminosos, que somente demandam ciência do advogado.

C) é essencial a autorização escrita para imputação a terceiro de fato definido como crime.

D) é possível a descrição de fatos criminosos atribuídos a partes ou a terceiros por autorização verbal.

E aí, gente bonita? Qual é a resposta?

> – Gabarito: C. A alternativa A não faz sentido, pois não é inerente à atividade postulatória mencionar crimes de terceiros. O sujeito é advogado ou promotor? Sabemos que é necessária autorização por escrito e procuração específica para menção de crimes em relação a terceiros, o que torna a C correta e a B e D erradas. ;)

Perfeita análise! Infração punivel com censura, ainda estamos nas condutas mais *light*!

Vamos seguindo...

> **XVI** – deixar de cumprir, no prazo estabelecido, determinação emanada do órgão ou de autoridade da Ordem, em matéria da competência desta, depois de regularmente notificado;

Bom, vamos desvendar mais uma infração. Veja que, para sua ocorrência, é necessário que:

1 – Uma ordem da OAB seja por ela endereçada ao advogado
+
2 – Que a matéria contida nessa ordem seja de competência da OAB
+
3 – O advogado seja notificado regularmente de tal ordem e não a atenda no prazo.

> – Hmmm, descumprimento de ordens do seu órgão de classe. Tem exemplos?

Pode ser necessário que a OAB determine a presença do advogado em sua sede para tratar de assunto de seu interesse, ou ordene que tome alguma medida específica, como a devolução da carteira após uma suspensão/exclusão, ou ainda, determinação para que devolva autos administrativos retirados em carga. Várias podem ser as determinações da OAB para os inscritos em seus quadros.

Uma vez regularmente notificado da determinação, é obrigação do advogado atender ao pleito do órgão representante da classe, de modo que, se após regularmente notificado não o fizer, ocorrerá a configuração desta infração.

– E se essa ordem for emanada do juiz? Ainda há essa infração?

Não, neste caso seria outro tipo de responsabilização do advogado. O desatendimento de determinações emanadas pelo juiz, em prejuízo do cliente, até poderia configurar *abandono de causa*, mas não é a hipótese que tratamos neste inciso XVI. Para incidir nessa infração do inciso XVI, **a determinação precisa ser de órgão ou de autoridade da Ordem!**

– Entendi perfeitamente, até que é fácil essa infração. Imagino que a penalidade seja de censura aqui também...

Sim, na mosca. Mais uma infração punida com censura. Na sequência:

> **XVII** – prestar concurso a clientes ou a terceiros para realização de ato contrário à lei ou destinado a fraudá-la;

Antes de começarmos a tratar do inciso propriamente dito, posso fazer um aviso?

– Pode, professora! Manda bala!

A partir deste inciso em diante, com exceção do inciso XXIX, cujo assunto é *estágio*, as infrações não serão mais punidas com censura, mas sim com *suspensão*.

O art. 34 do EAOAB fez nos incisos uma espécie de escalonamento da gravidade das infrações, mencionando primeiramente as mais leves, punidas com censura, depois fez menção às infrações mais graves, punidas com suspensão, e, por fim, as gravíssimas, apenadas com exclusão.

– Então o inciso XVII trata de uma dessas infrações mais graves?

Sim. Tanto que ela será punida com suspensão. Vamos analisar o inciso: a infração que estamos vendo consiste em prestar concurso (auxiliar, executar, promover) a clientes ou terceiros para a finalidade de realizar ato contrário à lei ou fraudá-la. Ou seja, pelo próprio enunciado já está na cara que boa coisa não é, certo?

– Professora, isso parece com o conceito de simulação do Direito Civil?

Sim! Todo ato praticado com a finalidade de fraudar a lei, com conteúdo simulatório, não pode ser admitido. Eis a razão de ser da infração: o advogado não pode "se juntar" ao seu cliente ou terceiros para fazer coisas erradas.

– Certo, Karina. Como podemos visualizar um caso desses na prática?

Já ouviu falar em "casadinha"? É uma lide simulada entre os advogados das partes (e por vezes as próprias partes), que estão em conluio para a obtenção de uma decisão que lhes seja favorável na Justiça. Ou um outro exemplo: o advogado de um ex-sócio de empresa promover uma falsa ação trabalhista combinando com o advogado contrário para não oferecer resistência, para assim ter o vínculo trabalhista reconhecido e consequentemente se livrar das responsabilidades efetivas de sócio. Ou as fraudes das fraudes: advogados que entram com ações de indenização narrando ocorrência de fraudes que nunca existiram, fraudes forjadas ou pessoas com documentos falsos.

São alguns exemplos entre diversos outros que podem ocorrer, e infelizmente já bastante corriqueiro, tanto que alguns Tribunais de Justiça possuem setor próprio para identificação de fraudadores em processos judiciais.

– Nossa, que desserviço esses advogados, hein?!

Sim, completamente. Essas pessoas prejudicam suas carreiras, ignoram a responsabilidade e a missão profissional que assumem quando se tornam advogadas e prejudicam toda credibilidade da classe. Esse tipo de conduta, execrável para um profissional de direito, deve ser inibida pelo EAOAB com rigor. Como já falamos no início, esta é uma infração punida com *suspensão*.

Vamos em frente!

> **XVIII** – solicitar ou receber de constituinte qualquer importância para aplicação ilícita ou desonesta;

Bom, esta infração é quase autoexplicativa, não?

Pense no advogado que solicite ou receba de seu cliente (constituinte = cliente) algum valor, ou seja, alguma importância, para objetivo desonesto, como subornar terceiros ou pagar alguma propina. É claramente uma aplicação ilícita desse dinheiro, que merece ser punida.

– Hmmm, saquei. É necessário que o advogado tenha alguma vantagem econômica para a caracterização da infração?

Não necessariamente. Basta que o advogado solicite a tal quantia que a infração ocorrerá. Não precisa efetivamente receber, muito menos ter alguma vantagem direta. Isso já #CaiuNoExame, vamos ver:

(Exame de Ordem – ASSUNTO: INFRAÇÕES DISCIPLINARES). O advogado F recebe do seu cliente WW determinada soma em dinheiro para aplicação em instrumentos necessários à exploração de jogo não autorizado por lei. Nos termos do Estatuto da Advocacia, a infração disciplinar

A) decorre somente se o advogado exige o valor para aplicação ilícita.

B) surge diante do recebimento para aplicação ilícita.

C) inocorre, pois se trata de mero ilícito moral.

D) é descaracterizada por ausência de previsão legal.

Qual é a alternativa, querido aluno?

– Estou com dúvida entre A e B. E agora?

Vamos tirar essa dúvida. Observe que os verbos que definem a infração são "solicitar ou receber". Ou seja, não precisa o advogado "exigir", basta "solicitar ou receber". Por isso, já excluímos alternativa A. A alternativa B tem a exata incidência com o regramento do inciso. O advogado recebeu valor para aplicação em jogo ilícito, não autorizado por lei. Tá aí a infração! As demais alternativas são absolutamente sem sentido.

Essa infração do inciso XVIII é punível com o quê mesmo?

– Conduta no bloco das infrações mais graves. Pena de suspensão. hehe

Yep! Seguindo...

XIX – receber valores, da parte contrária ou de terceiro, relacionados com o objeto do mandato, sem expressa autorização do constituinte;

Todo valor que o advogado receber em razão do mandato (= procuração) deve ser expressamente autorizado por seu cliente (= constituinte). O advogado recebeu grana? Não importa de quem seja, precisa do aval de quem ele representa, ou seja, de seu cliente. Do contrário, quer dizer, se recebeu valores relacionados com o processo sem expressa autorização, será a infração deste inciso XIX.

Ah, e não adianta alegar que a autorização seria dada posteriormente ou algo do tipo. A autorização do cliente evidentemente deverá ser *prévia* ao recebimento!

Não custa lembrar que simplesmente falar com outra parte sem autorização do cliente é a infração do inciso VIII, mais *light* que essa. Logicamente que receber dinheiro da parte contrária ou de terceiros, sem a expressa autorização constituinte, é uma infração ainda mais grave.

– Professora, muito bom. É muito mais seguro para todo mundo que um advogado só possa receber dinheiro relacionado ao processo se devidamente autorizado.

Sim, com certeza. Melhor para todos que assim seja. E aí, alguma dúvida em relação à sanção aplicável?

– Nenhuma dúvida. Moleza a infração punida com suspensão. Nem tem muito o que dizer, parece bastante óbvia. Vamos em frente, mestre!

– O que diz o XX?

Olhaaa, vamos estudar!

> **XX** – locupletar-se, por qualquer forma, à custa do cliente ou da parte adversa, por si ou interposta pessoa;

Chegou um dos incisos mais importantes dentro das infrações do art. 34 do EAOAB. Importante porque ele é bastante grave e importante porque, infelizmente, ainda é um assunto bastante presente nos Tribunais de Ética. Vamos começar a tratar disso.

– Profs, lembro de já ter visto isso em algum lugar... O que exatamente é "locupletar-se"?

"Locupletar-se" pode ser entendido como acréscimo indevido ao patrimônio. É o caso do advogado que recebe seus honorários para promover a ação e não faz, advogado que levanta dinheiro no processo e não repassa ao cliente, e outros diversos casos em que o profissional fica com algum valor à custa do cliente ou da parte adversa, por si ou interposta pessoa, locupletando-se, enriquecendo-se indevidamente, seja qual for a quantia.

– E se for o caso de um advogado receber valor em nome do cliente e não conseguir fazer o repasse porque não localiza seu cliente, ou ele não atende telefone, ou muda de endereço, ou algo assim?

Muito boa pergunta. Isso de fato pode acontecer, porém existe solução, bastando ao advogado promover uma ação de consignação em pagamento. Nessa ação, haverá o depósito do valor devido ao cliente em juízo, ou seja, perante a Justiça. Estando o valor disponível ao cliente depositado em um processo, o advogado afasta sua responsabilidade.

E não custa relembrar que essa infração não só tem desdobramentos éticos, mas também responsabilidade civil e até criminal do advogado que se locupletar por qualquer forma, à custa do cliente ou da parte adversa, por si ou interposta pessoa.

– Caramba, isso é grave mesmo! Afinal você confia no seu advogado. É uma baita traição, né, Karina?

Com certeza. Uma das infrações mais sérias e que atinge a credibilidade de toda advocacia, pois o cliente cria uma impressão negativa do profissional de forma generalizada, quando na verdade é uma conduta individual.

Aqui nem preciso dizer qual é a penalidade, não é mesmo?

– Realmente nem precisa. A punição certamente será de suspensão. Estamos no rol das condutas mais graves.

Boa, garoto(a)! Vamos em frente.

> **XXI** – recusar-se, injustificadamente, a prestar contas ao cliente de quantias recebidas dele ou de terceiros por conta dele;

Esse também é um inciso frequente nos Tribunais de Ética. É obrigação do advogado realizar a prestação de contas ao cliente em relação às quantias recebidas dele ou de terceiros por conta dele. O dinheiro que o advogado recebe deve ser sempre minuciosamente detalhado ao cliente, já que como visto diversas vezes, o direito de um processo é da parte que o advogado representa, portanto, o "dono" do direito deve estar ciente de tudo que se passa, especialmente quantias financeiras.

– Professora, e a prestação equivocada das contas ainda é infração?

A princípio não. Veja que o inciso dispõe sobre a RECUSA, injustificadamente, na prestação de contas ao cliente, mas nada fala sobre prestar contas de forma equivocada, não sendo possível uma interpretação extensiva.

– Mas então por que você disse "a princípio"? Não seria uma regra geral?

Boa pergunta. Respondi dessa forma, pois algumas prestações que sejam totalmente fora da razoabilidade podem, sim, ser entendidas como recusa na prestação de contas. Veja, por exemplo, um advogado que levante uma guia no processo de R$ 100 mil reais e presta contas ao cliente de R$ 20 mil, alegando que o restante foi utilizado para honorários, gastos e despesas processuais, sem demonstrar.

Por mais que tenha havido uma prestação de contas e por mais que o advogado tenha efetivamente direito aos honorários e ao reembolso de despesas, claramente foge da razoabilidade, equiparando-se, nesses casos mais exorbitantes, como recusa na prestação, já que esta se deu apenas de forma parcial, tendo havido, queira ou não, uma espécie de recusa na demonstração da diferença.

Mas isso é exceção. O tipo do inciso é a recusa de uma maneira única e geral, o advogado nega ou se omite indefinidamente sem justo motivo para tanto.

– E se o advogado tiver uma justificativa?

Como o próprio inciso dispõe, a infração é a recusa de forma *injustificada*. Às vezes o advogado sofreu um acidente, ficou doente ou apareceu uma dúvida quanto à legitimidade de quem pede a prestação, como, por exemplo, um síndico destituído, um suposto herdeiro sem poderes de inventariante, e outros casos que, de uma forma ou outra, justifiquem a recusa. Nesse caso, dependerá do caso concreto para que seja analisado o justo ou injusto motivo da recusa.

Esse é mais um caso punido com suspensão, mas com um agravante! A suspensão será prorrogada até que as contas sejam prestadas. Isso será visto em momento oportuno, quando formos tratar da dosagem das sanções especificamente, no capítulo seguinte, mas já fique sabendo disso!

– HHHmmmm, gostei disso daí! Gera uma obrigação de fazer ao advogado para se ver livre de sua pena de suspensão. Muito bom.

Exatamente! Veremos isso mais a fundo. Agora vamos ver a questão que #CaiuNoExame! Faça com atenção, pois é simples e você não deve desperdiçar.

(Exame de Ordem – ASSUNTO: INFRAÇÕES DISCIPLINARES) O advogado Aureliano foi contratado por alguns herdeiros de José Arcádio para representá-los em inventário judicial. Após dez anos, dá-se o trânsito em julgado da sentença que julgou a partilha, ocasião em que os clientes solicitam a Aureliano que apresente as contas dos valores que deles recebeu durante o período, referentes a custas e outras despesas processuais. Todavia, por não desejar perder tempo com a elaboração do documento, Aureliano, que até então possuía conduta profissional irretocável, deixa de oferecer as contas requeridas. Assim, Aureliano cometeu infração disciplinar, sujeitando-se à sanção

A) de censura.

B) de suspensão.

C) de advertência.

D) de exclusão.

– Gabarito: B. Sem delongas, esta realmente era fácil.

Sim. hehe Vamos seguir ao inciso XXII!

> **XXII** – reter, abusivamente, ou extraviar autos recebidos com vista ou em confiança;

Bom, dando uma guinada nos tipos de conduta, temos agora a infração de reter, abusivamente, ou extraviar autos recebidos com vista ou em confiança pelo advogado.

Isso porque diversas são as situações em que o advogado tem direito a retirar do cartório/serventia/delegacia os autos de um processo ou procedimento. Quando fizer essa retirada, o advogado deve devolver os autos do processo no prazo assinalado e, claro, intactos.

A infração ocorre quando o advogado (ou estagiário) que fez a carga não devolve no prazo, retendo de forma abusiva, com excessiva demora e mesmo depois de intimado a devolver, ou ainda, quando não devolve nem mesmo tardiamente, extraviando.

– Sei. Tenho uma dúvida, Karina! Qual é o conceito de *abusivo* no tipo descrito no inciso.

Excelente pergunta! A abusividade não foi detalhada ou conceituada no EAOAB, mas na prática a abusividade acontece a partir do momento em que o advogado é intimado a devolver e não o faz, culminando em seguida em uma medida de busca e apreensão de autos judiciais, quando um oficial de justiça vai até a casa ou o escritório do advogado buscar o processo retido.

A intimação para devolução é necessária, não bastando que o advogado ultrapasse o prazo em questão. Veja o caso de um advogado que faça uma carga de processo, cujo prazo assinalado foi de uma hora, mas devolva depois de duas. Por mais que não seja a melhor e mais correta conduta, não é possível afirmar que houve retenção abusiva.

Para efeito de Exame de Ordem, a abusividade vai estar clara no enunciado, e para a vida prática, você precisa ter em mente que deve devolver os processos retirados sempre dentro do prazo.

– Caramba, mestre. Carga de autos é tão anos 2000! Ainda existe?

Hahaha boa! Nosso país bonito por natureza ainda não alcançou a completa digitalização dos processos e procedimentos. Ainda há muito papel nessa vida, porém com toda certeza essa é uma infração que vai quase desaparecer nos próximos anos, com a digitalização de tudo.

– Karina, a pena aqui também é de suspensão? Porque, apesar dos pesares, não parece uma conduta tão grave quanto ficar com o dinheiro de algum cliente.

Há debates calorosos sobre a proporcionalidade desta penalidade, que, sim, é de suspensão. Mas pense que, por mais que não pareça, a conduta também é grave, pois a retenção de um processo retarda o andamento, prejudica a parte contrária, prejudica a efetividade da Justiça e, no fundo, muitas vezes, atrasa a pretensão patrimonial da parte prejudicada, ou seja, traz muito muito prejuízo para todos.

– Nossa, complicado, no começo parece um capricho, mas pensando bem é algo grave realmente. Gostei de conhecer mais esse inciso.

Vamos responder a uma perguntinha sobre isso que já #CaiuNoExame:

(Questão da Prova – ASSUNTO: RETENÇÃO ABUSIVA DE AUTOS)
A advogada Ana retirou de cartório os autos de determinado processo de conhecimento em que representava a parte ré, para

apresentar contestação. Protocolou a petição tempestivamente, mas deixou de devolver os autos em seguida por esquecimento, só o fazendo após ficar pouco mais de um mês com os autos em seu poder. Ao perceber que Ana não devolvera os autos imediatamente após cumprir o prazo, o magistrado exarou despacho pelo qual a advogada foi proibida de retirar novamente os autos do cartório em carga, até o final do processo. Nos termos do Estatuto da Advocacia, deve-se assentar quanto à sanção disciplinar que

A) não se aplica porque Ana não chegou a ser intimada a devolver os autos.

B) não se aplica porque Ana ficou menos de três meses com os autos em seu poder.

C) aplica-se porque Ana reteve abusivamente os autos em seu poder.

D) aplica-se porque Ana não poderia ter retirado os autos de cartório para cumprir o prazo assinalado para contestação.

E aí? Qual a resposta correta? Não admito erros nesta questão, hein?!

– Ui, professora, que pressão! Mas realmente não dá para errar! A resposta correta é a alternativa A, já que a advogada não chegou a ser intimada da devolução. A retenção ficaria caracterizada neste momento.

Hehe, *mucho bieeeennnnn*! É isso aí, você está mandando muito bem, excelente na verdade.

Vamos ao próximo!

> **XXIII** – deixar de pagar as contribuições, multas e preços de serviços devidos à OAB, depois de regularmente notificado a fazê-lo;

Essa era uma infração polêmica, pois muitos entendem ser injusto um advogado cometer infração porque não pagou as contribuições, as multas e os preços de serviços devidos à OAB, inclusive porque aqui a pena também seria de suspensão, e assim, poderia deixar o advogado impossibilitado de atuar durante o período da suspensão.

– Nossa, realmente o tema é espinhoso. Mas por que você está explicando no "passado"?

Hehe, prestou atenção, hein? Bom, o tema foi objeto de julgamento pelo STF do RE 647.885, que acabou por declarar inconstitucional o art. 34, inciso XXIII acima, e o art. 37, § 2º, na parte em que faz referência à suspensão do exercício profissional nos casos de inadimplência. Com isso, os processos disciplinares que tratavam deste tema internamente na OAB perderam seu objeto e foram extintos sem resolução de mérito.

A tese fixada pelo Supremo foi: "*É inconstitucional a suspensão realizada por conselho de fiscalização profissional do exercício laboral de seus inscritos por inadimplência de anuidades, pois a medida consiste em sanção política em matéria tributária*".

– Então não precisa mais pagar anuidades, Karina?

Não, senhor, não é isso! A inadimplência não é mais considerada uma infração disciplinar punível com suspensão, mas a dívida existe e será executada de qualquer forma!

– Ahhh, entendi! Melhor ficar em dia com nossas obrigações. É tão difícil virar advogado, vou pagar com gosto. hehe

Pois é. Segue esse bailão!

> **XXIV** – incidir em erros reiterados que evidenciem inépcia profissional;

Esta infração é para passar vergonha, né?! Nunca vamos nem sonhar em passar perto dela, hehe por isso, mantenha-se toda a sua vida e carreira estudando e se capacitando cada vez mais como um bom profissional.

– Com certeza, mestre! Quem não gosta de estudar nem deveria fazer Direito, na minha opinião. Mas bora lá. Como funciona o regramento desta infração de incidir em erros?

A infração estará configurada nos casos de erros reiterados, costumeiros, frequentes, que evidenciem que o profissional não tem capacidade de exercer seu ofício. Uma deficiência técnica que impeça o advogado de atuar, não tem aptidão para isso! Terrível, não é?

– Nossa, nem brinca. E como faz para identificar até que ponto os erros são considerados reiterados, ou até que ponto se trata de uma inépcia, uma falta de aptidão?

Pois é, o termo é genérico no EAOAB, não houve uma definição de conceito. Mas na prática, o que se vê nos julgados que tratam do assunto seria a circunstância de uma sucessão de erros, muitos erros. Em uma questão de Exame de Ordem o enunciado muito provavelmente faria expressa menção ao quanto os erros são reiterados e capazes de demonstrar inépcia (inaptidão) profissional.

– Mas o erro em si seria o quê, por exemplo, professora? Perder um processo? Não, né?

Não! Perder um processo não é erro e faz parte da atuação profissional. A advocacia é atividade de meio e não de fim. Os advogados não se comprometem com o resultado da demanda. O erro aqui está mais relacionado a questões técnicas, como incorreta interpretação de comandos legais, petição incoerente ou contraditória, perda de prazos processuais, interposição de um recurso óbvio por outro sem que seja possível converter ou aproveitar, escrita com diversos erros de português e coisas como estas, que demonstrem imperícia profissional!

– Eu entendo, Ká. E até acho que está certo, afinal os advogados lidam com os direitos das outras pessoas!

Exatamente. Bom, esta é mais uma infração grave, pois além de ser apenada com suspensão, o advogado fica suspenso até que preste novas provas comprovando habilitação (art. 37, § 3º do EAOAB), o que significa dizer, novo Exame de Ordem! Veremos isso mais para a frente, quando formos estudar as sanções. Loucura pouca esta, hein?!

– Selooooooooooooooko este pesadelo, nunquinha nesta vida!

Pois é, nem no pior pesadelo. Por isso, aprender e se aprimorar é agenda de todo dia! Bora matar uma questão facinha:

(Questão da Prova – ASSUNTO: INÉPCIA PROFISSIONAL) Nos termos do Estatuto da OAB, o advogado que incidir em erros reiterados que evidenciem inépcia profissional fica sujeito à sanção de:

A) censura.

B) demissão.

C) advertência.

D) suspensão.

E) exclusão.

– Suspensão sem sombra de dúvida, hehe!

Sim, sim, sem chance de errar. Vamos em frente!

> **XXV** – manter conduta incompatível com a advocacia;

O inciso em referência trata da conduta incompatível do advogado, e tenho certeza qual será a sua primeira pergunta: o que é conduta incompatível?

– Sim, Karina! Haha Esta ia mesmo ser a minha pergunta!

Bom, vamos lá! Desta vez o art.34 do EAOAB foi camarada e deu alguns exemplos do que pode ser *conduta incompatível* em seu parágrafo único, veja:

> Parágrafo único. Inclui-se na conduta incompatível:
>
> a) prática reiterada de jogo de azar, não autorizado por lei;
>
> b) incontinência pública e escandalosa;
>
> c) embriaguez ou toxicomania habituais.

– Hmmmm, são condutas mais relacionadas ao meio social pelo que vejo.

Sim! Vamos dar uma olhada em cada uma delas. Sobre a prática reiterada de jogo de azar, não autorizado por lei, repare que as palavrinhas-chaves aqui são: *reiterada + não autorizados por lei.*

Ou seja, a prática não poderá ser isolada, eventual, mas sim *frequente, reiterada.* E o jogo deve ser *proibido por lei*, e não apenas um jogo qualquer, que pode ser lícito e autorizado, como as loterias.

Já a incontinência pública e escandalosa se relaciona a uma vivência discreta, sóbria, ética, evitando atitudes escandalosas. É um pouco aberto este tipo infracional, mas no geral todos temos noção do que é socialmente aceito ou polêmico. Ninguém precisa ser o Dalai Lama ou o Budha, mas é importante evitar condutas que causem constrangimento social.

Por fim, e na mesma linha existe a hipótese de embriaguez ou toxicomania habituais. Autoexplicativo, né? Para ocorrer infração, é necessário que esses episódios de embriaguez ou toxicomania (basicamente abuso de drogas) sejam *habituais*. Tais eventos de forma esporádica não se adequariam à hipótese. Ainda assim, ouça um conselho: cuidado com a festa de fim de ano do escritório ou da empresa!

– Hahaha Melhor conselho impossível! Karina, e me diga uma coisa: essa lista é taxativa ou exemplificativa?

Exemplificativa, veja a palavrinha "inclui" ali no texto da lei. Ou seja, não temos um conceito fechado de *conduta incompatível*, que pode ser bem abrangente, mas que, entre elas, inclui a prática reiterada de jogo de azar, incontinência pública e escandalosa e a embriaguez ou toxicomania habituais.

Em relação às condutas não mencionadas, poderíamos classificar como tal as condutas escandalosas, na contramão dos deveres e responsabilidades que se espera de um advogado e que acaba depondo contra a classe como um todo. Dependerá do caso concreto.

O problema é que diversos dos incisos que analisamos também não deixam de ser uma *conduta incompatível*, concorda?

– Totalmente. No fundo todas as infrações não deixam de ser condutas incompatíveis, indesejadas. Mas tem algo interessante que estou pensando. As primeiras condutas do art. 34 do EAOAB são puníveis com censura, e agora estamos vendo as condutas puníveis com suspensão! Ou seja, o enquadramento nesse inciso acaba sendo mais gravoso. Assim sendo, como vou saber quando é uma e quando é outra?

Excelente reflexão. Veja: quando a descrição da conduta se encaixar perfeitamente naquelas hipóteses dos incisos anteriores, a infração será aquela específica e correspondente à conduta. Mas, quando se tratar de um comportamento ou atitude grave, indesejada, e que não se encaixe em nenhum daqueles incisos, então provavelmente poderemos enquadrar na tal da conduta incompatível.

E agora te pergunto: o que se espera do comportamento de um advogado em seu meio social?

– Olha, professs, eu imagino que se espera de um advogado um comportamento de lucidez, com honra, discrição, sobriedade, ética, honestidade, confiança. Apesar de serem termos abrangentes, não é tão difícil uma pessoa comum entender o que significa honestidade, ética, lucidez. Então no fundo, aquilo que parece ser de difícil interpretação, nem é tanto.

Você pegou o espírito. É exatamente por aí. Qual É a penalidade??

– Suspensão. Hehe Até já falamos sobre isso. Acho que entendi tudo! 😉

Vamos adiante!

> **XXVI** – fazer falsa prova de qualquer dos requisitos para inscrição na OAB;

E aí, o que é necessário para se inscrever na OAB como advogado? Responder a essa pergunta de forma completa faz você compreender exatamente qual é a infração descrita nesse inciso.

– Passar nesse bendito Exame de Ordem!

Não só isso! Passar no Exame de Ordem é apenas um dos requisitos a serem comprovados. Existem vários outros que estão listados no art.8º do EAOAB. Vamos relembrar:

Art. 8º Para inscrição como advogado é necessário:

I – capacidade civil;

II – diploma ou certidão de graduação em direito, obtido em instituição de ensino oficialmente autorizada e credenciada;

III – título de eleitor e quitação do serviço militar, se brasileiro;

IV – aprovação em Exame de Ordem;

V – não exercer atividade incompatível com a advocacia;

VI – idoneidade moral;

VII – prestar compromisso perante o conselho.

Essa infração se configura na hipótese de a pessoa fazer falsa prova de qualquer uma dessas sete exigências listadas acima pelo **art. 8º do EAOAB**.

– Karina, uma dúvida: se essa pessoa fez falsa prova para se tornar advogada, então, em tese, ela nunca foi advogada. Como será punida pela OAB?

Por essa razão a punição aqui é a mais drástica de todas e será de exclusão (art. 38, II do EAOAB)! Aquele que fizer falsa prova de algum requisito, como, por exemplo, uma falsificação do diploma de graduação, incorrerá nessa infração e será excluído após o competente processo administrativo de apuração.

ATENÇÃO: o recurso manejado contra a decisão de exclusão na hipótese desse inciso terá apenas efeito devolutivo e não suspensivo! Ou seja, a exclusão e cumprimento é imediato!

– Esse detalhe do efeito do recurso tem cara de Exame de Ordem.

– Outra dúvida: essa falsa prova também se aplica ao estagiário? Afinal, para ter a carteira de estagiário, também é necessária apresentação de documentos para ser inscrito...

Boa observação. Também comete essa infração o estagiário que faz falsa prova para inscrição na OAB. Repare que a redação do inciso não é *"fazer o advogado falsa prova para sua inscrição"*, mas apenas "fazer falsa prova de qualquer dos requisitos para inscrição na OAB". O EAOAB também estabelece os requisitos para a inscrição como estagiário, mas dessa vez no Art. 9º, veja:

> Art. 9º Para inscrição como estagiário é necessário:
>
> I – preencher os requisitos mencionados nos incisos I, III, V, VI e VII do art. 8º;
>
> II – ter sido admitido em estágio profissional de advocacia;

Portanto também se aplica ao estagiário que eventualmente faça falsa prova dos requisitos.

– Legal, Karina. Tem coerência, a meu ver. Afinal, se a pessoa nunca poderia ter se inscrito, não faria o menor sentido ser apenada com suspensão ou censura. O problema está lá na raiz.

Yep, isso aí! Antes de irmos para o próximo inciso, bora responder uma a perguntinha capciosa que já #CaiuNoExame!

(Questão da Prova – ASSUNTO: FALSA PROVA) Ao requerer sua inscrição nos quadros da OAB, Maria assinou e apresentou declaração em que afirmava não exercer cargo incompatível com a advocacia. No entanto, exercia ela ainda o cargo de Oficial de Justiça no Tribunal de Justiça do seu Estado. Pouco tempo depois, já bem sucedida como advogada, pediu exoneração do referido cargo. No entanto, um desafeto seu, tendo descoberto que Maria, ao ingressar nos quadros da OAB, ainda exercia o cargo de Oficial de Justiça, comunicou o fato à entidade, que abriu processo disciplinar para apuração da conduta de Maria, tendo ela sido punida por ter feito falsa prova de um dos requisitos para a inscrição na OAB. De acordo com o EAOAB, assinale a opção que indica a penalidade que deve ser aplicada a Maria.

A) Maria não deve ser punida porque, ao tempo em que os fatos foram levados ao conhecimento da OAB, ela já não mais exercia cargo incompatível com a advocacia.

B) Maria não deve ser punida porque o cargo de Oficial de Justiça não é incompatível com o exercício da advocacia, não tendo Maria, portanto, feito prova falsa de requisito para inscrição na OAB.

C) Maria deve ser punida com a pena de suspensão, pelo prazo de trinta dias.

D) Maria deve ser punida com a pena de exclusão dos quadros da OAB.

– Essa, achei difícil. Estou na dúvida entre alternativa A ou D. E agora, Karina, em que momento devemos considerar os requisitos? Quando a pessoa pede a inscrição ou quando o problema é noticiado?

Hehe! Realmente essa questão gera dúvida, mas o que vale são os requisitos no momento da inscrição. Não cabe "regularizar" uma falsa prova depois de certo tempo, é absolutamente imprescindível que, no momento da inscrição, as coisas estejam em ordem e que tudo que seja declarado e provado seja verídico. Diante disso, a resposta correta é a D.

Vamos em frente que nossa missão de examinar e entender um por um dos incisos!

> **XXVII** – tornar-se moralmente inidôneo para o exercício da advocacia;

E agora... qual é a sua primeira impressão?

– Mais um inciso de conceito amplo. Daqueles que na vida prática comportam várias condutas e podem ser difíceis de identificar.

Sua impressão é coerente. Mas o que você acha que seria moralmente inidôneo?

– Karina, acredito que seja algo fora do que se espera das pessoas, atitudes ou comportamentos vexatórios, que atinja a moral social, alguma coisa assim. Uma situação que seja possível olhar para o advogado e pensar "Olha lá, esse sujeito não é digno de confiança".

Boa. Podemos tomar como balizador de "moralmente inidôneo" essa proposição que você fez. Não se pode permitir nos quadros da OAB uma pessoa que não seja digna de confiança, que não possa cumprir a função indispensável à administração da Justiça que é a advocacia, conforme a própria Constituição determina.

Por exemplo: um advogado que tenha como histórico agressão doméstica. Essa pessoa poderia estar apta a defender e preservar direitos de terceiros? A OAB não quer esse tipo de profissional em seus quadros. Ela entende que esta pessoa seria inidônea para a função.

Um advogado ser moralmente idôneo quer dizer que ele age com honestidade, ética, retidão, seriedade, respeito.

Claro que sabemos que o conceito de moralidade pode variar de pessoa para pessoa, mas certas condutas não despertam dúvidas, não é verdade?

– É verdade, Karina. Certas condutas não possuem margem de erro!

Isso. Nesses casos, qual você imagina que seja a penalidade daquele que foi condenado por ser moralmente inidôneo?

– Exclusão, mestre, tá na cara!

Isso mesmo. A penalidade será de exclusão, nos termos do art. 38, II do EAOAB.

Vamos em frente, pois os incisos estão acabando!

XXVIII – praticar crime infamante;

Mais uma vez temos um inciso que gera muitas dúvidas. A maior delas é conceituar o que é crime infamante. E aí?

– Professora, ia perguntar exatamente isso, o que se considera infamante? rs rs

Bom, vamos lá. O EAOAB não definiu exatamente o conceito, mas na prática considera-se *infamante* os crimes de alto potencial de repugnância social, que retire claramente a idoneidade moral daquele que o praticou, e assim, comprometa a lisura que a classe de advogados deve ter, justamente porque protegem valores fundamentais das pessoas. Lembra-se das condutas que não admitem margem de erro?! Um pedófilo, por exemplo?

Ou seja, além de responder criminalmente pela conduta, perante a OAB também responderá por infração disciplinar. Mas ATENÇÃO: o advogado deve ter sido condenado na esfera penal com trânsito em julgado, pois até lá prevalece a presunção de inocência.

– Hmmmm, entendi. Vou prestar atenção no seu alarme de atenção!

E adivinha só qual será a sanção aplicável?

– Tá na cara que é exclusão aqui também. E, Karina, como fazemos para identificar o que o Exame de Ordem entende por "infamante" na hora da prova?

Certamente teríamos um enunciado alusivo à palavra *infamante* ou uma narrativa para dizer que o advogado cometeu um crime gravíssimo, que um grupo social ficou abalado, que houve clamor popular... Algo mais "exagerado" constará para que você perceba se tratar dessa hipótese.

E sim, evidentemente a sanção é exclusão, como você imaginou.

Vamos para o último inciso do bloco das infrações? #Partiu

XXIX – praticar, o estagiário, ato excedente de sua habilitação.

O último inciso do bloco das infrações trata do nosso querido estagiário. Estagiário nem é gente, é um anjo com roupa social, que carrega um *vade mecum* para todos os lados, e que agrega muito nos trabalhos de escritórios, empresas etc.

– Ah, professora Karina. Que bondade sua. ;)

rsrs Pois bem. Vamos entender. O estagiário de Direito, oficialmente inscrito na OAB, segundo os requisitos do art. 9º do EAOAB (releia esse dispositivo para fixá-lo) está autorizado a praticar alguns atos relacionados ao exercício profissional. No entanto, não poderá exceder tais atos. Se assim o fizer, vai cometer a infração disciplinar em questão!

E isso não é à toa, claro. A justificativa disso é que o estagiário é um estudante ainda, que não possui plena capacitação ou aprendizado suficiente para prestar assessoria jurídica, devendo, por isso, abster-se.

– Entendi, professora. Mas o que seria algo que extrapola a função do estagiário? O que ele pode ou não pode fazer?

Vamos na lei. Dispõe o art. 3º, § 2º, do EAOAB que é permitido ao estagiário praticar os atos previstos no art. 1º do EAOAB (postulação em juízo, atividades de consultoria e assessoria jurídica) *em conjunto* com advogado e sob responsabilidade deste. Ou seja, poderá atuar *supervisionado*, sob orientação, estando autorizado, inclusive, a assinar em conjunto peças que colaborou na confecção.

O estagiário ainda pode *isoladamente*, mas sob responsabilidade do advogado, nos termos do art. 29, § 1º, incisos I, II e III do Regulamento Geral da OAB, retirar e devolver autos em cartório, assinando a respectiva carga, obter certidões de peças ou autos de processos em curso ou findos com os escrivães e chefes de secretarias, ou, ainda, assinar petições de juntada de documentos a processos judiciais ou administrativos. Esses atos todos poderão ser praticados de forma *isolada*, somente por ele.

Delineadas as competências, fica bem fácil dizer o que extrapola.

– Professora, o estagiário recebe honorários?

Não. Os honorários são do advogado responsável pelo cliente. A contraprestação do serviço do estagiário é feita de forma apartada, por meio de um contrato de estágio, cuja remuneração se dá por bolsa-auxílio, tendo o estágio duração máxima de 2 anos, com carga horária e peculiaridades próprias.

Mas ATENÇÃO (!): o dever de sigilo profissional atinge normalmente o estagiário, ou seja, tudo que tenha conhecimento em razão de seu estágio não poderá ser divulgado de qualquer forma, sob pena de responder pela infração específica da quebra do sigilo profissional.

– Karina, o estagiário responde apenas por estas infrações do exercício excedente e do sigilo ou por todas as demais? E qual seria a sanção neste caso dos atos excedentes?

Boa pergunta! O estagiário responde por tudo que a ele seja aplicável. Ele pode ser enquadrado neste inciso específico dos atos excedentes, ou do sigilo, ou da captação indevida, ou de falta de urbanidade, fazer falsa prova de algum requisito para inscrição como estagiário etc. Ou seja, não está restrito, tudo que a ele puder ser aplicado, assim será!

A punição para essa infração é censura. Tome cuidado, pois ela quebra a "cronologia" das punições. As sanções vinham se agravando.. Começamos com censura, depois fomos para suspensão e exclusão. Mas agora, como se trata de um tipo infracional específico do(a) estagiário(a), ficou por último e com a sanção mais branda.

– Vamos dar um desconto para os estagiários, Karina. A vida deles já é difícil o suficiente. rsrs

Haha Tudo bem!

Bom, fechamos o art. 34 do EAOAB, com a análise dos seus 29 incisos, um a um e espero que você esteja afiadíssimo com todo o conteúdo. Veja que o art. 34 do EAOAB lista as infrações mais usuais e específicas, aquelas que chamamos propriamente de infrações disciplinares. Mas tudo o que violar o EAOAB ou o CED são infrações éticas e também serão punidas.

Veremos a partir de agora, do art. 35 ao 40 do EAOAB, às peculiaridades de cada sanção disciplinar (censura, suspensão, exclusão e multa) e quando se aplica uma ou outra. Apesar de já termos tratado em cada inciso da respectiva sanção, agora falaremos delas propriamente, bem como de violações gerais aos demais comandos do EAOAB e CED.

Para não ter erro, faça revisões constantes desse tema, sempre lembrando do nosso pacto. Não tente responder questões com experiência prática ou fazer uma análise pessoal da gravidade da infração para saber qual é a sanção cabível, pois, como vimos, em algumas situações você pode se enganar. Veja que um advogado que não restitui autos ao cartório pode ser suspenso, enquanto outro que causou prejuízo ao cliente será apenas censurado. Uma vez bem compreendidas as infrações, fica mais fácil lembrar-se das sanções, as quais veremos a partir de agora.

CAPÍTULO 16

Das sanções disciplinares

• Censura
• Suspensão
• Multa
• Exclusão
• Agravantes e atenuantes
• Reabilitação

Buenosssss! Agora que você já sabe absolutamente tudo sobre infrações, vamos falar das consequências do cometimento delas, ou seja, vamos falar sobre as sanções disciplinares. O regramento encontra-se dos **arts. 35 a 42 do EAOAB**, que esmiúçam cada uma das sanções, quando elas serão aplicadas, bem como tratam de agravantes e atenuantes aplicáveis. Vamos nessa!

> – Vamos, Karina! Já sei bastante sobre as infrações e até já tenho uma ideia sobre as sanções, mas vai ser excelente estudar no detalhe.

Bom, o primeiro ponto tratado no **art. 35 do EAOAB** é sobre *quais são* as sanções previstas em nosso ordenamento. E são quatro: censura (inciso I), suspensão (inciso II), exclusão (inciso III) e multa (inciso IV).

Você vai aprender quando cada uma delas é aplicada, e isso está diretamente ligado à gravidade da conduta. Se a conduta for mais branda, a sanção será de censura, se mais grave, suspensão. Se mais grave ainda, exclusão.

– E a multa, Karina? Em que casos ela é aplicada?

Nós vamos analisar cada uma delas nos dispositivos seguintes, mas já te adianto que a multa é uma sanção acessória, ou seja, somente poderá ser aplicada em conjunto com outra sanção, e não isoladamente.

Mas antes de tratarmos cada uma das sanções, preciso esclarecer que as sanções deverão constar nos assentamentos do advogado que foi condenado, *somente após o trânsito em julgado da decisão*, e desde que não seja a sanção de censura, pois esta não poderá ser objeto de publicidade, de divulgação. Vamos ler juntos o **art. 35 do EAOAB e seu parágrafo único**:

> **Art. 35. EAOAB.** As sanções disciplinares consistem em:
>
> I – censura;
>
> II – suspensão;
>
> III – exclusão;
>
> IV – multa.
>
> **Parágrafo único.** As sanções devem constar dos assentamentos do inscrito, após o trânsito em julgado da decisão, não podendo ser objeto de publicidade a de censura.

– Calma lá, mestre, calma lá! Então se o advogado responder por uma infração e for apenado com censura, isso não será divulgado?

Exatamente. Vamos deixar de lado a multa que é uma sanção acessória. Restam as outras três: censura, suspensão e exclusão. No caso de suspensão e exclusão, a informação poderá constar publicamente nos assentamentos do advogado, após o trânsito em julgado do processo, ou seja, quando não couber mais nenhum recurso. A sanção de censura não constará de forma pública, nem mesmo após o trânsito em julgado.

> – Mas por que essa diferença, Karina?

A sanção de suspensão e exclusão interessa a toda sociedade. As pessoas precisam saber quando um advogado está suspenso ou se ele foi excluído, já que fica impedido de exercer o mandato profissional (**art. 42 do EAOAB**). Essa informação interessa a sociedade diretamente, inclusive porque atos praticados por advogado suspenso são nulos. Advogado excluído então nem se fale, ele nem mesmo é advogado mais. O mesmo *não* acontece no caso de censura, que trata de condutas de menor potencial danoso, que podem não macular a credibilidade ou a boa atuação de um profissional.

> – Entendi, professora. Eu gostaria que tudo fosse público, mas por outro lado entendo que algo pequeno poderia comprometer toda a carreira de um advogado se ficasse exposto. Isso tem cara de pegadinha em Exame de Ordem, hein! Mas enfim, vou gravar esse mantra! Sanção de censura não poderá ser publicizada, nem mesmo após o trânsito em julgado. E a propósito, quando a censura será aplicável?

Vamos começar a destrinchar esse assunto. Primeiro ponto: o conceito. A censura é uma sanção disciplinar que funciona como um "puxão de orelha". O advogado pratica uma conduta antiética, responde um processo disciplinar e acaba recebendo uma sanção de censura que basicamente quer dizer: "*Olha, isso que você fez estava errado e você está recebendo um puxão de orelha por isso, não repita!*". A censura é mais ou menos isso daí. O advogado não sofre nenhuma outra consequência direta, mas fica constando em seus assentamentos internos a informação, inclusive porque lhe retira a tal "primariedade" na conduta antiética.

Agora que você já sabe que ela é uma sanção para condutas de menor potencial danoso, vamos ver justamente quando haveria sua aplicação.

> **Art. 36. EAOAB.** A censura é aplicável nos casos de:
>
> I – infrações definidas nos incisos I a XVI e XXIX do art. 34;
>
> II – violação a preceito do Código de Ética e Disciplina;
>
> III – violação a preceito desta lei, quando para a infração não se tenha estabelecido sanção mais grave.
>
> Parágrafo único. A censura pode ser convertida em advertência, em ofício reservado, sem registro nos assentamentos do inscrito, quando presente circunstância atenuante.

Analise os três incisos do referido **art. 36 do EAOAB**.

– Karina, o inciso I não deixa muitas dúvidas, parece bem taxativo. A censura será aplicada nas infrações definidas nos incisos I a XVI e XXIX do art. 34 do EAOAB. São aquelas, teoricamente mais leves, que tratamos no capítulo anterior das infrações: captação indevida de clientes, sociedade irregular, violação de sigilo profissional, prejuízo ao cliente, abandono de causa, entendimentos irregulares com a contraparte, estagiário etc.

Isso mesmo. Basta você voltar algumas páginas e reler as condutas definidas nos **incisos I a XVI e XXIX do art. 34 do EAOAB**. Seria chover no molhado falar de cada uma delas novamente, pois foram já bastante esmiuçadas.

As hipóteses seguintes, previstas nos **incisos II e III** vou tratar conjuntamente, pois se referem à violação a preceito do Código de Ética e Disciplina (inciso II) e violação a preceito do EAOAB, quando para a infração não se tenha estabelecido sanção mais grave (inciso III).

Ou seja, caso a violação seja a qualquer comando do CED, qualquer um de seus 80 artigos, estaremos mediante a hipótese do inciso II, ou, caso a violação seja ao EAOAB, mas não se tenha estabelecido especificamente a sanção de suspensão ou exclusão, então residualmente também será censura.

– Karina, em outras palavras eu preciso saber quais são os casos de suspensão ou exclusão previstos no EAOAB. Não sendo esta a hipótese, então teremos a censura para todo o restante.

Sim, basicamente é isso mesmo!

E agora, ATENÇÃO: a censura poderá ser convertida em *advertência*, mediante o envio de ofício reservado, *sem registro* nos assentamentos do advogado, quando presente circunstância atenuante.

– Opa, opa, opa, mestre! Temos mais uma sanção, então?!

Não. A advertência não é considerada sanção por definição literal da legislação. O **art. 35 do EAOAB** trouxe as quatro hipóteses de sanção: censura, suspensão, exclusão e multa. A advertência é uma mera *possibilidade* que depende de uma ponderação acerca das circunstâncias da conduta, ou seja, caso exista uma atenuante, cujas hipóteses veremos no art. 40 (exemplo: primariedade na conduta), então a sanção *poderá* ser convertida na tal advertência.

Se isso acontecer, repare que se efetivará mediante envio de ofício reservado, *sem registro* nos assentamentos do advogado. Não fica constando em sua "ficha corrida".

– Saquei, Karina! Interessante. Uma dúvida: o mesmo advogado poderá ter sua sanção convertida em advertência mais de uma vez?

Boa pergunta! A princípio, não poderá. Apesar de não ter nada expresso sobre isso, se o advogado já foi beneficiado com essa conversão antes, significa dizer que não é mais primário, e que, portanto, vem cometendo conduta antiética com reiteração. Dentro desse cenário, difícil caracterizar circunstância atenuante, a menos que, no caso concreto, algo assim seja justificável, mas acho difícil!

– É verdade, professora. Não dá para pensar em tudo, mas, a princípio, se o advogado já teve o benefício antes, realmente ficará difícil encontrar circunstância atenuante para lhe beneficiar de novo. Sobre censura, há mais alguma coisa importante?

Não, querido(a) aluno(a), você já sabe o necessário! Vamos seguir adiante e enfrentar a malfadada suspensão!

– Eitaaaaa, que seria MALFADADA em primeiro lugar?! kkkkkk

Hmmm, seria aquela "infeliz"! Rs Aquela infeliz suspensão! Bom, a sanção disciplinar de suspensão está prevista no **art. 37 do EAOAB**, sendo uma penalidade mais drástica para uma conduta mais gravosa, mais danosa, ou para casos de reincidência. Vamos ler:

> **Art. 37. EAOAB.** A suspensão é aplicável nos casos de:
>
> I – infrações definidas nos incisos XVII a XXV do art. 34;
>
> II – reincidência em infração disciplinar.

– Hmmm, as infrações dos incisos XVII a XXV do art. 34 do EAOAB nós vimos no capítulo anterior e são aquelas mais danosas, muitas vezes relacionadas até ao cometimento de algum crime.

Exatamente. Releia os incisos do art. 34 para fixar, mas só de passagem lembre-se de alguns: locupletamento de valores, recusa na prestação de contas, conduta incompatível com a advocacia, inépcia profissional por erros reiterados, entre algumas outras. Essa é a hipótese expressa do inciso I.

Já o inciso II se refere à reincidência em infração disciplinar. Ou seja, o advogado comete determinada infração apenada com censura. Após o trânsito em julgado dessa, passa a responder por outro processo e acaba novamente condenado pela mesma conduta. Reincidente, agora será apenado com suspensão, entendeu?

– Superentendido, Karina! A condenação anterior deverá ser definitiva?

Sim, até que isso aconteça, prevalece a presunção de inocência do acusado, portanto, não será reincidente sem um processo findo e transitado.

– Certo. E por quanto tempo fica o advogado suspenso?

Yep, vamos ver agora a questão do prazo e de eventuais prorrogações dessa suspensão. Lembra quando estudamos as infrações?! Bom, é importante que saiba que a suspensão acarreta ao infrator a interdição do exercício profissional pelo prazo de trinta dias a doze meses, de acordo com critérios de individualização.

ATENÇÃO: a interdição se dá em todo território nacional e não apenas na Seccional em que o advogado seja inscrito. Veja.

> **§ 1º** A suspensão acarreta ao infrator a interdição do exercício profissional, em todo o território nacional, pelo prazo de trinta dias a doze meses, de acordo com os critérios de individualização previstos neste capítulo.

– Caramba, Karina! Doze meses suspenso?! Tá louco, a pessoa faz o que nesse período se não pode trabalhar?

Pois é! Saiba que durante o prazo de suspensão, o advogado fica impossibilitado de praticar *qualquer ato privativo* de advogado! Seja em qualquer esfera, contencioso, consultivo, tudo. Veja que é muito drástico e você deve evitar!

– E quais são os tais critérios de individualização previstos para a dosimetria do prazo de suspensão?

Nós veremos estes critérios no **art. 40 do EAOAB** que está por vir. Lá são tratadas as agravantes e atenuantes da conduta, e a partir delas é que se fixará um prazo, que vai do mínimo de 30 dias, até o máximo de doze meses. Isso sem contar, é claro, as hipóteses de prorrogação, que podem fazer esse prazo esticar!

– Eu ia perguntar justamente isso. O prazo pode prorrogar?

Bom, vamos analisar juntos os **§2º e §3º do art. 37 do EAOAB** em referência, pois são eles que tratam da tal prorrogação:

> § 2º Nas hipóteses dos incisos XXI e XXIII do art. 34, a suspensão perdura até que satisfaça integralmente a dívida, inclusive com correção monetária.
>
> § 3º Na hipótese do inciso XXIV do art. 34, a suspensão perdura até que preste novas provas de habilitação.

Bora lá! Para começar: quais são as infrações dos incisos XXI e XXIII do art. 34 mencionadas no § 2º?

– Hmm, vou consultar, Karina. Checado: a infração do inciso XXI é a recusa injustificada em prestar contas ao cliente, e do inciso XXIII é deixar de pagas as contribuições devidas em favor da OAB. Ambas são punidas com suspensão, nos termos do **art. 37, I do EAOAB**. Então pelo que concluo, nessas hipóteses o advogado será suspenso até que seja quitada integralmente a dívida. Ahhhh, com correção monetária e tudo!

Bingo, interpretação na mosca! O advogado que cometeu uma daquelas infrações responderá processo disciplinar, e se condenado, será apenado com suspensão.

Esta suspensão será fixada entre 30 dias até 12 meses, segundo as circunstâncias da conduta. Após esta fixação, que pode ser 30 dias, 60 dias, 180 dias etc. (até 12 meses), ainda poderá ser prorrogada até que satisfaça integralmente a dívida, inclusive com a correção monetária.

O comando legal nada fala sobre aplicação de juros, o que não faz dele, portanto, uma condição para quitação e levantamento da penalidade, mas a correção monetária está expressa!

– Hmm, interessante. Isso força o advogado a acertar os débitos que possua, pois caso contrário poderá ficar suspenso de forma prorrogada e no período não poderá atuar, né não, mestre? Mas e se o cliente não concordar com a prestação de contas apresentada pelo advogado?

Excelente pergunta! A infração é *recusar-se injustificadamente a prestar contas* ao cliente, e não a prestação equivocada ou prestação com divergência de entendimentos. Ou seja, se o cliente não concordar com a prestação de contas apresentada, com alguma despesa que foi retida ou algo do tipo, devem ir se acertar na Justiça. Do ponto de vista ético-disciplinar, a infração acontece apenas com a recusa e não com contas "mal prestadas".

– Bacana, Ká! Agora eu estava lendo o § 3º e ele me pareceu tenebroso, pior que filme de terror! A infração do inciso XXIV do art. 34 é da inépcia profissional, quando o advogado comete reiterados erros que evidenciem inabilidade profissional. Eu li bem ou o sujeito ficará suspenso até prestar novo Exame de Ordem?

Pois é! Você leu certinho. Um advogado suspenso por incidir em reiterados erros que demonstrem inépcia profissional será suspenso até que preste novas provas de habilitação, as quais se resumem a uma: Exame de Ordem. Filme de terror realmente!

– Cruzes! Jamais!

Por isso é importante o profissional sempre se reciclar, buscar aprender, atualizar-se, participar de cursos, palestras, eventos e, principalmente estudar, agir com zelo ao elaborar as petições, ao decidir pelas estratégias processuais. Estar atualizado com as regras da OAB é algo que nem todos os advogados observam ou levam a sério, e imagino que você esteja percebendo o quanto é importante conhecê-las!

– Nossa, totalmente, Karina. Nunca pensei que seria tão bom e tão válido estudar o nosso regramento interno! Tenho certeza de que isso vai me ajudar muito no carreira!

Com certeza! Bom, antes de prosseguirmos para a mais drástica das sanções, recomendo que leia novamente a infração do **inciso XXIV do art. 34 do EAOAB**, que trata da tal inépcia, justamente para ir gravando os conceitos. Repare que os erros devem ser *reiterados, frequentes*! Não basta um único erro, ainda que seja crasso!

Vamos em frente. Agora iremos estudar a pior sanção possível dentro do regramento da OAB. Adivinha do que estamos falando. hehe

– Exclusão! Me mira, mas me erra, hein! Aliás, nem me mira!

Exatamente. Prosseguindo, temos o **art. 38 do EAOAB,** que trata da sanção mais gravosa de todas, aquela situação em que o advogado será excluído e consequentemente não poderá mais advogar. Como você já deve imaginar, essa sanção se aplica para as condutas mais graves e danosas. Vamos ler juntos o dispositivo:

> **Art. 38. EAOAB.** A exclusão é aplicável nos casos de:
>
> I – aplicação, por três vezes, de suspensão;
>
> II – infrações definidas nos incisos XXVI a XXVIII do art. 34.
>
> **Parágrafo único.** Para a aplicação da sanção disciplinar de exclusão, é necessária a manifestação favorável de dois terços dos membros do Conselho Seccional competente.

Como se vê, são duas hipóteses previstas nos incisos. A primeira delas é a aplicação, por três vezes, de suspensão. Ou seja, levou três suspensões, agora será o caso de exclusão.

A segunda hipótese se dá nos casos das infrações definidas nos **incisos XXVI a XXVIII do art. 34 do EAOAB**, que são: falsa prova de algum requisito para inscrição nos quadros da OAB (inciso XXVI), tornar-se moralmente inidôneo (inciso XXVII) ou a prática de crime infamante (inciso XXVIII).

Recomendo que você volte ao capítulo anterior das infrações e releia as condutas desses três incisos que levam à sanção de suspensão. Repare que as condutas são graves e justificam plenamente a exclusão. Em qualquer uma daquelas hipóteses, não há margem de erro para que se considere a pessoa inapta para advocacia, uma atividade nobre que defende os valores fundamentais das pessoas: vida, liberdade, patrimônio e família.

– Hmmmm, vou reler, sim, Karina. Uma dúvida: essas três suspensões devem ser pela mesma conduta, ou seja, pela mesmíssima infração, ou são suspensões variadas, de diferentes infrações? Uma vez locupletou-se, outra vez fez retenção abusiva de autos, outra vez não prestou contas...

Boa pergunta! Essa questão sempre é motivo de grandes debates, especialmente entre os criminalistas, que também lidam muito com penas/sanções. Mas divergências à parte, fato é que o EAOAB não fez nenhuma restrição nesse sentido, de maneira que se admite a exclusão após três suspensões por condutas variadas.

Em resumo: não precisa ser a mesma conduta, basta que sejam três suspensões. Mas **ATENÇÃO**: as suspensões devem ter transitado em julgado! Ou seja, devem ser definitivas! Até lá, presume inocência, lembra?

– Sim, verdade! E o parágrafo único poderia explicar melhor, professora?

Claro, mas olha, não tem muito segredo. O que o parágrafo único determina é que seja necessária manifestação favorável de *dois terços dos membros do Conselho Seccional* daquele respectivo estado para que seja aplicada a sanção disciplinar de exclusão. E isso acontece justamente pela gravidade da sanção, pelos efeitos que ela gera! O advogado deixará de ser advogado. É bastante drástica a penalidade!

Então para que se tenha absoluta segurança nesse tipo de encaminhamento, é importante que haja manifestação de bastante gente! Não serão um ou dois ou três julgadores que vão concluir pela exclusão de um profissional, mas sim *dois terços dos membros do Conselho Seccional* daquele respectivo estado.

– Muito bom. Isso traz mais garantia para todo mundo. Ao advogado que está sendo excluído e aos julgadores também, claro, baita responsabilidade!

Sem dúvida! Vamos para última sanção, entre aquelas quatro existentes na legislação?

– Sim, vambora! Agora é a hora da multa. Estou lembrando que, no início do capítulo das sanções, falamos que a multa será sempre acessória, não se aplica sozinha. É isso mesmo, *teacher*, confere?

Hehe, boa memória, tá mandando benzão! Justamente. A multa está prevista no **art. 39 do EAOAB** e é aplicável *cumulativamente* com a censura ou suspensão, caso haja, é claro, circunstâncias agravantes. Nunca será aplicada sozinha e nem mesmo com a exclusão.

– E quanto será o valor desta multinha, Karina?

Quanto a valores, a multa vai variar entre o mínimo correspondente ao valor de uma anuidade e o máximo de seu décuplo, ou seja, 10 (dez) anuidades.

– E o que determina, nessa valoração, se será 1, 2 ou 10 anuidades?

Boa! O critério não é objetivo, mas a dosimetria vai seguir as circunstâncias da infração, ou seja, serão levadas em consideração aquelas situações mencionadas no **art. 40 do EAOAB**: se a conduta foi cometida na defesa de prerrogativas, se o advogado era primário ou reincidente, o grau de culpa revelado na conduta etc. A partir da análise desses elementos, o julgador poderá agravar a sanção e assim cumular a censura ou a suspensão com uma multinha, entre 1 e 10 anuidades!

– Hmmm, acho que compreendi, Karina. O advogado pode cometer uma infração e ponto, ou pode cometer essa mesma infração recheada de agravantes: contra um idoso, ou com apropriação de altos valores, ou de forma reincidente, ou com dolo específico. Tudo isso presumo que possa ser considerado, correto?

Corretíssimo! É isso aí! E já que estamos falando nas benditas agravantes, vamos logo analisar o dispositivo que trata delas, bem como das atenuantes, ou seja, das circunstâncias que vão deixar a sanção mais "*light*". Bora ler juntos o dispositivo inteiro e depois destrinchar, pois é grande:

> **Art. 40. EAOAB.** Na aplicação das sanções disciplinares, são consideradas, para fins de atenuação, as seguintes circunstâncias, entre outras:
>
> I – falta cometida na defesa de prerrogativa profissional;
>
> II – ausência de punição disciplinar anterior;
>
> III – exercício assíduo e proficiente de mandato ou cargo em qualquer órgão da OAB;
>
> IV – prestação de relevantes serviços à advocacia ou à causa pública.
>
> Parágrafo único. Os antecedentes profissionais do inscrito, as atenuantes, o grau de culpa por ele revelada, as circunstâncias e as consequências da infração são considerados para o fim de decidir:
>
> a) sobre a conveniência da aplicação cumulativa da multa e de outra sanção disciplinar;
>
> b) sobre o tempo de suspensão e o valor da multa aplicáveis.

Bom, para começar temos o *caput* do artigo que trata justamente das circunstâncias de *atenuação* da sanção, ou seja, aquelas situações que vão abrandar a conduta.

A primeira delas (**inciso I**) diz respeito à conduta praticada na defesa de prerrogativas profissionais, que estão, por sua vez, estampadas nos **arts. 6º e 7º do EAOAB**. Ou seja, exercendo uma prerrogativa profissional, o advogado acaba se excedendo e cometendo uma infração.

A segunda delas (**inciso II**) trata da ausência de punição disciplinar anterior, ou seja, o advogado é primário no cometimento de infrações ético-disciplinares. Nesse caso, por ser a primeira vez que praticou uma conduta antiética, terá sua pena mais branda. Na dosimetria de uma eventual suspensão, por ser primário, poderá ficar com o período mínimo de 30 (trinta) dias, por exemplo.

A terceira hipótese de circunstância atenuante (**inciso III**) é quando o advogado pratica uma conduta errada, mas tem exercício assíduo e proficiente de cargo em qualquer órgão da OAB, ou seja, contribui com o órgão de classe de maneira assídua. Pode ser um membro do Tribunal de Ética, integrante de comissão, algum conselheiro seccional, um dirigente, entre outros. Essas pessoas exercem um papel bastante nobre em favor da OAB, inclusive porque são cargos não remunerados, de maneira que essa contribuição em favor da coletividade de advogados pode ser uma circunstância atenuante no momento da dosimetria de sua sanção.

Pelas mesmas razões descritas acima, configura-se a quarta hipótese de atenuante (**inciso IV**), ou seja, aquele advogado que está envolvido na prestação de relevantes serviços à advocacia ou à causa pública.

– Hmmm, acho que entendi tudo, masss poderia dar um exemplo prático do inciso I, Karina?

Claro! Imagine um advogado que deseje despachar uma petição com o juiz e ingressa na sala de audiência um tanto quanto nervoso e acaba sendo desrespeitoso com o magistrado e com as demais pessoas presentes. Ele poderia acabar violando o dever de urbanidade, previsto no **art. 27 do CED**, mas o fez no exercício de uma prerrogativa profissional, que é a de ingressar livremente nas salas de audiências (**art. 7º, inciso VI, "b", do EAOAB**). Nesse caso, poderia ter sua pena de censura convertida em advertência em razão dessa circunstância atenuante.

– Boa, legal, entendi! Podemos seguir em frente, mestre! O que mais eu preciso saber?

O que você precisa saber é que aquelas circunstâncias da conduta, o grau de culpa revelada e as consequências da infração serão sempre considerados para o fim de agravar ou abrandar a dosimetria da pena, especialmente no que se refere à conveniência da aplicação cumulativa da multa, bem como seu valor (que vai de 1 a 10 anuidades – **art. 39 do EAOAB**) e sobre o tempo de suspensão (que vai de 30 dias a 12 meses – **art. 37, § 1º do EAOAB**).

– Saquei, Karina! Tem a conduta em si mesma, mas existem também as circunstâncias da conduta! E, observadas essas tais circunstâncias, a aplicação da sanção disciplinar poderá ficar mais leve ou mais pesada.

Isso aí! *You got it*! Bora responder a três questõezinhas cujo tema já #CaiuNoExame!

(Questão da Prova – SANÇÃO DISCIPLINAR) O advogado Aureliano foi contratado por alguns herdeiros de José Arcádio para representá-los em inventário judicial. Após dez anos, dá-se o trânsito em julgado da sentença que julgou a partilha, ocasião em que os clientes solicitam a Aureliano que apresente as contas dos valores que deles recebeu durante o período, referentes a custas e outras despesas processuais. Todavia, por não desejar perder tempo com a elaboração do documento, Aureliano, que até então possuía conduta profissional irretocável, deixa de oferecer as contas requeridas. Assim, Aureliano cometeu infração disciplinar, sujeitando-se à sanção:

A) de censura.

B) de suspensão.

C) de advertência.

D) de exclusão.

(Questão da Prova – SANÇÃO DISCIPLINAR) Dentre as sanções cabíveis no processo disciplinar realizado pela OAB no concernente aos advogados estão a censura, a suspensão, a exclusão e a multa. Dentre as circunstâncias atenuantes para a aplicação do ato sancionatório, encontra-se, consoante o Estatuto,

A) exercício assíduo e proficiente em mandato realizado na OAB.

B) ser reincidente em faltas da mesma natureza.

C) prestação de serviços à advocacia, mesmo irrelevantes.

D) ter sido o ato cometido contra outro integrante de carreira jurídica.

(Questão da Prova – SANÇÃO DISCIPLINAR) Assinale a opção correta relativamente ao Estatuto da Advocacia e da OAB.

A) A aplicação da sanção disciplinar de exclusão a um advogado necessita da manifestação favorável de dois terços dos membros do conselho seccional competente.

B) Os advogados aos quais forem aplicadas as sanções disciplinares de exclusão poderão exercer a advocacia em outros estados da Federação, desde que façam a inscrição suplementar e que obtenham autorização condicional do presidente do respectivo conselho seccional.

C) A multa a um advogado é aplicável exclusivamente nos casos de sanções disciplinares mais graves, como a exclusão.

D) Em nenhum caso de aplicação da sanção disciplinar de censura ocorrerá registro nos assentamentos do advogado inscrito na OAB.

– Karina, não me mata professora, três assim na cara?! Rs Mas bora lá. A primeira trata daquela infração de se recusar a prestar contas. Lembro que era bem grave a conduta, tanto que a sanção pode prorrogar até efetiva prestação das tais contas. Sendo assim, suspensão, alternativa correta B.

– A segunda questão, que trata da atenuante, nós vimos também agora há pouco, eita! Acredito que a correta seja a opção A. O advogado pode ter sua pena abrandada caso trabalhe assiduamente em favor da OAB – me parece mais lógico.

– A última estou com certa dificuldade, Karina. Vou chutar D!

Bom, vamos lá! A primeira e a segunda você acertou direitinho. Recusa na prestação de contas é grave, suspensão. Você matou facinho a primeira pergunta.

A segunda questão, que trata da atenuante, também era uma questão tranquila. Se o aluno sabe o significado de atenuante, não tem como errar. Não seria plausível que a sanção de alguém ficasse mais leve se ele é reincidente, ou se presta serviços irrelevantes à advocacia ou, por fim, se a falta é contra outro integrante da carreira jurídica. Não faria sentido, certo? O que faz sentido é ter a sanção atenuada se exerceu cargo ou mandato assíduo em favor da classe. Nem estes profissionais estão imunes. Mesmo exercendo relevantes trabalhos, podem vir a cometer alguma infração. Porém nesse caso, poderiam ter a sanção atenuada. Muito bom, você acertou também!

Já a terceira questão, vamos analisar as respostas, você errou. A alternativa D está incorreta, pois a censura registra, sim, nos assentos do advogado. O que não registra é se ela for *convertida em advertência*. Caso contrário, censura registra normalmente. A opção C está errada, pois a multa é uma sanção acessória com *censura ou suspensão*. No caso de exclusão, não faria sentido atribuir uma multa, ela certamente não teria razão de ser paga se a pessoa não poderá mais advogar, não é mesmo?! Já a opção B está incorreta, pois a exclusão é geral, em todo território nacional. Perde-se a inscrição. Não faria sentido não poder atuar em um estado, mas em outro, sim. Aquele que agiu de forma antiética não o fez escolhendo um local, é a conduta em si. Portanto, a opção correta é a A, que reproduz o que dispõe o **parágrafo único do art. 38 do EAOAB**, ou seja, para a aplicação da sanção disciplinar de exclusão a um advogado, é necessário *manifestação favorável de dois terços dos membros do conselho seccional competente*.

Pegou? Pegou? Pegou?

– Peguei, Karina. Agradeço a ótima explicação! Podemos ir em frente! 😊

REABILITAÇÃO

Ainda dentro do capítulo das sanções, vamos tratar do instituto da reabilitação do advogado, que vem logo em seguida no **art. 41 do EAOAB**. Poderia parecer estranho tal instituto ser estudado juntamente com as sanções, mas a verdade é que a reabilitação se refere a uma sanção específica, razão pela qual é tratado com elas, as sanções.

Um advogado é reabilitado de uma sanção anterior que foi condenado. Vou te explicar a partir de agora, logo após a leitura do dispositivo:

> **Art. 41. EAOAB.** É permitido ao que tenha sofrido qualquer sanção disciplinar requerer, um ano após seu cumprimento, a reabilitação, em face de provas efetivas de bom comportamento.
>
> **Parágrafo único**. Quando a sanção disciplinar resultar da prática de crime, o pedido de reabilitação depende também da correspondente reabilitação criminal.

– Interessante, Karina. Conte-me mais!

É o seguinte. É permitido ao advogado que tenha sofrido *qualquer* sanção disciplinar requerer sua reabilitação desde que preenchidos dois requisitos: **(i)** um ano após o cumprimento da sanção e **(ii)** provas efetivas de bom comportamento.

– Esse um ano conta a partir de quando, professora? E outra, qual é o objetivo de realizar a reabilitação se o advogado já acabou cumprindo a sanção? O que muda na vida dele?

Excelente pergunta! Primeiro é importante saber que a sanção deverá ser definitiva, ou seja, o processo deverá ter seu trânsito em julgado certificado. O prazo de 1 (um) ano conta a partir do momento que o advogado é intimado da sanção disciplinar definitivamente. Ou seja, esse requisito é objetivo, basta demonstrar o transcurso do tempo em questão.

Antes de responder sobre a finalidade da reabilitação, vamos entender o segundo requisito, que são as provas efetivas de bom comportamento. Parece mais subjetivo, não é verdade?

– Sim, Karina! Mas tenho aprendido no decorrer desse nosso diálogo que existem situações que não permitem tanta margem de interpretação. Apesar de subjetivas, existem situações e condutas que são claras para o senso crítico da maior parte das pessoas, e acredito que esse bom comportamento seja mais ou menos assim.

Você raciocinou muito bem. Apesar de não constar um conceito de bom comportamento na legislação, a OAB entende como provas possíveis para tanto: declarações de clientes a respeito do profissional, prestação de serviços em favor da OAB, seja comissões, palestras, eventos, a não distribuição de novos processos disciplinares em face desse profissional que pretende a reabilitação, entre outras que caminhem nesse sentido.

– Hmmm, entendi. É aquela coisa né, mestre, na vida em geral, a gente reclama, faz bagunça, às vezes dá de sonso, mas no fundo sabemos o que é bom comportamento e o que não é. Kkkk Mas agora me explica para que serve a reabilitação, pois isso ainda não está claro para mim.

Claro. Ia chegar nisso agora. A reabilitação apaga aquela sanção dos antecedentes do advogado, ou seja, se reabilitado for, é como se ela não tivesse existido, é como se voltasse ao estado anterior antes da reabilitação.

– Hmm, agora eu vi vantagem, Karina. Realmente parece bom apagar aquela falta do seu prontuário profissional. Com certeza vale a pena... interessante. Existe um prazo para requerer a reabilitação?

Sim, e olha como é bom estudar nosso estatuto: a maioria dos advogados não sabe dessa possibilidade e são processados poucos pedidos de reabilitação nos Tribunais de Ética. Está vendo como é bom ao advogado estudar e conhecer o seu regramento?!

Bom, fora isso, sobre prazo, não existe. A reabilitação pode ser requerida a qualquer tempo após aquele um ano de transcurso da sanção.

Agora **ATENÇÃO**: quando a sanção disciplinar resultar da prática de crime, o pedido de reabilitação depende também da correspondente reabilitação criminal. Releia o **parágrafo único do art. 41 do EAOAB** que vimos lá anteriormente.

– Então se cometeu crime e foi condenado, basicamente terá um caminho duplo. Reabilitar-se perante a Justiça Criminal e, só após, perante a OAB. Última dúvida, Karina: censura também reabilita?

Sim! Veja que o *caput* do artigo fala *qualquer* sanção disciplinar!

E agora, vamos responder a duas questões, cujo tema já #CaiuNoExame?! Bora lá!

(Questão da Prova – REABILITAÇÃO) Júlio Silva sofreu sanção de censura por infração disciplinar não resultante da prática de crime; Tatiana sofreu sanção de suspensão por infração disciplinar não resultante da prática de crime; e Rodrigo sofreu sanção de suspensão por infração disciplinar resultante da prática de crime ao qual foi condenado. Transcorrido um ano após a aplicação e o cumprimento das sanções, os três pretendem obter a reabilitação, mediante provas efetivas de seu bom comportamento. De acordo com o EOAB, assinale a afirmativa correta.

A) Júlio e Tatiana fazem jus à reabilitação, que pode ser concedida após um ano mediante provas efetivas de bom comportamento, nos casos de qualquer sanção disciplinar. O pedido de Rodrigo, porém, depende também da reabilitação criminal.

B) Apenas Júlio faz jus à reabilitação, que pode ser concedida após um ano mediante provas efetivas de bom comportamento, somente nos casos de sanção disciplinar de censura.

C) Todos fazem jus à reabilitação, que pode ser concedida após um ano mediante provas efetivas de bom comportamento, nos casos de qualquer sanção disciplinar, independentemente se resultantes da prática de crime, tendo em vista que são esferas distintas de responsabilidade

D) Ninguém faz jus à reabilitação, que só pode ser concedida após dois anos mediante provas efetivas de bom comportamento, nos casos de sanção disciplinar de censura, e após três anos nos casos de sanção disciplinar de suspensão.

(Questão da Prova – REABILITAÇÃO) O pedido de reabilitação:

A) não é permitido.

B) é permitido ao advogado que tenha sofrido censura ou advertência, que venha a requerer 1 ano após o seu cumprimento, fazendo a prova efetiva de bom comportamento.

C) é permitido ao advogado que tenha sofrido qualquer sanção disciplinar, que venha a requerer 3 anos após o seu cumprimento, fazendo a prova efetiva de bom comportamento.

D) é permitido ao advogado que tenha sofrido qualquer sanção disciplinar, que venha a requerer 1 ano após o seu cumprimento, fazendo prova efetiva de bom comportamento.

– Essas eu não posso errar! Bom, sobre a primeira questão: de cara sei que todas as sanções podem ser reabilitadas. Então nesse caso, os três poderiam. Rodrigo sofreu sanção de suspensão por infração disciplinar resultante da prática de crime, então no caso dele tem aquela via dupla, depende da reabilitação criminal. Sendo assim, alternativa A é a correta, mestre!

– Já a segunda questão parece fácil, resposta correta D, já que os requisitos da reabilitação são dois: um ano após cumprimento da sanção + prova efetiva de bom comportamento.

Na mosca! Bom trabalho, você acertou as duas, parabéns! Capítulo encerrado!

CAPÍTULO 17

Do processo disciplinar

- Regramento
- Do processo disciplinar
- Prazos
- Recursos
- Efeitos dos recursos
- Fluxograma
- Revisão

Agora vamos falar dos procedimentos do processo ético-disciplinar da OAB. Para começar, é bom saber que o processo disciplinar da OAB tem regramento próprio, mas quando não há previsão legal, aplica-se subsidiariamente a legislação processual penal comum, depois regramento dos processos administrativos comuns e, somente ao final, a legislação processual civil, nessa ordem.

– Sério? Não imaginava isso...

Sim, veja só:

> **Art. 68** EAOAB. Salvo disposição em contrário, aplicam-se subsidiariamente ao processo disciplinar as regras da legislação processual penal comum e, aos demais processos, as regras

gerais do procedimento administrativo comum e da legislação processual civil, nessa ordem.

– Professora, por que o Código de Processo Penal?

Pela característica do processo disciplinar que também é sancionatório, ou seja, ao final teremos uma decisão absolutória ou condenatória na qual resultará em sanção.

Se não houver previsão legal no CPP, pesquisaremos nas regras gerais de procedimentos administrativos e somente depois é que poderemos buscar o CPC.

– Ok. Entendi. Tenho que ter em mente a semelhança com o Processo Penal no qual se apura a conduta de um eventual infrator e este ao ser condenado sofrerá uma punição.

Exato, com esse raciocínio você entenderá o mecanismo do processo disciplinar da OAB. Portanto, na hipótese de o processo disciplinar deixar de trazer alguma previsão, a legislação processual penal será aplicada para preenchimento da lacuna.

– Boa! Mas agora como faço a contagem de prazos nos processos da OAB?

Boa pergunta. Nesse aspecto, a OAB seguiu os demais prazos processuais e a contagem é feita em dias úteis, inclusive o prazo para interposição de recurso. Perante a OAB, será sempre de 15 dias, contados a partir do dia útil imediato ao da notificação do recebimento:

> **Art. 69** EAOAB. Todos os prazos necessários à manifestação de advogados, estagiários e terceiros, nos processos em geral

da OAB, são de quinze dias, inclusive para interposição de recursos.

§ 1º Nos casos de comunicação por ofício reservado, ou de notificação pessoal, o prazo se conta a partir do dia útil imediato ao da notificação do recebimento.

§ 2º Nos casos de publicação na imprensa oficial do ato ou da decisão, o prazo inicia-se no primeiro dia útil seguinte.

– Então o prazo para o advogado apresentar defesa prévia ou recurso é o mesmo? São iguais?

Exato, o prazo para qualquer manifestação em processos da OAB é sempre o mesmo, 15 dias úteis.

– Que legal, assim fica mais fácil. Mas pela leitura acima, essa intimação acontece de duas formas?

Sim, o Estatuto prevê duas formas de intimação:

1ª) por carta com aviso de recebimento prevista, no § 1º;

2ª) intimação via diário eletrônico da OAB, esculpida no § 2º, do mesmo artigo.

– Nossa, não há oficial de justiça que fará a intimação pessoal?

Não, a OAB é autônoma e não se vincula a nenhum órgão governamental, não existe aqui a figura do oficial de justiça. Trata-se de uma entidade de classe *sui generis* (especial).

Por enquanto, só precisamos entender que o advogado poderá ser intimado por carta encaminhada via correios ou por publicação no *Diário Eletrônico da OAB*.

– Como assim, *Diário Eletrônico da OAB*? E o *Diário Oficial*?

Com a edição da Lei nº 13.688/2018 foi instituído o *Diário Eletrônico da Ordem dos Advogados do Brasil* que substituiu o *Diário Oficial* do Estado. Assim todas as suas publicações passaram a ser veiculadas pelo seu próprio *Diário Eletrônico* disponível na internet.

– Nossa que ótimo, assim fica mais fácil e rápida a consulta sobre tudo o que acontece na OAB.

Sim, e esse acesso não é restrito aos advogados. Qualquer cidadão poderá consultar as publicações de atos, decisões e tudo o mais que a OAB tornar público. Bora entrar no procedimento em si.

Como já estudamos no decorrer deste livro, o Estatuto da Advocacia foi instituído por meio da Lei Federal nº 8.906/1994, em consonância com os princípios da nossa Constituição Federal de 1988. Assim, por força de Lei Federal é de competência da OAB fiscalizar a conduta dos advogados, mediante a instauração de Processo Disciplinar, o que pode acarretar uma punição.

– Tipo assim, professora, a OAB faz o papel de juiz, aplicando pena ao advogado, e o judiciário não?

Isso. Somente a OAB tem o poder de punir seus inscritos, ou seja, somente ela poderá aplicar as sanções previstas nos arts. 36 e 37 deste Estatuto.

O poder judiciário poderá comunicar a OAB sobre a conduta de determinado advogado e caberá a OAB, e somente ela, a apuração e as medidas cabíveis.

Agora vamos ver a competência:

Veja que caberá ao Estado (existe um Conselho Seccional em cada Estado da federação) a competência para punir um advogado, segundo o local dos fatos, o local da infração. Ou seja, ainda que um advogado seja inscrito na OAB/SP, se ele praticou infração em MG, a competência será da OAB/MG, entendeu? É do local dos fatos, local da infração! Veja só:

> **Art. 70.** O poder de punir disciplinarmente os inscritos na OAB compete exclusivamente ao Conselho Seccional em cuja base territorial tenha ocorrido a infração, salvo se a falta for cometida perante o Conselho Federal.

– Hummm, bem legal isso, hein! Não imaginava.

Isso quer dizer que será o local onde ocorrida a infração e não no local onde os advogados possuem inscrição, salvo se o ato foi cometido perante o Conselho Federal, quando este terá competência originária para processar e punir.

– Então, não importa o seu endereço ou a localização do seu escritório?

Exatamente, para determinação da competência territorial o endereço domiciliar ou profissional não importa. Sempre lembrar que será o local dos fatos que determinará a competência para tramitação do processo disciplinar.

Agora vamos falar da instrução, sobre quem pode fazer a instrução. Vaja o § 1º deste mesmo art. 70 do EAOAB:

> § 1º Cabe ao Tribunal de Ética e Disciplina, do Conselho Seccional competente, julgar os processos disciplinares, instruídos pelas Subseções ou por relatores do próprio conselho.

– Bom, pela leitura, presumo que a instrução do processo poderá acontecer nas Subseções, ou poderá ser feita por relatores do próprio Conselho Seccional. E o julgamento em si é que vai para o TED daquele respectivo Estado.

Exatamente! A competência da instrução é do Conselho Seccional por meio de um relator nomeado ou por uma Subseção da OAB.

Já o julgamento é de competência exclusiva do Tribunal de Ética, que funciona como órgão de 1ª instância, já que a 2ª instância é o Conselho Seccional.

– E a subseção, o que é?

É o órgão da OAB instalada em comarcas diversas da capital de cada Estado, por exemplo, a cidade de Taquarituba ou qualquer outra que venha em mente, têm uma sede da OAB, ou seja um Subseção local que detém autonomia para *instruir* os Processos Disciplinares, mas não tem competência para julgar, ou seja, após a instrução deverá encaminhar o Processo para o Tribunal de Ética.

– Todos os Estados têm um Tribunal de Ética instalado?

Sim, todos os Estados-Membros da Federação possuem um Tribunal de Ética e Disciplina, com competência para julgar as infrações disciplinares cometidas dentro de sua territorialidade.

– Estou compreendendo. Tenho meu escritório na Bahia e cometi uma infração disciplinar no Estado do Acre, meu processo disciplinar terá a instrução e julgamento perante o Tribunal de Ética lá instalado.

Yep!

– Sim, cada vez mais interessante o processo disciplinar da OAB. Tem mais alguma coisa nesse artigo, professora?

Sempre hehe, vamos ler sobre os assentamentos do cidadão que foi condenado em processo disciplinar:

> § 2º A decisão condenatória irrecorrível deve ser imediatamente comunicada ao Conselho Seccional onde o representado tenha inscrição principal, para constar dos respectivos assentamentos.

O § 2º trata da comunicação da decisão condenatória irrecorrível, ou seja, após o trânsito em julgado do processo disciplinar, sem que se tenha possibilidade de novos recursos, o órgão que executou a pena deverá comunicar imediatamente o órgão que detém o registro profissional do advogado para que conste em sua ficha cadastral, ou seja, nos assentamentos.

– Se fui processado pelo Conselho Seccional do Acre, mesmo que minha inscrição seja na OAB da Bahia, o Tribunal de Ética do Acre que me aplicou uma sanção deverá comunicar o órgão que detém meu registro profissional principal que no caso é a Bahia para que conste na minha ficha corrida.

Certíssimo. Que tal uma questão?

(Exame da Ordem – Processo Disciplinar) Cláudio, advogado inscrito na Seccional da OAB do Estado do Rio de Janeiro, praticou infração disciplinar em território abrangido pela Seccional da OAB do Estado da São Paulo. Após representação do interessado, o Conselho de Ética e Disciplina da Seccional da OAB do Estado do Rio de Janeiro, instaurou processo disciplinar para apuração da infração. Sobre o caso, de acordo com o Estatuto da OAB, o Conselho de Ética e Disciplina da Seccional da OAB do Estado do Rio de Janeiro:

A) não tem competência para punir disciplinarmente Cláudio, pois a competência é exclusivamente do Conselho Seccional em cuja base territorial tenha ocorrido a infração, salvo se a falta for cometida perante o Conselho Federal.

B) tem competência para punir disciplinarmente Cláudio, pois a competência é exclusivamente do Conselho Seccional em que o advogado se encontra inscrito, salvo se a falta for cometida perante o Conselho Federal.

C) tem competência para punir disciplinarmente Cláudio, pois a competência é concorrente entre o Conselho Seccional em que o advogado se encontra inscrito e o Conselho Seccional em cuja base territorial tenha ocorrido a infração, salvo se a falta for cometida perante o Conselho Federal.

D) não tem competência para punir disciplinarmente Cláudio, pois a competência é exclusivamente do Conselho Federal, ainda que a falta não tenha sido cometida perante este, quando o advogado for inscrito em uma Seccional e a infração tiver ocorrido na base territorial de outra.

– Humm, essa é fácil. Não importa em qual Conselho Seccional o advogado está inscrito, o que vale é o local dos fatos, ou seja, o local da infração. Vou de letra A.

Ahhh, isso mesmo. Bora gabaritar Ética.

Agora vamos falar da suspensão preventiva que está prevista no próximo parágrafo desse mesmo interminável art. 70 rs:

> § 3º O Tribunal de Ética e Disciplina do Conselho onde o acusado tenha inscrição principal pode suspendê-lo preventivamente, em caso de repercussão prejudicial à dignidade da advocacia, depois de ouvi-lo em sessão especial para a qual deve ser notificado a comparecer, salvo se não atender à notificação. Neste caso, o processo disciplinar deve ser concluído no prazo máximo de noventa dias.

– Professora, até no TED existe a possibilidade de uma preventiva?

Sim, é isso mesmo. Vamos entender juntos como funciona isso. A suspensão preventiva tem alguns pré-requisitos, uma vez que se trata de medida excepcional e drástica. Assim, temos que ver e entender o seguinte:

1)	A Falta disciplinar deve ser grave (não podemos falar em preventiva quando a conduta a ser apurada tem como pena prevista a censura, por exemplo);
2)	A infração tem que causar repercussão prejudicial à dignidade da advocacia;
3)	Provas suficientes de autoria e materialidade.

Preenchidos esses requisitos, temos a possibilidade de um processo disciplinar que poderá aplicar uma suspensão preventiva, mas sempre observando os Princípios da Ampla Defesa, Contraditório e Devido Processo Legal.

Isso quer dizer que, antes do julgamento, o advogado deverá ser intimado para comparecimento em Sessão Especial, com cópia integral da denúncia, na qual o representado terá o direito a apresentar sua defesa prévia, produzir provas e realizar sustentação oral.

Nesse momento, será discutido o cabimento ou não da suspensão preventiva, sendo que esse procedimento não poderá perdurar por mais de 90 (noventa) dias.

– Ô loko, o TED tem apenas 90 dias para finalizar o processo da preventiva? E o que o ocorre se ultrapassar esse período?

Sim, é o prazo que o Tribunal de Ética tem para concluir o processo, caso contrário perderá a eficácia da sanção aplicada e o advogado deverá ter sua inscrição normalizada, podendo voltar a exercer sua profissão normalmente, até que se tenha o julgamento do mérito desse processo.

Importante mencionar que aqui, no caso de preventiva, não temos aquela mesma competência territorial do Conselho Seccional onde ocorreram os fatos, mas sim no local onde o advogado tenha sua inscrição principal. Isso se dá, pois a infração deverá ter ampla repercussão. É como se atingisse toda a advocacia e não apenas uma pessoa ou uma vítima específica.

– Hmm, faz total sentido.

Pois é, é o Conselho Seccional na qual o advogado tenha sua inscrição principal, após ciência dos fatos, quem tem a competência para julgar e aplicar a suspensão preventiva, independentemente da infração.

Também é muito importante ter em mente que, na suspensão preventiva, o recurso interposto não possui efeito suspensivo como nas demais situações. Assim, aplicada a suspensão preventiva, ela passa a valer imediatamente, ainda que ele interponha recurso! Pense na lógica: se alguém está sendo suspenso *preventivamente* é porque é urgente, concorda?

– Verdade, pode crer. Não teria o menor sentido uma medida *preventiva* se não tivesse efeito imediato.

Vamos para mais uma questão, tá bem divertido, não? hehe

(Exame de Ordem – Processo Disciplinar) O Tribunal de Ética e Disciplina de certo Conselho Seccional da OAB decidiu pela suspensão preventiva do advogado Hélio, acusado em processo disciplinar. Hélio, todavia, interpôs o recurso cabível contra tal decisão. Considerando as regras sobre os recursos em processos que tramitam perante a OAB, bem como a situação descrita, assinale a afirmativa correta.

A) Em regra, os recursos em processos que tramitam perante a OAB têm efeito suspensivo. Assim, no caso narrado, o recurso interposto por Hélio será dotado do aludido efeito.

B) Em regra, os recursos em processos que tramitam perante a OAB não têm efeito suspensivo. Todavia, nesse caso, excepcionalmente, pode ser atribuído o efeito, se demonstrada a probabilidade de provimento ou se, sendo relevante a fundamentação, o recorrente indicar risco de dano grave ou de difícil reparação.

C) Em regra, os recursos em processos que tramitam perante a OAB têm efeito suspensivo. Todavia, o recurso manejado por Hélio se inclui em hipótese excepcional, na qual é vedado o efeito suspensivo.

D) Em regra, os recursos em processos que tramitam perante a OAB não têm efeito suspensivo, não sendo permitida a concessão de tal efeito por decisão da autoridade julgadora. Assim, no caso narrado, o recurso interposto por Hélio não será dotado de efeito suspensivo.

– Aí que difícil, Karina, me deixa refletir um pouco. Me recordo do efeito suspensivo dos recursos, mas aqui falamos de preventiva, que é exceção e que a sanção é imediata... Letra C.

Boaaaaa, bingo! A fundamentação legal encontra-se no art. 77 do OAOAB. Nós ainda vamos chegar lá. Todos os recursos têm efeito suspensivo, exceto quando se tratar de eleições (arts. 63 e seguintes), de suspensão preventiva e de cancelamento da inscrição obtida com falsa prova. Tudo segue a mesma lógica. É só pensar!

Agora vamos seguir com nossos estudos e vamos para o art. 71 do EAOAB:

> **Art. 71.** A jurisdição disciplinar não exclui a comum e, quando o fato constituir crime ou contravenção, deve ser comunicado às autoridades competentes.

Quando a infração disciplinar também constituir crime ou contravenção, as autoridades competentes deverão ser comunicadas, independentemente da decisão disciplinar, uma vez que o ilícito penal ou civil pode não constituir ou se comprovar como infração disciplinar, tendo em vista o Princípio da Independência das instâncias penal, civil e administrativa. Ou seja, não coisas diferentes.

– Sério, professora, mas você pode me dar um exemplo de um ilícito penal ou decisão civil que não gere uma condenação na OAB?

Sim, um exemplo é o advogado que, ao conduzir seu veículo, envolve-se em acidente com vítima com lesões corporais. Esse advogado responderá perante o juízo criminal e civil, entretanto, não haverá o que o Tribunal de Ética apurar, uma vez que a conduta não se deu no exercício profissional.

– Hmmm, saquei. Tenho outra dúvida: tenho que aguardar a decisão de um dos órgãos para ingressar no outro?

Não, por isso mencionei o princípio da independência das instâncias. Nada impede a tramitação concomitante dos processos em lugares diferentes.

– Então, posso ingressar com uma representação no TED e com um processo na esfera penal ou civil?

Sim, no entanto, as provas do processo disciplinar na OAB não poderão ser utilizadas nas demais esferas pelo sigilo que resguarda o procedimento.

– Como assim, na OAB o processo tramita sob sigilo?

Sim, sempre. É isso que veremos agora. Primeiro vamos fazer a leitura do artigo completo e a seguir faremos os comentários:

> **Art. 72.** O processo disciplinar instaura-se de ofício ou mediante representação de qualquer autoridade ou pessoa interessada.
>
> § 1º O Código de Ética e Disciplina estabelece os critérios de admissibilidade da representação e os procedimentos disciplinares.
>
> § 2º O processo disciplinar tramita em sigilo, até o seu término, só tendo acesso às suas informações as partes, seus defensores e a autoridade judiciária competente.

O *caput* do art. 72 do EAOAB, alinhado ao que prevê o art. 55 do CED, nos traz a possibilidade de abertura do processo ético-disciplinar por representação de qualquer autoridade, pessoa interessada, ou ainda, de ofício pela própria OAB.

No entanto, não poderá ser iniciado qualquer procedimento oriundo de denúncia anônima, isso é proibido. O advogado sempre saberá quem o representou ou comunicou o fato a OAB.

Cabe ressaltar que a comunicação realizada por autoridade não a converte como parte do processo disciplinar, ela será apenas a autoridade comunicante, e assim, não terá acesso aos autos ou dele ter conhecimento quanto à sua tramitação.

Nós veremos essa questão do início da representação um pouquinho mais à frente, quando entrarmos no fluxo do processo.

– Entendi. Mas nesse caso não poderia um outro familiar fazer a denúncia e a vítima apenas acompanhar?

A menos que esse parente tenha uma procuração, senão não, já que temos o sigilo do processo. Assim, somente terá acesso aos autos aquele que der início à representação, aquela pessoa envolvida ou interessada, que seja parte efetivamente. Veja lá em cima o que disse o § 2º.

– Hummm, você mencionou isso. Mas por que esse sigilo?

Pois é, o processo ético-disciplinar na OAB tramita sob sigilo e somente as partes ou os procuradores constituídos e as autoridades competentes poderão ter acesso. Isso tudo em respeito ao Princípio da Presunção da Inocência.

Devemos pensar que, no processo disciplinar, está inserida a discussão sobre a conduta profissional de um advogado, que injustamente representado poderia ter sua imagem comprometida por um pré-julgamento ou sem que se tenha sequer analisado o mérito do processo. Imagina se você está sendo acusado injustamente e todos os seus demais clientes pudessem ter acesso? Concorda que comprometeria sua reputação?

– Hmmmm. Entendi. Mas em nenhum momento será divulgada as informações sobre o processo?

Somente nas penalidades de suspensão ou exclusão, e após o trânsito em julgado, quando a decisão se torna definitiva. Neste momento, serão publicados o nome e a inscrição do advogado, acompanhado da decisão proferida e o período de suspensão da inatividade profissional, de modo que qualquer interessado tenha acesso.

– Mas, Karina, tenho que aguardar o trânsito em julgado? Não posso avisar a outros clientes, no bairro ou mesmo no processo judicial?

Não, não pode comunicar a existência de processo ético-disciplinar ou mesmo fazer uso de cópias dele para instruir processo judicial ou qualquer outro objetivo. Aqui, sempre devemos ter em mente o princípio da presunção de inocência, e, por isso mesmo, somente após o esgotamento de todas as possibilidades de recurso, ou seja, com a certidão de trânsito em julgado de decisão condenatória, com a pena de suspensão ou exclusão, que poderá ser divulgada a decisão de mérito.

– Bom, pensando bem é razoável o trâmite sob sigilo.

Sim, o legislador foi justo ao evitar que a vida profissional de um advogado pudesse ser maculada com denúncias infundadas ou que não comprovem qualquer infração disciplinar.

Já podemos prosseguir? Conseguiu compreender que o processo ético-disciplinar tem seu trâmite sob sigilo até o trânsito em julgado?

– Sim, está claro.

Vamos em frente. Mais uma questão. Firme, hein, galera!

(Exame de Ordem – Processo Disciplinar) Maria teve processo disciplinar recém-instaurado contra si pelo Conselho Seccional da OAB, no qual está inscrita. No dia seguinte à sua notificação por meio de edital, encontra-se no fórum com Tânia sua ex-colega de faculdade, que veio comentar com Maria sobre o conteúdo do referido processo. De acordo com o Estatuto da OAB, Tânia poderia conhecer o conteúdo do processo disciplinar instaurado, em face de Maria,

A) por qualquer meio, dada a natureza pública de sua tramitação.

B) se fosse parte, defensora de parte ou autoridade judiciária competente, dada a natureza sigilosa de sua tramitação.

C) caso tivesse tido acesso à notificação inicial, feita por meio de edital, dada a natureza pública de sua tramitação.

D) em nenhuma hipótese, dada a natureza sigilosa de sua tramitação.

– Karina, essa é muito fácil. O processo é sigiloso, não poderia ter acesso. Letra D.

kkkkk, é uma questão que #CaiuNoExame! Mas a resposta correta é essa mesmo, nos termos do art. 72, § 2º, do EAOAB, somente as partes, os advogados devidamente constituídos e as autoridades competentes podem ter acesso ao Processo Disciplinar.

Se estava facinho assim, vai mais uma!

- O advogado Caio solicitou vista de autos de processo disciplinar instaurado na OAB contra seu desafeto, o advogado Tício. Caio justificou seu pedido afirmando que juntaria às informações contidas no processo disciplinar em questão as de um determinado processo judicial no qual ambos atuaram, visando, com isso, demonstrar que Tício costumava ter comportamento aético. Com relação à hipótese sugerida, assinale a afirmativa correta.

A) Caio não poderá ter acesso aos autos do processo disciplinar instaurado contra Tício, porque demonstrou que juntaria às informações nele contidas as de um processo judicial em que ambos atuavam, prejudicando, assim, a boa administração da justiça.

B) Caio não poderá ter acesso aos autos do processo disciplinar instaurado contra Tício, uma vez que os processos disciplinares instaurados na OAB contra advogados tramitam em sigilo, até o seu término, só tendo acesso às suas informações as partes, seus defensores e a autoridade judiciária competente.

C) Caio poderá ter acesso aos autos do processo disciplinar instaurado contra Tício, desde que assine termo pelo qual se compromete a não divulgar a terceiros as informações nele contidas.

D) Caio poderá ter acesso irrestrito aos autos do processo disciplinar instaurado contra Tício, uma vez que processos disciplinares instaurados na OAB contra advogados não tramitam em sigilo.

– Karina, fala sério, já entendi esse tema. É a letra B!

Que beleza hein? Então, vamos para o art. 73 do EAOAB, que trata mais do procedimento. É só entender o fluxo:

> **Art. 73**. Recebida a representação, o Presidente deve designar relator, a quem compete a instrução do processo e o oferecimento de parecer preliminar a ser submetido ao Tribunal de Ética e Disciplina.
>
> § 1º Ao representado deve ser assegurado amplo direito de defesa, podendo acompanhar o processo em todos os termos, pessoalmente ou por intermédio de procurador, oferecendo defesa prévia após ser notificado, razões finais após a instrução e defesa oral perante o Tribunal de Ética e Disciplina, por ocasião do julgamento.
>
> § 2º Se, após a defesa prévia, o relator se manifestar pelo indeferimento liminar da representação, este deve ser decidido pelo Presidente do Conselho Seccional, para determinar seu arquivamento.
>
> § 3º O prazo para defesa prévia pode ser prorrogado por motivo relevante, a juízo do relator.

> § 4º Se o representado não for encontrado, ou for revel, o Presidente do Conselho ou da Subseção deve designar-lhe defensor dativo.
>
> § 5º É também permitida a revisão do processo disciplinar, por erro de julgamento ou por condenação baseada em falsa prova.

O protocolo da Representação pode ser feito em qualquer sede da OAB, Seccional ou Subseção, e após o recebimento, o Presidente sorteará um relator para conduzir a instrução do feito, sempre observando amplo direito de defesa.

Haverá um parecer preliminar, no qual analisará os critérios de admissibilidade da representação disciplinar, tais como, qualificação das partes, competência, se há documentos que comprovem os fatos alegados. Atendendo aos requisitos, opinará pela instauração de processo disciplinar ou poderá, ainda, propor o arquivamento liminar.

Dúvidas?

– Ah, se entendi corretamente haverá uma análise prévia antes da instauração do processo disciplinar por meio de um parecer?

Sim, haverá um parecer que vai analisar os critérios de admissibilidade, os fatos narrados e os documentos juntados pelo autor da representação.

Veja, ainda, que por motivo relevante poderá também ser requerida a prorrogação do prazo para apresentação de defesa prévia. Aqui podemos observar que o Processo Disciplinar da OAB é menos rígido e formal quando comparado com a jurisdição comum, tanto para a análise da peça inaugural quanto nas formalidades das peças apresentadas para defesa, razões finais e recursos.

– Ah, ótimo, Karina. Facilita o acesso e a condução dos processos pelas partes.

Sim, na prática o processo disciplinar é de fácil compreensão. Veja, ainda, se o advogado não atender as intimações da OAB para apresentação de defesa, ele então será declarado revel, devendo ser designado defensor dativo para tal providência, sob pena de cerceamento de defesa e nulidade processual. Mas vejam bem, não é apenas na defesa prévia que é facultada a nomeação de defensor dativo, e sim em todos os demais atos no processo em que o representado não se manifestar.

Por isso, a aceitação do encargo pelo defensor dativo implica o compromisso em atuar com dedicação plena a defesa do colega advogado. É um advogado que fará suas vezes.

– Mas quem pode ser defensor dativo no TED da OAB?

Qualquer advogado devidamente inscrito nos quadros da OAB poderá ser nomeado como defensor dativo.

– Sabe, Karina, fiquei com uma dúvida. Quando um advogado é suspenso ou excluído, quem garante que não seguirá usando sua carteira de identificação da OAB?!

Boa pergunta. Mas a carteira, nesses casos, deverá ser devolvida! Funciona assim: imediatamente após a comunicação da sanção aplicada, o advogado deverá entregar sua carteira de identificação da OAB, tanto a carteira brochura quanto o cartão de identificação, que ficarão retidos, definitivamente, em casos de exclusão, e temporariamente, em casos de suspensão.

– E se a pessoa não entrega?

O advogado que, durante o período de suspensão, não providenciar a entrega à Ordem incorre em nova infração disciplinar prevista no inciso XVI, do art. 34, do EAOAB, o que pode gerar um novo processo ético-disciplinar.

Além disso, o Conselho Seccional poderá adotar outras medidas para que a devolução ocorra, tanto administrativas quanto judiciais, conforme prevê o art. 74 do EAOAB. Olha só:

> **Art. 74.** O Conselho Seccional pode adotar as medidas administrativas e judiciais pertinentes, objetivando a que o profissional suspenso ou excluído devolva os documentos de identificação.

– Karina, então, enquanto suspenso, o advogado não pode peticionar? Mesmo que seja uma petição simples requerendo prazo suplementar em virtude da sanção imposta a ele?

Não, não poderá praticar qualquer ato privativo da advocacia enquanto perdurar a suspensão, conforme o art. 42 do EAOAB, que já foi objeto de análise.

Esses são os aspectos do processo disciplinar que constam no EAOAB, mas o passo a passo está no CED. Vamos lá:

Entendendo o processo disciplinar passo a passo: antes de começar, pegue seu Código de Ética e seu EAOAB e faça a leitura de cada um dos dispositivos aqui citados. Isso será importante para você fixar os conceitos e se familiarizar com a linguagem legal, já que as explicações aqui são feitas de forma didática e nem sempre o texto de lei é assim tão claro. Então "beba das duas fontes". Vamos nessa!

– Peguei! Em mãos!

INÍCIO DO PROCESSO DISCIPLINAR (art. 55 do CED) = O processo disciplinar instaura-se de ofício ou mediante representação do interessado.

DE OFÍCIO = Instaurado diretamente pela OAB a partir do conhecimento do fato por meio de fonte idônea, **que não pode ser anônima**, ou por meio de comunicação de autoridade (juiz, delegado, promotor etc.).

Nesse caso, chega-se um ofício na OAB pedindo providências em relação a determinada conduta e a própria OAB instaura.

– Então o juiz que comunicar à OAB não é parte no processo? E quem figura como denunciante nesse caso?

Bom, no processo da OAB são utilizadas nomenclaturas como representante para quem faz a denúncia ou reclamação e representado para quem é o denunciado/reclamado.

Nos casos em que juiz comunicar os fatos ao Tribunal de Ética, o processo será instruído de ofício pelo TED. A autoridade comunica a OAB, e a OAB instaura de ofício, de ato próprio.

Nesse caso, não há representante. A autoridade foi apenas comunicante. Também é bastante corriqueira a instauração de procedimentos éticos a partir da comunicação por autoridades, a exemplo de juízes que encaminham ofício para OAB, em nome do juízo onde atuam, em decorrência de condutas de advogados no patrocínio de suas causas, como ações abandonadas, advogado que deixa de comparecer ao processo e tomar providências, que deixa a demanda extinguir, que deixa de apresentar prazos de suma importância (especialmente na área penal com réu preso), advogados que fazem carga e retenção abusiva de autos judiciais etc.

É bastante comum que os juízos comuniquem os Tribunais de Ética, requerendo justamente a instauração do procedimento ético-disciplinar de ofício por eles.

– Entendi, Karina! A outra hipótese é a partir de alguém que se sentiu lesado, né?

Isso mesmo. A outra forma é **MEDIANTE REPRESENTAÇÃO DO INTERESSADO**, ou seja propostas por qualquer pessoa física ou jurídica, cliente, por outro advogado, sendo usualmente apresentados por interessados diretos na conduta do advogado. Aquele que inicia o procedimento é o representante. O representado é necessariamente advogado, sociedade de advogados ou estagiário.

Apresentada a representação, vem o seu recebimento.

DO RECEBIMENTO DA REPRESENTAÇÃO (art. 56 do CED) = A representação será formulada ao Presidente do Conselho Seccional ou ao Presidente da Subseção, **por escrito ou verbalmente**, devendo, nesse último caso, se apresentada de forma oral, ser reduzida a termo por um funcionário da própria OAB. O representante pode fazer a petição inicial diretamente ou por meio de um advogado.

Nas Seccionais cujos Regimentos Internos atribuírem competência ao Tribunal de Ética e Disciplina para instaurar o processo ético-disciplinar, a representação poderá ser dirigida ao seu Presidente ou será a este encaminhada por qualquer dos dirigentes que a houver recebido. Como atualmente existem TEDs em todas as Seccionais brasileiras, o processo disciplinar será a elas encaminhado. Seja como for, a representação pode ser recebida pelo presidente do Conselho Seccional, presidente da Subseção ou pelo presidente de Tribunal de Ética e Disciplina.

– Certo, Ka, e existe uma formalidade para iniciar uma representação disciplinar?

Sim, os **REQUISITOS DA PETIÇÃO INICIAL (art. 57 do CED)** = São quatro os requisitos indispensáveis e mínimos da petição inicial de representação, sem os quais ela não poderá ser aceita, em uma verdadeira condição de existência e validade:

(1) a identificação do representante, com a sua qualificação civil e o endereço;

(2) a narrativa dos fatos pelos quais o representante entendeu existir infração disciplinar;

(3) os documentos que instruem a representação ou a indicação de outras provas a serem produzidas, acompanhados, se assim desejar, do rol de testemunhas, até o máximo de cinco; e

(4) a assinatura do representante ou, na impossibilidade de obtê-la, a certificação de quem a tomou a termo.

– Como assim tomada a termo?

Pense no representante analfabeto ou com pouca instrução. O TED deverá tomar a termo (redigir o que ele está narrando oralmente) e instaurar a representação disciplinar.

Os requisitos (1) e (4) estão em sintonia com a vedação da representação anônima. O representante deve identificar-se de forma clara, com qualificação e endereço, e a partir de então, em atendimento ao requisito (2), descrever, da forma mais detalhada possível, os fatos pelos quais entendeu que a conduta do advogado, no exercício da profissão, tenha sido antiética, indicando, nos termos do requisito (4), as provas que entende pertinentes, rol de testemunhas e documentos.

– Entendi! E depois?

Em seguida vem a **DESIGNAÇÃO DE RELATOR PARA INSTRUÇÃO (art. 58 do CED)** = Recebida a representação, será designado, por sorteio, um relator, para presidir a instrução processual.

Após, a juntada da **FICHA CADASTRAL (art. 58, § 2º do CED)**, ou seja, em seguida da designação de relator para instrução, antes de o processo lhe ser encaminhado, será providenciada pela secretaria certidão apontando a existência ou não de representações em andamento, informando ainda, em caso positivo, quais infrações restaram imputadas ao profissional naquele feito, servindo, conforme o caso, para dosimetria de eventuais penalidades, conforme art. 40 do EAOAB.

PARECER DE ADMISSIBILIDADE (art. 58, § 3º do CED) = Recebido finalmente o processo, já com a ficha cadastral, o relator analisará os critérios de admissibilidade da representação, emitindo parecer opinando pela instauração, ou arquivamento liminar do processo disciplinar, o que deverá acontecer no prazo de 30 (trinta) dias, sob pena de redistribuição do feito para outro relator.

DESPACHO DO PRESIDENTE (art. 58, § 4º do CED) = O parecer de admissibilidade será submetido ao crivo do presidente do conselho competente ou do presidente do Tribunal de Ética e Disciplina, que, baseado nas alegações lá dispostas ou por meio de suas próprias, determinará a instauração do processo disciplinar ou o arquivamento da representação.

Esse arquivamento liminar leva à extinção do processo sem qualquer instrução procedimental ou apreciação de mérito, já que despido dos pressupostos legais de admissibilidade. Por outro lado, se presentes os pressupostos legais em questão e havendo indícios de prova de infração disciplinar, será instaurado o processo disciplinar, com consequente interrupção do prazo de prescrição, nos termos do art. 43, § 2º, I do EAOAB.

– Nossa, quanta informação! Mas acho que estou compreendendo o fluxo.

Agora temos uma super novidade! O Art. 58-A do CED, que foi incluído desde outubro de 2020, e que dispõe acerca do TAC - Termo de Ajustamento de Conduta. Vamos ler:

> Art. 58-A. Nos casos de infração ético-disciplinar punível com censura, será admissível a celebração de termo de ajustamento de conduta, se o fato apurado não tiver gerado repercussão negativa à advocacia.

> Parágrafo único. O termo de ajustamento de conduta previsto neste artigo será regulamentado em provimento do Conselho Federal da OAB.

– Karina, acho que vimos brevemente ao tratar da publicidade profissional, não foi?

Exatamente! Em 2020, foram incluídos o art. 58-A na parte do processo disciplinar e art. 47-A da parte da publicidade. Ambos tratam sobre TAC. Vamos falar mais um pouquinho.

O TAC – Termo de Ajustamento de Conduta é um acordo a ser firmado entre a OAB e o representado, desde que a acusação que ele responda seja punível por CENSURA e desde de que o fato apurado não tenha gerado repercussão negativa à advocacia.

O TAC foi regulamento pelo CFOAB por meio do Provimento 200/2020, e lá basicamente se dispôs as seguintes condições para ser elegível:

- pode ser celebrado pelos Conselhos Seccionais ou pelo Conselho Federal com advogados e estagiários inscritos nos quadros da OAB;
- aplicável às hipóteses relativas à publicidade profissional (art. 39 a art. 47 do CED) e às infrações disciplinares puníveis com censura (art. 36 do EAOAB);
- representado que não tiver contra si condenação transitada em julgado por representação ético-disciplinar, ressalvando-se as hipóteses de reabilitação (neste caso, portanto, permitido);
- a celebração do TAC implicará na suspensão condicional do procedimento ético-disciplinar, pelo prazo de 03 (três) anos, após o qual, se regularmente cumprido, será arquivado definitivamente, sem anotações nos assentos do profissional;

- vedação de a celebração do TAC por advogado ou estagiário já beneficiado com o instituto nos 03 (três) anos anteriores à conduta a ser apurada, ou seja, não poderá ter TAC anterior nos últimos 03 (três) anos;
- durante o prazo de suspensão previsto no TAC não fluem os prazos prescricionais;
- no caso de descumprimento dos termos celebrados, o TAC perderá seus efeitos e o processo disciplinar retomará seu trâmite.

– Nossa, professora, são muitos detalhes! Mas analisando bem, todos eles fazem muito sentido. E o TAC, por ser uma novidade de 2020, aplica-se somente a novos casos ou a casos em andamento também?

Ótima indagação. Aplicam-se as disposições do TAC a todos os processos disciplinares em trâmite, ainda não transitados em julgado, e desde que cumpridos os requisitos previstos, cabendo aos órgãos nos quais se encontrem o processo, notificar o advogado ou estagiário a se manifestar, no prazo de 15 (quinze) dias, sobre o interesse na celebração do TAC. Não havendo manifestação, será presumida a recusa, prosseguindo-se a tramitação normal.

E em relação aos novos, será oferecido na fase inicial do procedimento. Recebida a representação, nos termos do art. 58 do CED, e tomadas as providências descritas em cada um dos 7 parágrafos, vem o oferecimento do TAC.

– Ahhhhh, muito bom, Karina!! Estou pronto para acertar caso caia na prova!

FORO PRIVILEGIADO (art. 59, §§ 5º e 6º do CED) = O foro privilegiado trata acerca da representação contra membros do Conselho Federal e presidentes de Conselhos Seccionais, para determinar que, nesses casos, a representação seja processada e julgada pelo Conselho Federal, por meio de sua Segunda Câmara, reunida em sessão plenária.

Os membros do Conselho Federal a que se refere o § 5º são os próprios conselheiros federais. O § 5º ampliou o foro especial também para os membros da diretoria do Conselho Federal, membros honorários vitalícios e detentores da medalha Rui Barbosa, caso em que, se representados, responderão junto ao Conselho Pleno do Federal.

O § 6º segue a mesma linha tratando de foro especial no caso do dirigente de Subseção, em outras palavras, seu presidente, sendo, nesse caso, eventual representação, processada e julgada pelo Conselho Seccional correspondente.

Leia os dispositivos para assimilar:

> **Art. 59**. § 5º A representação contra membros do Conselho Federal e Presidentes de Conselhos Seccionais é processada e julgada pelo Conselho Federal, sendo competente a Segunda Câmara reunida em sessão plenária. A representação contra membros da diretoria do Conselho Federal, Membros Honorários Vitalícios e detentores da Medalha Rui Barbosa será processada e julgada pelo Conselho Federal, sendo competente o Conselho Pleno.
>
> **Art. 59**. § 6º A representação contra dirigente de Subseção é processada e julgada pelo Conselho Seccional.

DEFESA PRÉVIA (art. 59 do CED) = Recebido o processo com a inicial, já anexada pela secretaria a ficha cadastral e dos antecedentes de infrações e penalidades, o relator determinará a notificação do interessado (no caso, o representante) para que se manifeste prestando esclarecimento ou, se desnecessária tal providência, notificará o representado para apresentação de sua defesa prévia, ambos em 15 dias.

A notificação do representado será dirigida para o endereço constante do cadastro de inscritos do Conselho Seccional, residencial e profissional.

Segundo o § 1º do art. 137-D do Regulamento Geral da OAB, é incumbência do advogado manter atualizado seu cadastro, presumindo-se recebida a correspondência enviada para o endereço nele constante, não sendo possível mais tarde o advogado alegar nulidade de sua notificação no processo disciplinar, ainda que tenha mudado de endereço, já que a ele cabia informar à Ordem tal alteração.

Caso não seja localizado após três tentativas de notificação, será procedida sua intimação via Edital de Chamamento, publicado em imprensa oficial do Estado. Decorrido *in albis* o prazo da defesa prévia, o presidente do TED o declarará revel, com nomeação de defensor dativo para sua defesa.

DESPACHO SANEADOR (art. 59, § 3º do CED) = Nesse momento, será proferido o despacho saneador determinando eventuais diligências ainda pendentes, audiência para depoimento pessoal das partes ou outras providências que o relator achar pertinentes ao processo disciplinar.

PARECER DE ENQUADRAMENTO (art. 59, § 7º do CED) = "Parecer preliminar" ou "parecer de enquadramento", a ser proferido pelo relator após a instrução da representação, momento em que fará o enquadramento legal aos fatos imputados ao representado, submetendo-o ao Tribunal de Ética e Disciplina (ou ao presidente da Turma Disciplinar, quando aplicável).

Apesar do nome "parecer preliminar", tem-se que tal manifestação será feita após a instrução, já com vários elementos do processo, ficando pendentes apenas as razões finais, antes do encaminhamento para o julgamento, o que é bastante apropriado, já que poderão, nessas razões, debater pontos e conclusões exaradas no parecer.

RAZÕES FINAIS (art. 59, § 8º do CED) = As razões finais são alegações escritas, oferecidas pelas partes, após o encerramento da fase probatória, nas quais sustentam suas respectivas posições, último momento em que se manifestarão no processo antes do julgamento. Em processos em que o representado foi declarado revel, as razões finais serão apresentadas por defensor dativo. A falta de notificação de qualquer das partes para tal providência, dada a sua importância, acarreta a nulidade dos atos praticados posteriormente.

DESIGNAÇÃO DE RELATOR PARA VOTO (art. 60 do CED) = O processo será recebido pelo presidente do Tribunal de Ética e Disciplina (ou presidente da Turma Disciplinar, conforme dispuser o Regimento Interno), que designará relator para proferir seu voto.

O processo disciplinar difere do processo judicial no que se refere a essa primeira decisão, já que o julgamento aqui será feito por um colegiado, e não monocraticamente. O número de participantes do julgamento varia conforme o regimento interno de cada Tribunal, mas, via de regra, nunca serão menos do que cinco integrantes. O relator apresentará seu voto, que será submetido ao crivo dos demais integrantes da Turma Disciplinar, que igualmente votarão, acompanhando ou divergindo do relator.

JULGAMENTO E ACÓRDÃO (arts. 61 e 62 do CED) = Na ocasião do julgamento, será facultada às partes a realização de sustentação oral, pelo tempo de 15 minutos após a leitura do voto do relator, primeiro pelo representante e, em seguida, pelo representado.

Os elementos do acórdão, quando procedente a representação, serão: o enquadramento legal da infração ética (tipo infracional), a sanção aplicada ao representado (multa, censura, suspensão, exclusão), o quórum da deliberação (quantos votos foram colhidos, conforme previsão de regimento interno), se a deliberação foi adotada com base no voto do relator ou em voto divergente, bem como as circunstâncias agravantes ou atenuantes consideradas no julgamento (antecedentes do representado, por exemplo) e as razões determinantes de eventual conversão de censura em advertência, já que esta não constará nos assentamentos do inscrito.

Apesar de não constar da redação do artigo, por uma interpretação lógica, tem-se que, quando improcedente a representação, o acórdão também deverá indicar o quórum da deliberação (quantos votos foram colhidos), se esta foi adotada com base no voto do relator ou em voto divergente, e as razões pelas quais se deliberou pela absolvição do representado, tudo devidamente fundamentado.

Em um caso ou no outro, ou seja, procedente ou improcedente a representação, o acórdão trará sempre a ementa, contendo a essência da decisão. Decisão disciplinar sem acórdão, bem como sem o voto vencedor e o vencido, com respectiva fundamentação, é considerada nula.

Nos termos do Manual de Procedimentos do Processo Ético-Disciplinar do CFOAB, e, como não poderia deixar de ser, até por disposição constitucional (art. 93, IX, da CF), todas as decisões adotadas em processos ético-disciplinares, da mesma forma que ocorre com o processo comum, têm a sua legalidade subordinada à fundamentação.

Já por disposição do § 2º, o autor do voto divergente que tenha prevalecido passará a figurar como redator do acórdão, tal como acontece na jurisdição comum nos julgamentos colegiados de Tribunais. Seja em qualquer caso, julgamento por unanimidade ou por maioria, com alteração ou não de relator, o voto condutor da decisão deverá sempre ser lançado nos autos da representação, com seus respectivos fundamentos, devidamente datado e assinado, assim como também o voto divergente, mesmo se vencido, conforme redação dos §§ 3º e 4º deste dispositivo.

O § 5º, por fim, dispõe que o relator poderá determinar a atualização nos autos do relatório de antecedentes do representado, caso entenda pertinente em relação ao prosseguimento do feito, e seu eventual encaminhamento ao Conselho Seccional.

É a clareza do acórdão que conferirá às partes a prestação que esperam do Tribunal de Ética, tanto representante como representado, permitindo ainda o exercício do contraditório pleno, com eventual apresentação de recurso ao Conselho Seccional correspondente.

– Uau, foi intenso, mas esse passo a passo está excelente!

Mas vamos em frente para fechar o estudo do processo disciplinar e vamos falar sobre recursos. Veja que caberá recurso ao Conselho Seccional de todas as decisões proferidas pelo TED. Ou seja, o TED é 1ª instância e o Conselho, 2ª instância.

RECURSO AO CONSELHO SECCIONAL = Recurso inominado, prazo de interposição de 15 dias. O art. 76 trata dos recursos ao Conselho Seccional, que serão interpostos contra decisões proferidas pelo seu próprio presidente, pelo Tribunal de Ética e Disciplina, ou pela diretoria da Subseção ou da Caixa de Assistência dos Advogados.

O Conselho Seccional é composto por conselheiros em número proporcional ao de seus inscritos, exercendo as competências privativas dispostas no art. 58 do EAOAB, entre elas, inciso III, o julgamento de recursos.

Nos termos do Regulamento Geral, caberá recurso ao Conselho Seccional contra decisão do presidente ou da diretoria da Subseção, mesmo quando houver conselho na Subseção (art. 143). Também caberá recurso ao Conselho Seccional, contra decisão da Comissão Eleitoral (art. 130).

Não poderá o presidente do Tribunal de Ética encaminhar diretamente processo ao Conselho Seccional, sem decisão colegiada anterior da turma julgadora do Tribunal de Ética, sob pena de supressão de instância. O Regimento Interno do Conselho Seccional disciplinará a forma de cabimento dos recursos no âmbito de cada órgão julgador.

E sobre as decisões do Conselho Seccional, que é 2ª instância, ainda cabe recurso ao Conselho Federal, que seria o órgão de cúpula.

RECURSO AO CONSELHO FEDERAL = No âmbito do Conselho Seccional, caso a decisão não tenha sido unânime ou, sendo ela unânime, venha contrariar as disposições desse EAOAB, decisão do Conselho Federal ou de outro Conselho Seccional ou, ainda, o regulamento geral, o Código de Ética e Disciplina e os Provimentos, caberá recurso ao Conselho Federal. É o que prevê o art. 75, de modo que o recurso poderá ser interposto pelo interessado ou pelo Presidente do respectivo Conselho Seccional (parágrafo único).

Não é possível a qualquer das partes recorrer de decisão proferida pelo Tribunal de Ética diretamente ao Conselho Federal, sob pena de supressão de instância. No caso de recurso ao Conselho Federal, as questões de fato não poderão ser revistas. Assim, caso o recurso não esteja enquadrado nas hipóteses ora previstas, restará não recebido.

O recurso no procedimento disciplinar é inominado e será sempre de 15 dias, a teor do que dispõe o art. 69 do EAOAB. Muito embora o formalismo do procedimento disciplinar não seja extremamente rígido, admitindo prorrogações de diversos prazos e manifestações, com relação ao recurso a ser dirigido ao órgão hierarquicamente superior, não se admite prorrogação de prazo, considerando intempestivo caso protocolizado após o prazo assinado.

Não existe a previsão de recurso contra decisões interlocutórias proferidas no curso do processo disciplinar, tendo sido esse regramento consolidado pela Súmula 04/2013 do Órgão Especial do CFOAB, com a seguinte redação: "*Agravo. Falta de previsão legal. Não cabimento no âmbito dos processos administrativos da Ordem dos Advogados do Brasil. Os recursos são apenas os previstos no art. 75 do Estatuto e no art. 85 do Regulamento Geral*".

Os principais direitos e obrigações estão dispostos efetivamente no EAOAB, mas as regras próprias e os procedimentos operacionais em relação aos recursos estão esmiuçados no Regulamento Geral da Advocacia e no Regimento Interno de cada Conselho Seccional, e cujas disposições possuem igual força obrigatória.

E lembre-se da regra do efeito dos recursos!

– Já sei! Todos os recursos têm efeito suspensivo, exceto quando tratarem de eleições (arts. 63 e seguintes), de suspensão preventiva decidida pelo Tribunal de Ética e Disciplina, e de cancelamento da inscrição obtida com falsa prova.

Muito beeeemmm, mais que bem, excelente!

Veja, por fim, um fluxograma do processo disciplinar, etapa, por etapa!

PROCESSO DISCIPLINAR

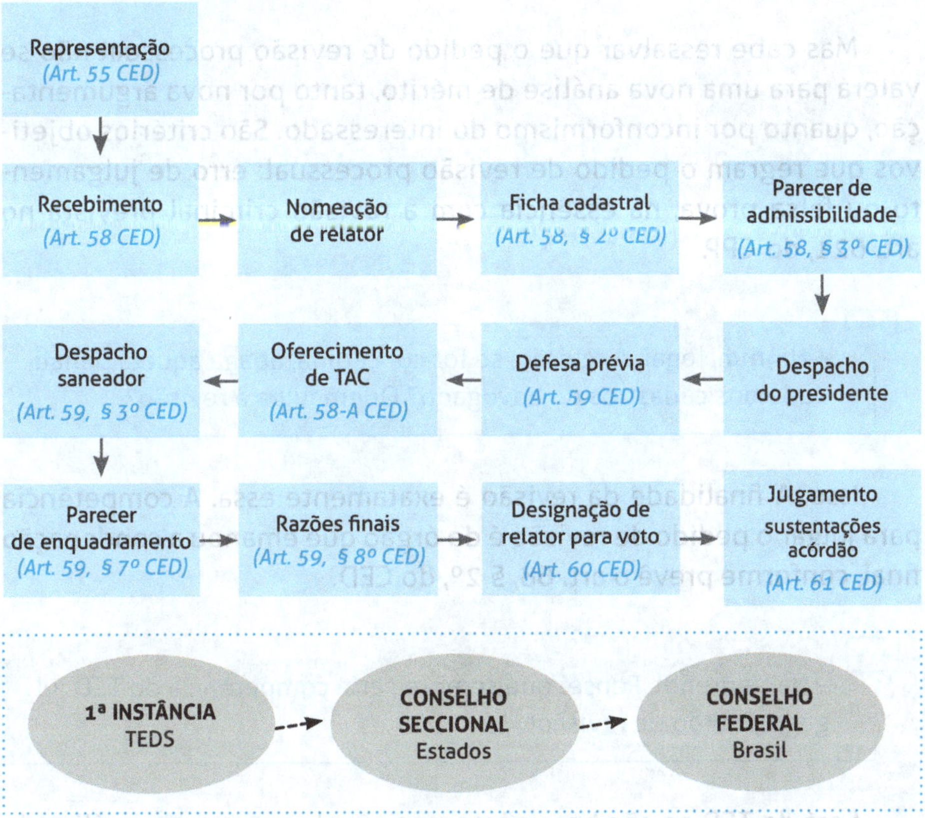

PEDIDO DE REVISÃO

Por fim, existe ainda o pedido de revisão do processo. Repare e releia o § 5º do art. 73 ali em cima. Ele é bem importante.

– Como funciona isso, mestre?

O Estatuto da OAB admite o pedido de revisão dos processos disciplinares a serem propostos pelos advogados que foram punidos com sanção disciplinar. Esse pedido pode ser requerido a qualquer tempo, uma vez que não há determinação de prazo mínimo para ingressar com tal pedido.

Mas cabe ressalvar que o pedido de revisão processual não se valerá para uma nova análise de mérito, tanto por nova argumentação, quanto por inconformismo do interessado. São critérios objetivos que regram o pedido de revisão processual: erro de julgamento ou falsa prova, na essência com a revisão criminal prevista no art. 621, do CPP.

– Hmmm, legal. A revisão, se for concedida, apaga aquela penalidade dos cadastros do advogado? Quem julga a revisão?

Isso. A finalidade da revisão é exatamente essa. A competência para julgar o pedido de revisão é do órgão que emanou a condenação final, conforme prevê o art. 68, § 2º, do CED.

– Não entendi. Pensei que sempre seria competência do TED julgar o pedido de revisão!

Será do TED se não houve interposição de recurso e a análise do mérito foi dele também.

Vamos pensar o seguinte: advogado condenado não interpôs recurso, o trânsito em julgado ocorreu na 1ª instância, ou seja, no próprio TED. A competência originária para julgar a revisão será do próprio TED.

Agora, se houve a interposição de Recurso e o Conselho Seccional foi quem emanou a decisão final, será sua a competência para julgamento do pedido de revisão, ou da mesma forma se a decisão final foi proferida no Conselho Federal da OAB.

Ficou claro?

– Agora, sim, consegui entender. Devo sempre me atentar a quem emanou a decisão *final* para identificar a competência. Mais uma dúvida, o pedido de revisão tem efeito suspensivo?

Não! O processo só surtirá efeitos ao final, quando não couber mais nenhuma discussão.

CAPÍTULO 18

Da prescrição

• Pretensão punitiva
• Intercorrente
• Causas interruptivas

Seguindo o baile dos nossos estudos, vamos ver agora um tema rápido, mas bem importante: prescrição. Ela vem prevista no **art. 43 do EAOAB** e, apesar de ser um único dispositivo, tem regramento nos seus dois parágrafos e nos incisos. Vamos ler juntos o conteúdo todo:

> **Art. 43. EAOAB.** A pretensão à punibilidade das infrações disciplinares prescreve em cinco anos, contados da data da constatação oficial do fato.
>
> **§ 1º** Aplica-se a prescrição a todo processo disciplinar paralisado por mais de três anos, pendente de despacho ou julgamento, devendo ser arquivado de ofício, ou a requerimento da parte interessada, sem prejuízo de serem apuradas as responsabilidades pela paralisação.
>
> **§ 2º** A prescrição interrompe-se:
>
> **I** – pela instauração de processo disciplinar ou pela notificação válida feita diretamente ao representado;
>
> **II** – pela decisão condenatória recorrível de qualquer órgão julgador da OAB.

Vamos do começo. Será de 5 anos a prescrição da pretensão à punibilidade das infrações disciplinares, cujo prazo se inicia na data da constatação oficial do fato. Ou seja, constatado o fato pela OAB, a partir do protocolo da representação ou da data das declarações do interessado tomadas por termo, começa a fluir o prazo de 5 anos para OAB punir o acusado ou para que haja alguma causa de interrupção do prazo. Passado esse prazo, sem qualquer interrupção, a pretensão será fulminada pela prescrição. Essa é a chamada *prescrição da pretensão punitiva*.

– Karina, existe outro tipo de prescrição além dessa que é chamada "prescrição da pretensão punitiva"?

Sim. Além dela, existe também a *prescrição intercorrente*, que é aquela que se efetiva se o processo disciplinar ficar paralisado por mais de três anos, pendente de despacho de movimentação ou julgamento. É a previsão do § 1º.

– Sei. Mas, nesse caso, o processo fica paradinho sem qualquer andamento?

Sim. O artigo fala *paralisado*. Paralisado é imóvel. Ou seja, se o processo ficou imóvel por mais de 3 anos, já era! Nesse caso, o próprio julgador deverá proceder ao seu arquivamento de ofício, ou a parte interessada poderá fazer o correspondente requerimento, sem prejuízo de serem apuradas as responsabilidades por esta paralisação.

– Hmmm, entendi. Então são 5 anos para a pretensão de punir e 3 anos o prazo máximo que o processo poderá ficar paralisado, sem despacho ou julgamento.

Exato. Guarde os prazos e vamos para as duas hipóteses que interrompem a contagem do prazo de prescrição. Estão elencadas no §2º.

A primeira hipótese de interrupção do prazo (**inciso I**) é a instauração de processo disciplinar ou a notificação válida feita diretamente ao advogado representado, e a segunda hipótese de interrupção (**inciso II**) é a decisão condenatória recorrível de qualquer órgão julgador da OAB. Difícil?

– Sim, Karina, difícil. Me explica melhor?

Yep. Seguinte: um procedimento disciplinar se inicia na OAB com o protocolo da representação. Nesse momento, há a ciência inequívoca dos fatos pela autarquia e passa a contar os prazos de prescrição.

Depois disso, existe um despacho que efetivamente instaura o processo se presentes os indícios mínimos. É nesse momento, na instauração formal, que acontece a interrupção do prazo prescricional, um marco na linha do tempo. O mesmo acontece com a notificação válida feita diretamente ao advogado representado acerca do procedimento, ou por fim, pela decisão condenatória recorrível de qualquer órgão julgador da OAB.

Ocorreu um ou outro ou outro, interrompe-se a prescrição e volta a correr por inteiro (5 anos) a partir do fato interruptivo. E ATENÇÃO: quanto à notificação do inciso I, não é qualquer notificação ao advogado, mas sim notificação *válida*! Olha a pegadinha, hein?!

– Boa, profes! Já fiz um asterisco aqui destacando! Tema espinhoso esse, confesso. E aquela prescrição dos 3 anos do processo paralisado, quando interrompe?

Esta daí é interrompida a cada despacho de movimentação do processo ou julgamento e recomeça a fluir pelo mesmo prazo de 3 anos.

Para fechar o capítulo, dá uma lida na **Súmula 01 do CFOAB** que reforça tudo isso que tratamos:

PRESCRIÇÃO.

I – O termo inicial para a contagem do prazo prescricional, na hipótese de processo disciplinar decorrente de representação, a que se refere o *caput* do art. 43, do EAOAB. É a data da constatação oficial do fato pela OAB, considerada a data do protocolo da representação ou a data das declarações do interessado tomadas por termo perante órgão da OAB, a partir de quando começa a fluir o prazo de cinco anos, o qual será interrompido nas hipóteses dos incisos I e II, do art. 43, do EAOB, voltando a correr por inteiro do fato interruptivo.

II – Quando a instauração do processo disciplinar ocorrer de ofício, o termo *a quo* coincidirá com a data em que órgão competente da OAB tomar conhecimento do fato, seja por documento constante dos autos, seja pela sua notoriedade.

III – A prescrição intercorrente de que trata o § 1º, do art. 43, do EAOAB, verificada pela paralisação do processo por mais de três (3) anos, sem qualquer despacho ou julgamento, é interrompida e recomeça a fluir pelo mesmo prazo, a cada despacho de movimentação do processo.

– Belezinha, mestre, acho que ok. Tem perguntinha que já #CaiuNoExame sobre prescrição?!

Tem sim, vamos nessa:

(Questão da Prova – PRESCRIÇÃO) A advogada Dolores cometeu infração disciplinar sujeita à sanção de suspensão em 12/07/2004. Em 13/07/2008, o fato foi oficialmente constatado, tendo sido encaminhada notícia a certo Conselho Seccional da OAB. Em 14/07/2010, foi instaurado processo disciplinar. Em 15/07/2012, foi aplicada definitivamente a sanção disciplinar de suspensão. Sobre o tema, assinale a afirmativa correta.

A) A pretensão à punibilidade das infrações disciplinares prescreve em oito anos. No caso narrado, não se operou o fenômeno prescritivo.

B) A pretensão à punibilidade das infrações disciplinares prescreve em cinco anos. No caso narrado, operou-se o fenômeno prescritivo, pois decorridos mais de cinco anos entre a data do fato e a instauração do processo disciplinar.

C) A pretensão à punibilidade das infrações disciplinares prescreve em oito anos. No caso narrado, operou-se o fenômeno prescritivo, pois decorridos mais de oito anos entre a data do fato e a aplicação definitiva da sanção disciplinar.

D) A pretensão à punibilidade das infrações disciplinares prescreve em cinco anos. No caso narrado, não se operou o fenômeno prescritivo.

– Hmmmm, olha, apesar de difícil o tema, fiz uma linha do tempo que me ajudou. O fato foi em 2004. Noticiou em 2008. Aqui começou o prazo de 5 anos da pretensão punitiva, o prazo do *caput* do **art. 43 do EAOAB**. Porém em 2010, ou seja, 2 anos depois, houve a instauração, que é uma das causas de interrupção da prescrição. Retomou a contagem integralmente neste momento. Em 2012, ou seja, 2 anos após, veio o julgamento, muito antes de 5 anos, e sem notícia de que o processo tenha ficado paralisado por 3 anos. Logo, alternativa correta é a D. Caraca, estou orgulhoso de mim caso tenha acertado, Karina!

Boaaaaaaa! *I am proud of you*! Quem está orgulhosa de você sou eu! Corretíssimo!!!! Capítulo LA-CRA-DO!

CAPÍTULO 19

Dos fins, da organização e das competências

• OAB
• Órgãos da OAB
• CAASP
• Anuidade
• Conselho Federal
• Conselho Seccional
• Subseção
• Tribunais de Ética
– Competência
– Composição
• Corregedorias

Já conversamos bastante a respeito *Da Advocacia*. Agora está na hora de aprendermos um pouco mais sobre a *Ordem dos Advogados do Brasil*. O **Título II do EAOAB** trata da finalidade da OAB, sua organização, composição e as atribuições. O regramento encontra-se nos **arts. 44 ao 50**. Vou explicar tudo desse capítulo a partir de agora. Vamos lá?!

– Vamos, Ká! Quero saber mais a respeito do funcionamento da OAB.

A OAB é uma entidade de serviço público, dotada de personalidade jurídica própria, tendo como finalidade defender a Constituição, a ordem jurídica do Estado democrático, os direitos humanos, a justiça social, a boa aplicação das leis e o aperfeiçoamento da cultura e das instituições jurídicas.

Também é sua finalidade promover, com exclusividade, a representação, a defesa, a seleção e a disciplina dos advogados de todo Brasil. Tudo isso está previsto no **art. 44 do EAOAB.**

– Hmmmm, legal, a OAB então vai além dos interesses profissionais dos advogados. Pera aí... Mas a OAB é um ente público?

Nãããão, a OAB exerce um serviço público, mas não tem vínculo com a Administração Pública, nem funcional, nem hierárquico.

Apesar de meio óbvio, não custa dizer também que o uso da sigla OAB é privativo da Ordem dos Advogados do Brasil.

– Então eu não posso criar nenhuma empresa que tenha como sigla OAB?

Isso mesmo, não pode!

Agora que você já sabe qual a finalidade da OAB, vamos falar sobre os órgãos que a compõem. No **art. 45 da EAOAB**, estão todos eles elencados: o Conselho Federal, os Conselhos Seccionais, as Subseções e as Caixas de Assistência dos Advogados.

Todos esses órgãos possuem personalidade jurídica própria, com a exceção da Subseções, que são consideradas partes autônomas do Conselho Seccional.

– ÔÔÔÔÔ Karina, é muito órgão para minha cabeça! Mas beleza, vamos entender. Me explica o que cada órgão faz?

O Conselho Federal é o órgão supremo da OAB, com sua sede na capital do Brasil. Já os Conselhos Seccionais exercem suas funções nos respectivos territórios (Estados). Mas eu vou explicar os detalhes de cada um depois, pois existem dispositivos específicos que tratam das peculiaridades de cada um. Não só deles, mas também das Subseções e das Caixas de Assistência dos Advogados. Então calma lá!! kkkk

Por agora, ainda sobre a OAB de forma geral, saiba que, por exercer um serviço público, a OAB possui imunidade tributária total, ou seja, não paga impostos em relações a seus bens, rendas e serviços, é o que diz o **§ 5º desse mesmo art. 45 da EAOAB**.

– Nuosssa, que maravilhoso ser imune tributariamente falando hein?!

É verdade! E além disso, ainda cabe à OAB fixar e cobrar, de seus inscritos, contribuições, preços de serviços e multas, já que a OAB é mantida por seus inscritos. Vamos ler agora o **art. 46 do EAOAB**:

> **Art. 46.** Compete à OAB fixar e cobrar, de seus inscritos, contribuições, preços de serviços e multas.
>
> Parágrafo único. Constitui título executivo extrajudicial a certidão passada pela diretoria do Conselho competente, relativa a crédito previsto neste artigo.

– Então quer dizer que vou ter que pagar mensalidade para ser inscrito na OAB?

Com certeza! As contribuições e anuidades pagas pelos advogados são fixadas pela própria OAB, por meio de ato administrativo; caso o inscrito não pague, a OAB pode expedir uma certidão de dívida ativa, iniciando uma ação de execução por quantia certa, segundo o **art. 46 do EAOAB** transcrito acima, leu?

– Acho que estou entendendo tudo, professora. Muito bom. Algo mais sobre pagamentos?

Boa pergunta. O **art. 47 do EAOAB** determina a isenção dos inscritos em seus quadros ao pagamento de contribuição sindical. Bora ler juntos?!

> **Art. 47. EAOAB.** O pagamento da contribuição anual à OAB isenta os inscritos nos seus quadros do pagamento obrigatório da contribuição sindical.

– Não entendi muito bem, Ká. Você pode me explicar?

É bem simples. Essa contribuição mencionada é a contribuição sindical, a qual estipulava, até a Reforma Trabalhista de 2017, a necessidade obrigatória de todo trabalhador, até mesmo o autônomo, a recolher a contribuição sindical. No entanto, no caso do advogado, já não era obrigatório o pagamento em favor de sindicato, porque já fazia em favor da OAB, entendeu?!

– Entendi sim, Ká, vamos para o próximo que estou adorando aprender!

Então vamos! Para finalizar essa parte que trata *Dos fins e da Organização* da OAB, os **arts. 48, 49 e 50 do EAOAB** tratam bastante da figura dos membros da diretoria ou daqueles que exerçam cargos internos.

O **art. 48 do EAOAB** dispõe que o cargo de conselheiro ou de membro de diretoria de órgão da OAB é de exercício gratuito e considerado serviço público relevante até mesmo para fins de disponibilidade e aposentadoria, uma vez que é essencial para a advocacia.

Já os dois artigos seguintes, o **art.49 do EAOAB** e o **art. 50 do EAOAB**, tratam sobre legitimidade dos presidentes dos Conselhos e das Subseções. Bora ler rapidão:

> **Art. 49 do EAOAB.** Os Presidentes dos Conselhos e das Subseções da OAB têm legitimidade para agir, judicial e extrajudicialmente, contra qualquer pessoa que infringir as disposições ou os fins desta lei.
>
> Parágrafo único. As autoridades mencionadas no *caput* deste artigo têm, ainda, legitimidade para intervir, inclusive como assistentes, nos inquéritos e processos em que sejam indiciados, acusados ou ofendidos os inscritos na OAB.
>
> **Art. 50 do EAOAB**. Para os fins desta lei, os Presidentes dos Conselhos da OAB e das Subseções podem requisitar cópias de peças de autos e documentos a qualquer tribunal, magistrado, cartório e órgão da Administração Pública direta, indireta e fundacional.

Veja que que os presidentes dos Conselhos Seccionais e das Subseções podem agir, judicial ou extrajudicialmente, em oposição àqueles que violarem o cumprimento do EAOAB, podendo, ainda, intervir, ou seja, adentrar nos processos que tenham advogados sendo indiciados, acusados ou ofendidos.

> – E por que fariam isso, Karina? Para apoiar a classe, prestar auxílio a um integrante da classe advocatícia?

Exatamente, você pegou o ponto! E da mesma forma, e para os mesmos objetivos, também possuem legitimidade para requisitar cópias de peças de autos e documentos a qualquer tribunal, magistrado, cartório e órgão da Administração Pública direta, indireta e fundacional.

Vamos fazer uma questão juntos?!

– Bora, mestre!

(Exame de Ordem – ASSUNTO: DOS FINS E DA ORGANIZAÇÃO) Em relação à organização da Ordem dos Advogados do Brasil (OAB), assinale a opção correta.

A) Somente é possível a criação de Caixa de Assistência dos Advogados quando a seccional contar com mais de 1.500 inscritos.

B) A OAB está ligada ao Ministério da Justiça para fins de dotação orçamentária.

C) O presidente de Seccional pode, a critério do Pleno, receber remuneração pelo exercício do cargo.

D) O Conselho Seccional é órgão do Conselho Federal.

– Professora, acho que a resposta é A, pois, assim como vimos anteriormente, as Caixas de Assistência dos Advogados visam assegurar assistência aos advogados quando a Seccional contar com mais de 1.500 inscritos. Acho que estava no art. 45 do EAOAB, aquele que dispunha sobre os órgãos.

É isso aí! Você já está pronto para gabaritar a respeito dos fins e das organizações na prova da Ordem! A resposta é essa mesma. No **art. 45, § 4º do EAOAB**, está previsto que as Caixas de Assistência dos Advogados, dotadas de personalidade jurídica própria, são criadas pelos Conselhos Seccionais, quando estes contarem com mais de 1.500 inscritos.

Já no **art. 44, § 1º do EAOAB**, está disposto que a OAB não mantém qualquer vínculo funcional ou hierárquico com órgãos da Administração Pública, o que invalida a alternativa B.

Já a resposta C está errada porque os cargos na OAB são exercidos de forma gratuita (**art. 48 EAOAB**) e, por fim, com relação à resposta D, está incorreta porque o Conselho Seccional não é órgão do Conselho Federal, mas ambos são, na verdade, órgãos da própria OAB, um de âmbito nacional (Conselho Federal) e outro de âmbito estadual (Conselho Seccional).

– Muito bom, Karina! Valeu mesmo!

Bom, então a partir de agora falaremos especificamente sobre cada um dos órgãos da OAB, sendo o primeiro deles o *Conselho Federal*. O **Capítulo II do EAOAB** trata sobre esse tema, **do art. 51 ao art. 55**. Esse capítulo regulamenta a composição, a estrutura, o funcionamento e as atribuições do Conselho Federal. Vamos entender um pouco sobre esse Conselho?

– Vamos, professora! O que é exatamente o Conselho Federal?

O Conselho Federal da Ordem dos Advogados da OAB (CFOAB) é o órgão supremo da OAB, ou seja, é o grau recursal final. Ele tem personalidade jurídica própria e é sediado na capital da República.

Ele é composto pelos conselheiros federais integrantes das delegações de cada unidade federativa e pelos seus ex-presidentes na qualidade de membros honorários vitalícios, conforme previsto no **art. 51 do EAOAB**. Cada delegação é formada por três conselheiros federais.

– E todos esses que participam do Conselho podem votar sobre os assuntos discutidos?

Boa pergunta! Os conselheiros têm direito a voz e a voto, contudo, há duas exceções.

De acordo com o **§ 2º do art. 51** e com o **art. 52 do EAOAB**, os ex-presidentes e os presidentes dos Conselhos Seccionais terão apenas o direito a voz. Não poderão votar, apenas falar.

– Hmmm... interessante isso. Significa que eles (esses que têm direito apenas a voz) podem ter considerações importantes para aqueles que podem votar levarem em conta, né, professora?

Exatamente. O espírito é esse!

Bora avançar e falar sobre a estrutura e o funcionamento do Conselho Federal, definidos no Regulamento Geral da OAB.

Os parágrafos do **art. 53 do EAOAB** trazem algumas exigências quanto ao voto. É melhor que leia:

> **Art. 53. EAOAB.** O Conselho Federal tem sua estrutura e funcionamento definidos no Regulamento Geral da OAB.
>
> § 1º O Presidente, nas deliberações do Conselho, tem apenas o voto de qualidade.
>
> § 2º O voto é tomado por delegação, e não pode ser exercido nas matérias de interesse da unidade que represente.
>
> § 3º Na eleição para a escolha da Diretoria do Conselho Federal, cada membro da delegação terá direito a 1 (um) voto, vedado aos membros honorários vitalícios.

– Aaaai, mestre. Não entendi muito bem. O que é esse tal voto de qualidade?

Vamos com calma. Voto de qualidade é o voto de desempate. Quando houver um empate nas votações, o Presidente tem o poder de desempatar através do voto de qualidade.

Ainda, dizer que o voto é tomado por delegação significa dizer que os Conselheiros Federais daquele mesmo Estado vão decidir por um voto único. O voto não vai ser por "cabeça", mas, sim, por delegação. Eles devem entrar em consenso!

– Caraaaamba, professora! E como nós estudamos anteriormente que as delegações são formadas por três conselheiros significa que sempre vai ser formado um voto único sem empate, né? Adorei!

Isso mesmooo! Você entendeu direitinho o voto por delegação.

Já o voto por "cabeça" se dá, por exemplo, quando se tratar da eleição para a escolha da diretoria do Conselho Federal, conforme o § 3º do art. 53 do EAOAB, em que cada membro da delegação terá direito a um voto, vedado aos membros honorários vitalícios.

Deu para entender a diferença?

– Hmm, entendi tudo até agora, Karina. Mas ainda tenho uma perguntinha! rs O que exatamente esse Conselho faz?

Ótima pergunta. Vamos falar disso agora! rs O art. 54 do EAOAB trata das competências do Conselho Federal, que são muitas! São 18 incisos para estudarmos. É um artigo muito importante e que até já #CaiuNoExame. Então bora ler juntos, devagar, para ficar mais fácil:

> **Art. 54. EAOAB.** Compete ao Conselho Federal:
>
> I – dar cumprimento efetivo às finalidades da OAB;
>
> II – representar, em juízo ou fora dele, os interesses coletivos ou individuais dos advogados;
>
> III – velar pela dignidade, independência, prerrogativas e valorização da advocacia;
>
> IV – representar, com exclusividade, os advogados brasileiros nos órgãos e eventos internacionais da advocacia;

V – editar e alterar o Regulamento Geral, o Código de Ética e Disciplina, e os Provimentos que julgar necessários;

VI – adotar medidas para assegurar o regular funcionamento dos Conselhos Seccionais;

VII – intervir nos Conselhos Seccionais, onde e quando constatar grave violação desta lei ou do regulamento geral;

VIII – cassar ou modificar, de ofício ou mediante representação, qualquer ato, de órgão ou autoridade da OAB, contrário a esta lei, ao regulamento geral, ao Código de Ética e Disciplina, e aos Provimentos, ouvida a autoridade ou o órgão em causa;

IX – julgar, em grau de recurso, as questões decididas pelos Conselhos Seccionais, nos casos previstos neste estatuto e no regulamento geral;

X – dispor sobre a identificação dos inscritos na OAB e sobre os respectivos símbolos privativos;

XI - apreciar o relatório anual e deliberar sobre o balanço e as contas de sua diretoria;

XII – homologar ou mandar suprir relatório anual, o balanço e as contas dos Conselhos Seccionais;

XIII – elaborar as listas constitucionalmente previstas, para o preenchimento dos cargos nos tribunais judiciários de âmbito nacional ou interestadual, com advogados que estejam em pleno exercício da profissão, vedada a inclusão de nome de membro do próprio Conselho ou de outro órgão da OAB;

XIV – ajuizar ação direta de inconstitucionalidade de normas legais e atos normativos, ação civil pública, mandado de segurança coletivo, mandado de injunção e demais ações cuja legitimação lhe seja outorgada por lei;

XV – colaborar com o aperfeiçoamento dos cursos jurídicos, e opinar, previamente, nos pedidos apresentados aos órgãos competentes para criação, reconhecimento ou credenciamento desses cursos;

XVI – autorizar, pela maioria absoluta das delegações, a oneração ou alienação de seus bens imóveis;

XVII – participar de concursos públicos, nos casos previstos na Constituição e na lei, em todas as suas fases, quando tiverem abrangência nacional ou interestadual;

XVIII – resolver os casos omissos neste estatuto.

Parágrafo único. A intervenção referida no inciso VII deste artigo depende de prévia aprovação por dois terços das delegações, garantido o amplo direito de defesa do Conselho Seccional respectivo, nomeando-se diretoria provisória para o prazo que se fixar.

– Eeeeeita, Ká... Esse Conselho é responsável por muita coisa, hein?!

Pois é! Kkkkk O importante é ter em mente que o Conselho Federal é o órgão máximo da OAB. Realmente não é fácil saber de todas as atribuições de cabeça. Mas tente lembrar que ele possui competências muito nobres, como "velar pela dignidade, independência, prerrogativas e valorização da advocacia" e "representar, com exclusividade, os advogados brasileiros nos órgãos e eventos internacionais da advocacia", por exemplo.

– Essa é uma boa dica, mestre! E se a gente vir aquela pergunta que você disse que já caiu no Exame de Ordem pra fixar melhor esse assunto?

Bora! Só não vale olhar a resposta na sequência do diálogo, hein! Kkkk Vamos ver:

(Exame de Ordem – ASSUNTO CONSELHO FEDERAL) As alternativas a seguir apresentam algumas das competências do Conselho Federal da Ordem dos Advogados do Brasil, à exceção de uma. Assinale-a.

A) Representar, em juízo ou fora dele, os interesses coletivos dos advogados.

B) Velar pela dignidade, independência, prerrogativas e valorização da advocacia.

C) Representar, sem exclusividade, os advogados brasileiros nos órgãos e eventos internacionais da advocacia.

D) Editar e alterar o Regulamento Geral, o Código de Ética e Disciplina, e os Provimentos que julgar necessários.

E aí? Consegue me falar a resposta certa?

– Ah, professora, você escolheu a mais fácil, né? A resposta correta é a letra C, porque, de acordo com o **art. 54, IV do EAOAB**, o Conselho Federal representa COM exclusividade os advogados brasileiros nos órgãos e eventos internacionais da advocacia. O Conselho Federal possui atribuições nobres, então precisa ser com exclusividade, né? Hehe

Showww! Então vamos em frente, porque nós ainda precisamos estudar o **art. 55 do EAOAB**. Esse artigo dispõe sobre a composição da diretoria do Conselho Federal.

– E quem faz parte da diretoria do Conselho Federal, Karina?

A diretoria é composta de um presidente, um vice-presidente, um secretário-geral, um secretário-geral adjunto e um tesoureiro.

O presidente, que é o cargo mais importante, é o responsável por representar a OAB nacional e internacionalmente, por convocar, presidir, administrar e representar o Conselho Federal. É responsável também por dar execução às decisões do Conselho.

– Entendi, mestre. E só por curiosidade: quem define as responsabilidades do presidente, já que ele é o cargo mais alto??

O Regulamento Geral! Tanto as atribuições dos membros da diretoria como as ordens de substituição em casos de falta, vacância, impedimento e licença são definidas pelo Regulamento Geral. Essa informação está no **§ 2º do art. 55 do EAOAB**.

– Hmmm, bem de boa! E como votam os membros da diretoria?

Eles vão votar como membros de suas delegações! Já ao presidente, como vimos anteriormente, caberá apenas o voto de qualidade. Ah, caso a decisão não tiver sido unânime, o presidente também terá o direito de embargar essa decisão. É o que traz o **§ 3º do art. 55 do EAOAB**. Entendeu?

– Entendi sim, profs, muito obrigadx! Até que esse assunto é tranquilo, né?

Sim! Que bom que você já entendeu tudo sobre o *Conselho Federal*! Agora já podemos falar sobre o próximo assunto, que é o Conselho Seccional! Vamos nessa?

– Vamossss! 😊

Bom, o Conselho Seccional vem previsto **do art. 56 ao art. 59 do EAOAB.** Esse Conselho, que possui atribuição estadual, é composto de conselheiros em número proporcional ao de seus inscritos, ou seja, quanto mais advogados naquela seccional, mais conselheiros e vice-versa. Os critérios estão definidos no Regulamento Geral.

– São Paulo deve ter bastante conselheiro, né, Karina? É o lugar do Brasil com maior número de advogados.

Sem dúvida! É isso mesmo.

Assim como no CFOAB, existem membros que possuem direito a voz e voto, como os conselheiros que o compõem, e existem aqueles que possuem apenas direito a voz, que é o caso dos membros honorários vitalícios.

– Quem são os membros honorários vitalícios, Karina?

São os ex-presidentes daquele Conselho Seccional e também o presidente do Instituto de Advogados local. Esses membros poderão se pronunciar, mas não poderão votar. Igualmente poderão se pronunciar, sem direito a voto, o presidente do Conselho Federal, os conselheiros federais integrantes da respectiva delegação, o presidente da Caixa de Assistência dos Advogados e os presidentes das Subseções quando eventualmente presentes às sessões do Conselho Seccional.

O Conselho Seccional exerce e observa, no seu respectivo território, as competências, vedações e funções atribuídas ao Conselho Federal, no que couber e no âmbito de sua competência material e territorial, e as normas gerais estabelecidas no EAOAB, no Regulamento Geral, no Código de Ética e Disciplina, e nos Provimentos, cabendo ao Conselho *privativamente* uma série de atribuições elencadas no **art. 58 do EAOAB**. Como são muitas, faremos a transcrição para você ler com calma cada uma delas:

> **Art. 58 EAOAB.** Compete privativamente ao Conselho Seccional:
>
> I – editar seu regimento interno e resoluções;
>
> II – criar as Subseções e a Caixa de Assistência dos Advogados;
>
> III – julgar, em grau de recurso, as questões decididas por seu Presidente, por sua diretoria, pelo Tribunal de Ética e Disciplina, pelas diretorias das Subseções e da Caixa de Assistência dos Advogados;
>
> IV – fiscalizar a aplicação da receita, apreciar o relatório anual e deliberar sobre o balanço e as contas de sua diretoria, das

diretorias das Subseções e da Caixa de Assistência dos Advogados;

V – fixar a tabela de honorários, válida para todo o território estadual;

VI – realizar o Exame de Ordem;

VII – decidir os pedidos de inscrição nos quadros de advogados e estagiários;

VIII – manter cadastro de seus inscritos;

IX – fixar, alterar e receber contribuições obrigatórias, preços de serviços e multas;

X – participar da elaboração dos concursos públicos, em todas as suas fases, nos casos previstos na Constituição e nas leis, no âmbito do seu território;

XI – determinar, com exclusividade, critérios para o traje dos advogados, no exercício profissional;

XII – aprovar e modificar seu orçamento anual;

XIII – definir a composição e o funcionamento do Tribunal de Ética e Disciplina, e escolher seus membros;

XIV – eleger as listas, constitucionalmente previstas, para preenchimento dos cargos nos tribunais judiciários, no âmbito de sua competência e na forma do Provimento do Conselho Federal, vedada a inclusão de membros do próprio Conselho e de qualquer órgão da OAB;

XV – intervir nas Subseções e na Caixa de Assistência dos Advogados;

XVI – desempenhar outras atribuições previstas no regulamento geral.

– Nossa, aí ferrou, hein, professora.

Olha, de fato é muita informação, muita atribuição. Mas tenha em mente que o Conselho Seccional está ligado às tarefas estaduais, enquanto o Conselho Federal está ligado às tarefas nacionais. Veja que, no final das contas, as atribuições acabam sendo quase óbvias.

É importante você saber que as atribuições são privativas, ou seja, são apenas do Conselho Seccional. Lembre também que o Exame de Ordem é unificado nacionalmente, porém os Conselhos Seccionais devem realizá-lo. Não confunda achando que cada Seccional terá um exame diferente, ok?

– Hmmm, já ia perguntar isso, acredita?!

Pois é, imaginei. Vamos agora tratar das subseções, ok? Já vimos o Conselho Federal, o Conselho Seccional, agora falaremos sobre as subseções!

As Subseções são partes autônomas criadas pelo Conselho Seccional, que também fixa sua área territorial e seus limites de competência e autonomia.

A área territorial da Subseção pode abranger um ou mais municípios, ou parte de um município, contando com um mínimo de quinze advogados, nela profissionalmente domiciliados.

A Subseção é administrada por uma diretoria, que possui atribuições e composição equivalentes às da diretoria do Conselho Seccional.

– Professora, o mínimo é de 15 advogados. Mas e quando existirem muitos advogados naquela região, muda alguma coisa?

Boa pergunta. Não há um limite máximo de inscritos na Subseção, porém, se houver mais de 100 advogados, a Subseção poderá ter um conselho próprio, em número fixado pelo Conselho Seccional.

Mas é bom que você saiba que esses números, 15 advogados ou 100 advogados, poderão ser ampliados pelo Conselho Seccional.

– E a Subseção vive de quê? Como se sustenta, Karina?

O mesmo Conselho Seccional fixa o orçamento e as dotações específicas destinadas à manutenção e ao funcionamento das Subseções.

– Ô loco, o Conselho Seccional parece o pai e a mãe da Subseção. kkkk

Mais ou menos isso, é essa ideia! Inclusive o Conselho Seccional, mediante o voto de dois terços de seus membros, pode intervir nas Subseções, onde constatar grave violação do EAOAB ou do regimento interno do Conselho. Existe uma responsabilidade e supervisão!

– E o que faz a Subseção? Quais são as atribuições dela, Karina? Por que elas existem?

Então, vamos ler juntos a competência da Subseção:

> **Art. 61**. Compete à Subseção, no âmbito de seu território:
>
> I – dar cumprimento efetivo às finalidades da OAB;
>
> II – velar pela dignidade, independência e valorização da advocacia, e fazer valer as prerrogativas do advogado;
>
> III – representar a OAB perante os poderes constituídos;
>
> IV - desempenhar as atribuições previstas no regulamento geral ou por delegação de competência do Conselho Seccional.
>
> Parágrafo único. Ao Conselho da Subseção, quando houver, compete exercer as funções e atribuições do Conselho Seccional, na forma do regimento interno deste, e ainda:

> a) editar seu regimento interno, a ser referendado pelo Conselho Seccional;
>
> b) editar resoluções, no âmbito de sua competência;
>
> c) instaurar e instruir processos disciplinares, para julgamento pelo Tribunal de Ética e Disciplina;
>
> d) receber pedido de inscrição nos quadros de advogado e estagiário, instruindo e emitindo parecer prévio, para decisão do Conselho Seccional.

– Hmmm, de novo são muitas atribuições.

Sim, mas veja que fazem muito sentido no âmbito territorial menor. Existe o Conselho Seccional do Estado, mas que zela por tudo, são muitas cidades, muitos advogados. A Subseção tem uma abrangência e uma área territorial bem menores e bem definidas. Naquela área, vai a cumprimento efetivo às finalidades da OAB, fazer valer as prerrogativas dos advogados, velar pela dignidade, independência e valorização da advocacia, entre outras funções elencadas no artigo acima transcrito.

– Hmmm, entendo. É quase um organograma de empresa. Não daria para um órgão cuidar de tudo. Essa é a ideia também da Caixa de Assistência dos Advogados?

Mais ou menos! A Caixa de Assistência dos Advogados, diferentemente da Subseção, tem personalidade jurídica própria e destina-se a prestar assistência aos inscritos no Conselho Seccional a que se vincule. É algo bastante específico. Vamos ler o **art. 62 do EAOAB**, que disciplina toda a questão da Caixa de Assistência dos Advogados:

> **Art. 62.** A Caixa de Assistência dos Advogados, com personalidade jurídica própria, destina-se a prestar assistência aos inscritos no Conselho Seccional a que se vincule.

§ 1º A Caixa é criada e adquire personalidade jurídica com a aprovação e registro de seu estatuto pelo respectivo Conselho Seccional da OAB, na forma do regulamento geral.

§ 2º A Caixa pode, em benefício dos advogados, promover a seguridade complementar.

§ 3º Compete ao Conselho Seccional fixar contribuição obrigatória devida por seus inscritos, destinada à manutenção do disposto no parágrafo anterior, incidente sobre atos decorrentes do efetivo exercício da advocacia.

§ 4º A diretoria da Caixa é composta de cinco membros, com atribuições definidas no seu regimento interno.

§ 5º Cabe à Caixa a metade da receita das anuidades recebidas pelo Conselho Seccional, considerado o valor resultante após as deduções regulamentares obrigatórias.

§ 6º Em caso de extinção ou desativação da Caixa, seu patrimônio se incorpora ao do Conselho Seccional respectivo.

§ 7º O Conselho Seccional, mediante voto de dois terços de seus membros, pode intervir na Caixa de Assistência dos Advogados, no caso de descumprimento de suas finalidades, designando diretoria provisória, enquanto durar a intervenção.

– Professora, me dá uma preguiça de ler tantas funções e atribuições, e regras, e composição, e isso e aquilo.

Sim, mas você precisa conhecer seu Estatuto e os órgãos da autarquia a que você se encontra vinculado, não tem jeito! E olha pelo lado bom, a Caixa de Assistência dos Advogados traz vários benefícios, como livros mais baratos, medicamentos, parcerias com empresas diversas etc. Ela existe para prestar assistência aos advogados!

Aqui não tem jeito nem adiante explicar muito. Você vai precisar ler com calma cada um dos parágrafos do **art. 62** para se familiarizar com o assunto e gravar as informações.

CAPÍTULO 20

Das eleições e dos mandatos

• Eleições na OAB
• Período do mandato
• Extinção do mandato
• Eleição da diretoria

Vamos agora falar de eleições e os mandatos na OAB?! Desapega do ranço e vamos aprender!

– Vamos, quem sabe um dia viro presidente da OAB! hehe

Aí sim, hein, gostei.

Vamos começar. A eleição dos membros de todos os órgãos da OAB será realizada na segunda quinzena do mês de novembro, do último ano do mandato, mediante cédula única e votação direta dos advogados regularmente inscritos e é de comparecimento obrigatório!

– Hmmmm, então terei que votar sempre. E para ser votado, quais são os requisitos?

Essa pergunta é boa, pois houve uma alteração nesse parágrafo em 2019, então existem chances de o assunto ser cobrado no Exame de Ordem. Por conta disso, vamos ler pausadamente juntos:

> § 2º O candidato deve comprovar situação regular perante a OAB, não ocupar cargo exonerável *ad nutum*, não ter sido condenado por infração disciplinar, salvo reabilitação, e exercer efetivamente a profissão há mais de 3 (três) anos, nas eleições para os cargos de Conselheiro Seccional e das Subseções, quando houver, e há mais de 5 (cinco) anos, nas eleições para os demais cargos. (Redação dada pela Lei nº 13.875, de 2019)

– O que mudou, Karina?

Antes, o candidato deveria exercer efetivamente a profissão há mais de 5 anos, sem distinção. Agora, deverá exercer efetivamente a profissão há mais de 3 (três) anos, nas eleições para os cargos de Conselheiro Seccional e das Subseções, quando houver, e há mais de 5 (cinco) anos, nas eleições para os demais cargos.

– Hmm, saquei, profes. E quanto tempo fica no cargo?

O mandato é de 3 anos, iniciando-se em 1º de janeiro do ano seguinte ao da eleição, salvo o Conselho Federal, onde seus conselheiros federais eleitos iniciam seus mandatos em 1º de fevereiro do ano seguinte ao da eleição.

– E se o eleito tiver uma condenação disciplinar, por exemplo, o que acontece?

Muito boa sua observação. O **art. 66 do EAOAB** trata de algumas hipóteses de extinção do mandato antes de seu término normal. Veja as hipóteses:

> I – cancelamento de inscrição ou de licenciamento do profissional;
>
> II – o titular sofrer condenação disciplinar;

III – o titular faltar, sem motivo justificado, a três reuniões ordinárias consecutivas de cada órgão deliberativo do conselho ou da diretoria da Subseção ou da Caixa de Assistência dos Advogados;

Ou seja, se sofrer condenação disciplinar, extingue-se o mandato automaticamente, e neste caso, caberá ao Conselho Seccional escolher o substituto, caso não haja suplente.

Para finalizar este Capítulo, que de fato é meio chato, vamos ler juntos as regrinhas para eleição dos candidatos do Conselho Seccional e também do Conselho Federal.

Conselho Seccional:

Art. 64. Consideram-se eleitos os candidatos integrantes da chapa que obtiver a maioria dos votos válidos.

§ 1º A chapa para o Conselho Seccional deve ser composta dos candidatos ao conselho e à sua diretoria e, ainda, à delegação ao Conselho Federal e à Diretoria da Caixa de Assistência dos Advogados para eleição conjunta.

§ 2º A chapa para a Subseção deve ser composta com os candidatos à diretoria, e de seu conselho quando houver.

Conselho Federal:

Art. 67. A eleição da Diretoria do Conselho Federal, que tomará posse no dia 1º de fevereiro, obedecerá às seguintes regras:

I – será admitido registro, junto ao Conselho Federal, de candidatura à presidência, desde seis meses até um mês antes da eleição;

II – o requerimento de registro deverá vir acompanhado do apoiamento de, no mínimo, seis Conselhos Seccionais;

III – até um mês antes das eleições, deverá ser requerido o registro da chapa completa, sob pena de cancelamento da candidatura respectiva;

IV – no dia 31 de janeiro do ano seguinte ao da eleição, o Conselho Federal elegerá, em reunião presidida pelo conselheiro mais antigo, por voto secreto e para mandato de 3 (três) anos, sua diretoria, que tomará posse no dia seguinte; (Redação dada pela Lei nº 11.179, de 2005)

V – será considerada eleita a chapa que obtiver maioria simples dos votos dos Conselheiros Federais, presente a metade mais 1 (um) de seus membros. (Redação dada pela Lei nº 11.179, de 2005)

Parágrafo único. Com exceção do candidato a Presidente, os demais integrantes da chapa deverão ser conselheiros federais eleitos.

– Nossa, Karina, que *bad* ter que saber tudo isso de cabeça!

Um pouco, kkkk mas nem tanto, vai. Poderia ter que saber falar mandarim ou grego. Ia ser bem mais difícil!

– hahahaha Com certeza! Depois dessa comparação, pensando bem, vou aprender isso aí porque tá bem facinho!!

CAPÍTULO 21

Do exercício de cargos e função na OAB

• Sigilo em razão de informações que teve acesso
• Vedação de contratações onerosas
• Vedação de atuação em processos internos
• Quinto constitucional

O Capítulo VI do CED trata "Do Exercício de Cargos e Funções na OAB e na Representação da Classe", e o regramento encontra-se nos arts. 31 a 34 do CED. Esse capítulo vai regular e orientar o advogado que exerça cargos dentro da própria OAB, suas prerrogativas, seus deveres, e assim por diante, tudo com vistas a evitar a utilização dessas posições para finalidades indevidas ou pessoais.

O art. 31 do CED trata do dever maior dos advogados, públicos ou privados, que ocupem cargos ou funções na OAB, de manterem conduta ética que revele plena lealdade aos interesses, direitos e prerrogativas da classe dos advogados que representa. Ou seja, preservar a dignidade da advocacia, sem interesses escusos.

– Entendi, Karina. Mas isso é o mínimo, não é? Quase óbvio!

Pois é! A participação de profissionais nos diversos cargos ou funções da OAB, seja nos Conselhos, nos Tribunais de Ética, nas Comissões, nas secretarias, diretoria, CAASP etc. deve sempre observar o interesse da classe advocacia, da forma mais ética e leal possível.

Tanto que o advogado que exercer qualquer cargo ou função na OAB fica proibido de firmar contratos remunerados de prestação de serviços ou fornecimento de produtos com a entidade, da mesma forma que fica impedido de adquirir bens imóveis ou móveis de qualquer órgãos da OAB, ou a eles aliená-los. É o que determina o *caput* do art. 32 do CED, veja:

> **Art. 32.** Não poderá o advogado, enquanto exercer cargos ou funções em órgãos da OAB ou representar a classe junto a quaisquer instituições, órgãos ou comissões, públicos ou privados, firmar contrato oneroso de prestação de serviços ou fornecimento de produtos com tais entidades nem adquirir bens imóveis ou móveis infungíveis de quaisquer órgãos da OAB, ou a estes aliená-los.

– Saquei, Karina. Isso quer dizer que, se um advogado exercer cargo dentro da Ordem, não pode comprar nem vender nada para Ordem, correto?

Isso! Não poderá vender ou comprar bens imóveis ou móveis infungíveis, nem prestar serviços ou fornecer produtos de forma remunerada. Nenhuma relação de natureza comercial onerosa, ou seja, paga. Veja que existe a palavra infungíveis no dispositivo. Você reparou?

– Sim, e já ia perguntar o que isso quer dizer.

Bens móveis infungíveis são aqueles que não se substituem ou podem ser substituídos por outros da mesma espécie, qualidade e quantidade, ou seja, são insubstituíveis, por exemplo, uma escultura, uma obra de arte.

A ideia disso tudo é impedir favorecimento pessoal ou de terceiros, como você já deve ter percebido. Mas temos uma espécie de exceção. Advinha!

– Xiiiii, não sei, professora! #MimAjuda

Risos! Bom, a exceção é que não há impedimento ao exercício remunerado de atividade de magistério na ENA e nas ESAs, e também nas bancas do Exame de Ordem, mas claro, desde que se observem dois princípios: da moralidade e da modicidade dos valores. Essa exceção está no parágrafo único do art. 32 do CED.

– Eitaaaaa, calma aí, Karina! Vamos por partes. Primeiro: o que é ENA e ESA?

ENA é a Escola Nacional da Advocacia e as ESAs são as Escola de Advocacia. Ou seja, se o advogado proferir aulas, cursos, palestras, relacionadas ao magistério, ou seja, educação e formação, não haverá impedimento em receber remuneração. O mesmo se diga em relação aos integrantes nas bancas do Exame de Ordem, que também podem ser remunerados ou contratados, observados, como já dito, aqueles dois princípios que mencionei.

– Princípio da moralidade e da modicidade dos valores. Moralidade é intuitivo. E modicidade, Karina?

Modicidade quer dizer módico, ou seja, moderado, modesto, comedido. Os valores de remuneração a serem pagos naquelas exceções, quais sejam, atividade de magistério/professor na ENA ou nas ESAs e aos integrantes nas bancas do Exame de Ordem devem ser assim, modestos, não exagerados.

Vamos em frente! Agora iremos falar sobre o art. 33 do CED, que é muito importante e que até #CaiuNoExame! Esse dispositivo traz um outro tipo de vedação. Veja:

> **Art. 33.** Salvo em causa própria, não poderá o advogado, enquanto exercer cargos ou funções em órgãos da OAB ou tiver assento, em qualquer condição, nos seus Conselhos, atuar em processos que tramitem perante a entidade nem oferecer pareceres destinados a instruí-los.

– Estou lendo aqui, Karina. Bom vamos ver se entendi: não poderá um advogado que exerça cargo ou função interna na OAB, ou que faça parte de qualquer Conselho, atuar em processos que tramitem na entidade, representando qualquer das partes (ou seja, na condição de advogado de terceiro) nem oferecer pareceres que possam instruir esses processos internos. Ele só pode fazer isso tudo se for para ele mesmo!

Binnnngo! É exatamente isso! Veja que a frase se inicia com "salvo em causa própria". Isso quer dizer que a única exceção que se admite àquele que ocupar cargo interno na OAB e também atuar em processos internos é que ele seja pessoalmente o interessado, ou seja, se estiver em causa própria.

Fora dessa condição, não poderá representar ninguém, caso exerça qualquer cargo ou função em órgãos da OAB, ou tiver assento, em qualquer condição, nos seus Conselhos. Isso serve para evitar que algum advogado se valha dessa condição para obter algum tipo de acesso, vantagem ou benefício indevido.

– A restrição dura quanto tempo?

Boa pergunta! Após essa condição, ou seja, caso deixe o cargo ou função, poderá atuar normalmente, já que não existe nenhum período de "carência" para tanto. Em outras palavras, dura o tempo que exercer o cargo ou a função.

Veja que temos aqui também uma exceção, mas que faz todo sentido, já que a vedação não se aplica aos dirigentes de Seccionais quando atuarem, exatamente, nessa qualidade de dirigentes, para recorrer nos processos em trâmite perante os órgãos da OAB. Ou seja, são os recursos de ofício ou atuação em nome da própria Seccional em processos administrativos internos. Nesses casos, eles representam a Seccional, daí a permissão. Vamos ler juntos:

> Parágrafo único. A vedação estabelecida neste artigo não se aplica aos dirigentes de Seccionais quando atuem, nessa qualidade, como legitimados a recorrer nos processos em trâmite perante os órgãos da OAB.

– Hmmmmmm, mestre, entendi! E cadê aquela pergunta que você disse que já havia caído no Exame de Ordem sobre esse assunto?

Tá aqui. Olha! Leia o enunciado, tampe o comentário seguinte e me diga se acertou.

(Exame de Ordem – ASSUNTO: EXERCÍCIO DE CARGO OU FUNÇÃO) Severino, advogado, é notório conhecedor das normas procedimentais e disciplinares do Estatuto da Advocacia e da OAB, bem como de seu regulamento, atuando na defesa de colegas advogados em processos disciplinares. Recentemente, Severino foi eleito conselheiro, passando a exercer essa função em certo Conselho Seccional da OAB. Considerando o caso descrito, assinale a afirmativa correta.

A) Severino não poderá, enquanto exercer a função de conselheiro, atuar em processos disciplinares que tramitem perante qualquer órgão da OAB, sequer em causa própria.

B) Severino não poderá, enquanto for conselheiro, atuar em processos disciplinares que tramitem perante o Conselho Seccional onde exerce sua função. Porém, perante os demais conselhos, não há vedação à sua atuação, em causa própria ou alheia.

C) Severino não poderá, enquanto for conselheiro, atuar em processos disciplinares que tramitem perante o Conselho Seccional onde exerce sua função e o Conselho Federal da OAB. Porém, perante os demais conselhos, não há vedação à sua atuação, em causa própria ou alheia.

D) Severino não poderá, enquanto exercer a função, atuar em processos disciplinares que tramitem perante qualquer órgão da OAB, salvo em causa própria.

E aí, meu amigo, minha amiga, qual é a resposta correta ?

– Ahhh, fácil. Letra D. Severino não poderá, enquanto exercer a função, atuar em processos disciplinares que tramitem perante qualquer órgão da OAB, salvo em causa própria.

Correta resposta! Veja que a restrição é NACIONAL e não apenas na Seccional em que ocupar o cargo ou função. Não pode em nenhuma Seccional, nenhum Estado. É no Brasil inteiro!

Por fim, vamos tratar do último dispositivo relacionado a esse assunto, que é o art. 34 do CED. Esse artigo trata do compromisso do advogado em não agir com nepotismo, nem em desacordo com a moralidade administrativa, bem como de assumir a promessa de respeitar plenamente as prerrogativas dos advogados, quando submeter seu nome ao Conselho Federal da OAB (CFOAB) ou ao Conselho Seccional do seu Estado, com objetivo de incluir-se em listas destinadas ao preenchimento de vagas reservadas à classe (dos advogados) nos Tribunais, no Conselho Nacional de Justiça (CNJ) ou no Conselho Nacional do Ministério Público (CNMP) ou outros colegiados.

– Pera, pera, pera, professora! Difícil isso aí tudo! Calma lá.

Calma, vou explicar em detalhes. Já ouviu falar no QUINTO CONSTITUCIONAL?

O quinto constitucional é o preenchimento de 20% das vagas dos Tribunais (ou ⅕ – daí o nome quinto constitucional) por advogados ou membros de Ministério Público com a finalidade de trazer oxigenação, pluralidade ou democratização de ideias dentro dos Tribunais.

Esse advogado nomeado para o quinto constitucional passará a ser um desembargador se o ingresso for em um Tribunal ou um ministro se isso acontecer nos Tribunais de Brasília, TST, STJ ou STF.

É competência, ou seja, atribuição do Conselho Seccional a escolha dos nomes de advogados para encaminhar aos Tribunais Estaduais e não pode ser nenhum membro do Conselho Seccional nem integrante de nenhum Órgão da OAB. Assim como é competência do Conselho Federal a lista aos Tribunais de Brasília e aos Tribunais Federais com competência territorial que abranja mais de um Estado da Federação.

A questão da competências dos Conselhos Seccional ou Federal para as tais indicações encontram-se expressamente no art. 58, XIV do EAOAB e art. 54, XIII do EAOAB. Veja:

> **Art. 58.** EAOAB. Compete privativamente ao Conselho Seccional:
>
> XIV – eleger as listas, constitucionalmente previstas, para preenchimento dos cargos nos tribunais judiciários, no âmbito de sua competência e na forma do Provimento do Conselho Federal, vedada a inclusão de membros do próprio Conselho e de qualquer órgão da OAB;
>
> **Art. 54.** EAOAB. Compete ao Conselho Federal:
>
> XIII – elaborar as listas constitucionalmente previstas, para o preenchimento dos cargos nos tribunais judiciários de âmbito nacional ou interestadual, com advogados que estejam em pleno exercício da profissão, vedada a inclusão de nome de membro do próprio Conselho ou de outro órgão da OAB;

O Provimento 102/2004 do CFOAB diz que deve ter 10 anos de advocacia anteriores ao requerimento, não pode ser maior de 65 anos, e se for Tribunal Local (Estadual), 5 anos de advocacia naquela Seccional. Não pode ser alguém que ocupe cargo interno na OAB naquele triênio nem mesmo se pedir licença ou renúncia para pretender ingressar na lista.

Também existe assento por parte dos advogados no Conselho Nacional de Justiça (CNJ) ou no Conselho Nacional do Ministério Público (CNMP).

Explicado tudo isso, vem os compromissos do art. 34 do CED, de que, para o advogado submeter seu nome com vistas à inclusão nessas listas destinadas a tomar esses assentos, deverá de antemão já se comprometer a respeitar as prerrogativas advocatícias, não praticar nepotismo nem agir em desacordo com a moralidade administrativa e com os princípios desse Código de Ética. Vamos ler juntos o dispositivo:

> **Art. 34**. Ao submeter seu nome à apreciação do Conselho Federal ou dos Conselhos Seccionais com vistas à inclusão em listas destinadas ao provimento de vagas reservadas à classe nos tribunais, no Conselho Nacional de Justiça, no Conselho Nacional do Ministério Público e em outros colegiados, o candidato assumirá o compromisso de respeitar os direitos e prerrogativas do advogado, não praticar nepotismo nem agir em desacordo com a moralidade administrativa e com os princípios deste Código, no exercício de seu mister.

– Caramba! Que interessante tudo isso. Finalmente entendi o tal do Quinto Constitucional. Sempre ouvi falar, mas nunca soube o que era. Karina, o nepotismo seria o quê?

O nepotismo é o favorecimento de parentes para ocupar cargos simplesmente pelo fato de serem parentes, e não por qualificação ou competência técnica. Seria um pai nomear um filho, sobrinho, irmão para cargos de interesse público. Isso quer dizer que o advogado, ao submeter seu nome com vistas à inclusão naquelas listas, já se compromete desde já a não agir com nepotismo, ou seja, favorecer parentes em detrimento de outras pessoas.

– Legal! E além de não nomear parentes para cargos, também respeitar os direitos e prerrogativas dos advogados, agir de acordo com a moralidade administrativa e com os princípios deste Código de Ética.

– Show, e o que é "no exercício de seu mister"? O que é "mister"?

No exercício de seu mister = no exercício profissional = no exercício de seu cargo = no exercício de sua obrigação. Mister quer dizer isto: cargo, obrigação, incumbência.

– Por fim, professora, aquela restrição de não poder ocupar cargo ou função na OAB, que reparei constarem tanto no art. 58, XIV, do EAOAB, como também no art. 54, XIII, do EAOAB, para submeter seu nome para as tais listas, seria somente no Estado ou todo Brasil?

A restrição é NACIONAL e não apenas na Seccional em que ocupar o cargo ou a função. Não pode em nenhuma Seccional, nenhum Estado. É no Brasil inteiro! Se ocupar uma posição no Conselho Seccional de São Paulo, não pode pretender incluir seu nome para alguma lista de Tribunal de Minas Gerais, por exemplo, nem nenhum outro, nem STJ, STF, nada. Se ocupar qualquer cargo na OAB, esquece de pretender submeter seu nome para as tais listas. *Capice*?

Se entendeu tudo direitinho, eu tenho uma pergunta que já #CaiuNoExame sobre quinto constitucional para fazer. Vamos juntos?

(Exame de Ordem – ASSUNTO: EXERCÍCIO DE CARGO OU FUNÇÃO – QUINTO CONSTITUCIONAL) As advogadas Tereza, Gabriela e Esmeralda desejam integrar a lista a ser encaminhada ao Tribunal de Justiça de determinado Estado da federação, para preenchimento de vaga constitucionalmente destinada aos advogados na composição do Tribunal. Tereza exerce regular e efetivamente a atividade de advocacia há 15 anos. Possui reputação ilibada e saber jurídico tão notório que a permitiu ser eleita conselheira suplente, para a atual gestão, de determinada subseção da OAB. Gabriela, embora nunca tenha integrado órgão da OAB, exerce, regular e efetivamente, a advocacia há 6 anos e é conhecida por sua conduta ética e seu profundo conhecimento do Direito. Por sua vez, Esmeralda pratica regularmente a advocacia há 10 anos. Também é inconteste seu extenso conhecimento jurídico. A reputação ilibada de Esmeralda é comprovada diariamente no corretíssimo exercício de sua função de tesoureira da Caixa de Assistência de Advogados da Seccional da OAB na qual inscrita. Sobre o caso narrado, assinale a afirmativa correta.

A) Nenhuma das advogadas deverá compor a lista a ser encaminhada ao Tribunal de Justiça.

B) Apenas Tereza e Esmeralda deverão compor a lista a ser encaminhada ao Tribunal de Justiça.

C) Apenas Gabriela deverá compor a lista a ser encaminhada ao Tribunal de Justiça.

D) Apenas Tereza deverá compor a lista a ser encaminhada ao Tribunal de Justiça.

– Professora, essa é pancadão, hein! Acho que a resposta correta é C, já que Gabriela é a única que não está ocupando nenhum cargo interno na OAB, e pelo que vimos, para submeter-se à lista, não pode exercer qualquer cargo ou função na Ordem.

Hmmm, quase! Você errou por pouco. Seu raciocínio com relação ao exercício de cargo ou função está corretíssimo, porém Gabriela não tinha ainda 10 anos de advocacia, o que seria imprescindível para tanto, nos termos da Resolução 58 do CFOAB. Ou seja, nenhuma delas poderia, resposta correta A.

– Valeu, Karina, muito bom! :-)

Agora que você sabe todos os temas de Ética Profissional, espero sua mensagem me contando quantas questões acertou no Exame de Ordem e se este livro te ajudou a passar na prova ou a se reciclar na sua atuação jurídica. Foi um enorme prazer dialogar com você! Até a próxima!

ANEXO

Provimento n. 205/2021

Ordem dos Advogados do Brasil
Conselho Federal
Brasília-DF

Dispõe sobre a publicidade e a informação da advocacia.

O CONSELHO FEDERAL DA ORDEM DOS ADVOGADOS DO BRASIL, no uso das atribuições que lhe são conferidas pelo art. 54, V, da Lei n. 8.906, de 4 de julho de 1994, e considerando as normas sobre publicidade e informação da advocacia constantes no Código de Ética e Disciplina, no Provimento n. 94/2000, em resoluções e em assentos dos Tribunais de Ética e Disciplina dos diversos Conselhos Seccionais; considerando a necessidade de ordená-las de forma sistemática e de especificar adequadamente sua compreensão; e considerando o decidido nos autos da Proposição n. 49.0000.2021.001737-6/COP, RESOLVE:

Art. 1º É permitido o marketing jurídico, desde que exercido de forma compatível com os preceitos éticos e respeitadas as limitações impostas pelo Estatuto da Advocacia, Regulamento Geral, Código de Ética e Disciplina e por este Provimento.

§ 1º As informações veiculadas deverão ser objetivas e verdadeiras e são de exclusiva responsabilidade das pessoas físicas identificadas e, quando envolver pessoa jurídica, dos sócios administradores da sociedade de advocacia que responderão pelos excessos perante a Ordem dos Advogados do Brasil, sem excluir a participação de outros inscritos que para ela tenham concorrido.

§ 2º Sempre que solicitado pelos órgãos competentes para a fiscalização da Ordem dos Advogados do Brasil, as pessoas indicadas no parágrafo anterior deverão comprovar a veracidade das informações veiculadas, sob pena de incidir na infração disciplinar prevista no art. 34, inciso XVI, do Estatuto da Advocacia e da OAB, entre outras eventualmente apuradas.

Art. 2º Para fins deste provimento devem ser observados os seguintes conceitos:

I - Marketing jurídico: Especialização do marketing destinada aos profissionais da área jurídica, consistente na utilização de estratégias planejadas para alcançar objetivos do exercício da advocacia;

II - Marketing de conteúdos jurídicos: estratégia de marketing que se utiliza da criação e da divulgação de conteúdos jurídicos, disponibilizados por meio de ferramentas de comunicação, voltada para informar o público e para a consolidação profissional do(a) advogado(a) ou escritório de advocacia;

III - Publicidade: meio pelo qual se tornam públicas as informações a respeito de pessoas, ideias, serviços ou produtos, utilizando os meios de comunicação disponíveis, desde que não vedados pelo Código de Ética e Disciplina da Advocacia;

IV - Publicidade profissional: meio utilizado para tornar pública as informações atinentes ao exercício profissional, bem como os dados do perfil da pessoa física ou jurídica inscrita na Ordem dos Advogados do Brasil, utilizando os meios de comunicação disponíveis, desde que não vedados pelo Código de Ética e Disciplina da Advocacia;

V - Publicidade de conteúdos jurídicos: divulgação destinada a levar ao conhecimento do público conteúdos jurídicos;

VI - Publicidade ativa: divulgação capaz de atingir número indeterminado de pessoas, mesmo que elas não tenham buscado informações acerca do anunciante ou dos temas anunciados;

VII - Publicidade passiva: divulgação capaz de atingir somente público certo que tenha buscado informações acerca do anunciante ou dos temas anunciados, bem como por aqueles que concordem previamente com o recebimento do anúncio;

VIII - Captação de clientela: para fins deste provimento, é a utilização de mecanismos de marketing que, de forma ativa, independentemente do resultado obtido, se destinam a angariar clientes pela indução à contratação dos serviços ou estímulo do litígio, sem prejuízo do estabelecido no Código de Ética e Disciplina e regramentos próprios.

Art. 3º A publicidade profissional deve ter caráter meramente informativo e primar pela discrição e sobriedade, não podendo configurar captação de clientela ou mercantilização da profissão, sendo vedadas as seguintes condutas:

I - referência, direta ou indireta, a valores de honorários, forma de pagamento, gratuidade ou descontos e reduções de preços como forma de captação de clientes;

II - divulgação de informações que possam induzir a erro ou causar dano a clientes, a outros(as) advogados(as) ou à sociedade;

III - anúncio de especialidades para as quais não possua título certificado ou notória especialização, nos termos do parágrafo único do art. 3º-A do Estatuto da Advocacia;

IV - utilização de orações ou expressões persuasivas, de autoengrandecimento ou de comparação;

V - distribuição de brindes, cartões de visita, material impresso e digital, apresentações dos serviços ou afins de maneira indiscriminada em locais públicos, presenciais ou virtuais, salvo em eventos de interesse jurídico.

§ 1º Entende-se por publicidade profissional sóbria, discreta e informativa a divulgação que, sem ostentação, torna público o perfil profissional e as informações atinentes ao exercício profissional, conforme estabelecido pelo § 1º, do art. 44, do Código de Ética e Disciplina, sem incitar diretamente ao litígio judicial, administrativo ou à contratação de serviços, sendo vedada a promoção pessoal.

§ 2º Os consultores e as sociedades de consultores em direito estrangeiro devidamente autorizadas pela Ordem dos Advogados do Brasil, nos termos do Provimento n. 91/2000, somente poderão realizar o marketing jurídico com relação às suas atividades de consultoria em direito estrangeiro correspondente ao país ou Estado de origem do profissional interessado. Para esse fim, nas peças de caráter publicitário a sociedade acrescentará obrigatoriamente ao nome ou razão social que internacionalmente adote a expressão "Consultores em direito estrangeiro" (art. 4º do Provimento 91/2000).

Art. 4º No marketing de conteúdos jurídicos poderá ser utilizada a publicidade ativa ou passiva, desde que não esteja incutida a mercantilização, a captação de clientela ou o emprego excessivo de recursos financeiros, sendo admitida a utilização de anúncios, pagos ou não, nos meios de comunicação, exceto nos meios vedados pelo art. 40 do Código de Ética e Disciplina e desde que respeitados os limites impostos pelo inciso V do mesmo artigo e pelo Anexo Único deste provimento.

§ 1º Admite-se, na publicidade de conteúdos jurídicos, a identificação profissional com qualificação e títulos, desde que verdadeiros e comprováveis quando solicitados pela Ordem dos Advogados do Brasil, bem como com a indicação da sociedade da qual faz parte.

§ 2º Na divulgação de imagem, vídeo ou áudio contendo atuação profissional, inclusive em audiências e sustentações orais, em processos judiciais ou administrativos, não alcançados por segredo de justiça, serão respeitados o sigilo e a dignidade profissional e vedada a referência ou menção a decisões judiciais e resultados de qualquer natureza obtidos em procedimentos que patrocina ou participa de alguma forma, ressalvada a hipótese de manifestação espontânea em caso coberto pela mídia.

§ 3º Para os fins do previsto no inciso V do art. 40 do Código de Ética e Disciplina, equiparam-se ao e-mail, todos os dados de contato e meios de comunicação do escritório ou advogado(a), inclusive os endereços dos sites, das redes sociais e os aplicativos de mensagens instantâneas, podendo também constar o logotipo, desde que em caráter informativo, respeitados os critérios de sobriedade e discrição.

§ 4º Quando se tratar de venda de bens e eventos (livros, cursos, seminários ou congressos), cujo público-alvo sejam advogados(as), estagiários(as) ou estudantes de direito, poderá ser utilizada a publicidade ativa, observadas as limitações do *caput* deste artigo.

§ 5º É vedada a publicidade a que se refere o *caput* mediante uso de meios ou ferramentas que influam de forma fraudulenta no seu impulsionamento ou alcance.

Art. 5º A publicidade profissional permite a utilização de anúncios, pagos ou não, nos meios de comunicação não vedados pelo art. 40 do Código de Ética e Disciplina.

§ 1º É vedado o pagamento, patrocínio ou efetivação de qualquer outra despesa para viabilizar aparição em rankings, prêmios ou qualquer tipo de recebimento de honrarias em eventos ou publicações, em qualquer mídia, que vise destacar ou eleger profissionais como detentores de destaque.

§ 2º É permitida a utilização de logomarca e imagens, inclusive fotos dos(as) advogados(as) e do escritório, assim como a identidade visual nos meios de comunicação profissional, sendo vedada a utilização de logomarca e símbolos oficiais da Ordem dos Advogados do Brasil.

§ 3º É permitida a participação do advogado ou da advogada em vídeos ao vivo ou gravados, na internet ou nas redes sociais, assim como em debates e palestras virtuais, desde que observadas as regras dos arts. 42 e 43 do CED, sendo vedada a utilização de casos concretos ou apresentação de resultados.

Art. 6º Fica vedada, na publicidade ativa, qualquer informação relativa às dimensões, qualidades ou estrutura física do escritório, assim como a menção à promessa de resultados ou a utilização de casos concretos para oferta de atuação profissional.

Parágrafo único. Fica vedada em qualquer publicidade a ostentação de bens relativos ao exercício ou não da profissão, como uso de veículos, viagens, hospedagens e bens de consumo, bem como a menção à promessa de resultados ou a utilização de casos concretos para oferta de atuação profissional.

Art. 7º Considerando que é indispensável a preservação do prestígio da advocacia, as normas estabelecidas neste provimento também se aplicam à divulgação de conteúdos que, apesar de não se relacionarem com o exercício da advocacia, possam atingir a reputação da classe à qual o profissional pertence.

Art. 8º Não é permitido vincular os serviços advocatícios com outras atividades ou divulgação conjunta de tais atividades, salvo a de magistério, ainda que complementares ou afins.

Parágrafo único. Não caracteriza infração ético-disciplinar o exercício da advocacia em locais compartilhados (*coworking*), sendo vedada a divulgação da atividade de advocacia em conjunto com qualquer outra atividade ou empresa que compartilhem o mesmo espaço, ressalvada a possibilidade de afixação de placa indicativa no espaço físico em que se desenvolve a advocacia e a veiculação da informação de que a atividade profissional é desenvolvida em local de *coworking*.

Art. 9º. Fica criado o Comitê Regulador do Marketing Jurídico, de caráter consultivo, vinculado à Diretoria do Conselho Federal, que nomeará seus membros, com mandato concomitante ao da gestão, e será composto por:

I – 05 (cinco) Conselheiros(as) Federais, um(a) de cada região do país, indicados(as) pela Diretoria do CFOAB;

II – 01 (um) representante do Colégio de Presidentes de Seccionais.

III – 01 (um) representante indicado pelo Colégio de Presidentes dos Tribunais de Ética e Disciplina;

IV – 01 (um) representante indicado pela Coordenação Nacional de Fiscalização da Atividade Profissional da Advocacia; e

V – 01 (um) representante indicado pelo Colégio de Presidentes das Comissões da Jovem Advocacia.

§ 1º O Comitê Regulador do Marketing Jurídico se reunirá periodicamente para acompanhar a evolução dos critérios específicos sobre marketing, publicidade e informação na advocacia constantes do Anexo Único deste provimento, podendo propor ao Conselho Federal a alteração, a supressão ou a inclusão de novos critérios e propostas de alteração do provimento.

§ 2º Com a finalidade de pacificar e unificar a interpretação dos temas pertinentes perante os Tribunais de Ética e Disciplina e Comissões de Fiscalização das Seccionais, o Comitê poderá propor ao Órgão Especial, com base nas disposições do Código de Ética e Disciplina e pelas demais disposições previstas neste provimento, sugestões de interpretação dos dispositivos sobre publicidade e informação.

Art. 10. As Seccionais poderão conceder poderes coercitivos à respectiva Comissão de Fiscalização, permitindo a expedição de notificações com a finalidade de dar efetividade às disposições deste provimento.

Art. 11. Faz parte integrante do presente provimento o Anexo Único, que estabelece os critérios específicos sobre a publicidade e informação da advocacia.

Art. 12. Fica revogado o Provimento n. 94, de 05 de setembro de 2000, bem como as demais disposições em contrário.

Parágrafo único. Este provimento não se aplica às eleições do sistema OAB, que possui regras próprias quanto à campanha e à publicidade.

Art. 13. Este Provimento entra em vigor no prazo de 30 (trinta) dias a contar da data de sua publicação no Diário Eletrônico da OAB.

Brasília, 15 de julho de 2021.

Felipe de Santa Cruz Oliveira Scaletsky
Presidente do Conselho Federal da OAB

Sandra Krieger Gonçalves
Relatora

ANEXO ÚNICO

Anuários	Somente é possível a participação em publicações que indiquem, de forma clara e precisa, qual a metodologia e os critérios de pesquisa ou de análise que justifiquem a inclusão de determinado escritório de advocacia ou advogado(a) na publicação, ou ainda que indiquem que se trata de mera compilação de escritórios ou advogados(as). É vedado o pagamento, patrocínio ou efetivação de qualquer outra despesa para viabilizar anúncios ou aparição em publicações como contrapartida de premiação ou ranqueamento.
Aplicativos para responder consultas jurídicas	Não é admitida a utilização de aplicativos de forma indiscriminada para responder automaticamente consultas jurídicas a não clientes por suprimir a imagem, o poder decisório e as responsabilidades do profissional, representando mercantilização dos serviços jurídicos.
Aquisição de palavra-chave a exemplo do *Google Ads*	Permitida a utilização de ferramentas de aquisição de palavrachave quando responsivo a uma busca iniciada pelo potencial cliente e desde que as palavras selecionadas estejam em consonância com ditames éticos. Proibido o uso de anúncios ostensivos em plataformas de vídeo.
Cartão de visitas	Deve conter nome ou nome social do(a) advogado(a) e o número da inscrição na OAB e o nome da sociedade, se integrante de sociedade. Pode conter número de telefone, endereço físico/eletrônico, QR Code que permita acesso aos dados/site. Pode ser físico e eletrônico.
Chatbot	Permitida a utilização para o fim de facilitar a comunicação ou melhorar a prestação de serviços jurídicos, não podendo afastar a pessoalidade da prestação do serviço jurídico, nem suprimir a imagem, o poder decisório e as responsabilidades do profissional. É possível, por exemplo, a utilização no site para responder as primeiras dúvidas de um potencial cliente ou para encaminhar as primeiras informações sobre a atuação do escritório. Ou ainda, como uma solução para coletar dados, informações ou documentos.

Correspondências e comunicados (mala direta)	O envio de cartas e comunicações a uma coletividade ("mala direta") é expressamente vedado. Somente é possível o envio de cartas e comunicações se destinadas a clientes e pessoas de relacionamento pessoal ou que os solicitem ou os autorizem previamente, desde que não tenham caráter mercantilista, que não representem captação de clientes e que não impliquem oferecimento de serviços.
Criação de conteúdo, palestras, artigos	Deve ser orientada pelo caráter técnico informativo, sem divulgação de resultados concretos obtidos, clientes, valores ou gratuidade.
Ferramentas Tecnológicas	Podem ser utilizadas com a finalidade de auxiliar os(as) advogados(as) a serem mais eficientes em suas atividades profissionais, sem suprimir a imagem, o poder decisório e as responsabilidades do profissional.
Grupos de "whatsapp"	Permitida a divulgação por meio de grupos de "whatsapp", desde que se trate de grupo de pessoas determinadas, das relações do(a) advogado(a) ou do escritório de advocacia e seu conteúdo respeite as normas do Código de Ética e Disciplina e do presente provimento.
Lives nas redes sociais e Youtube	É permitida a realização de lives nas redes sociais e vídeos no Youtube, desde que seu conteúdo respeite as normas do Código de Ética e Disciplina e do presente provimento.
Patrocínio e impulsionamento nas redes sociais	Permitido, desde que não se trate de publicidade contendo oferta de serviços jurídicos.
Petições, papéis, pastas e materiais de escritório	Pode conter nome e nome social do(a) advogado(a) e da sociedade, endereço físico/eletrônico, número de telefone e logotipo.
Placa de identificação do escritório	Pode ser afixada no escritório ou na residência do(a) advogado(a), não sendo permitido que seja luminosa tal qual a que se costuma ver em farmácias e lojas de conveniência. Suas dimensões não são preestabelecidas, bastando que haja proporcionalidade em relação às dimensões da fachada do escritório ou residência, sempre respeitando os critérios de discrição e moderação.
Redes Sociais	É permitida a presença nas redes sociais, desde que seu conteúdo respeite as normas do Código de Ética e Disciplina e do presente provimento.

EDITORA JusPODIVM
www.editorajuspodivm.com.br